Ute Tietje

Trail-Training

Vom Playday bis zur Meisterschaft

BUFFALO VERLAG

Ute Tietje

Trail-Training
– Vom Playday bis zur Meisterschaft

ISBN 978-3-98113009-7-0

© Buffalo Verlag, Verden/Aller 2014

Lektorat: Christina Moser
Cover Layout: Nils Heise
Cover Foto: Ute Tietje
Cover Fotos Rückseite: Ute Tietje, Miriam Wirths
Graphiken: Ute Tietje
Grafiken Hubertus Ott: Seite 55, 56, 57, 58
Cartoon Rolf Kutschera: Seite 6
Cartoons Martin Dexter: Seite 9, 20, 196, 202, 208
Cartoons Hubertus Ott: Seite 35, 44, 54, 60, 126, 149, 155, 171, 172, 179

Inhaltsverzeichnis

Vorwort

Trailreiten fordert vertrauensvolle Mitarbeit des Pferdes, Gehorsam, Gelassenheit und Präzision bei der Bewältigung unterschiedlicher Hindernisse.

Ziel dieses Buches ist es, systematisch an Trail-Übungen heranzuführen und den Reiter in die Lage zu versetzen, erkennen zu können, woran er arbeiten muss. Es geht nicht einzig darum, eine blaue Schleife nach Hause zu tragen, sondern das Training lebendig und anregend zu gestalten, sodass die Neugier des Pferdes erhalten bleibt und die Konzentration geschult wird.

Die Praktiken ein Pferd an die verschiedensten Hindernisse heranzuführen und es damit vertraut zu machen, können variieren, da bekanntlich viele Wege nach Rom führen. Welche Trainings-Methode angewendet wird und letztlich zum Erfolg führt, hängt zum großen Teil vom Typ des jeweiligen Pferdes ab. Müssen beim feinnervigen Pferd im Training Selbstvertrauen und Vertrauen in den Reiter gestärkt werden, bedarf das gleichgültige Pferd der Erziehung zu Respekt und Aufmerksamkeit gegenüber dem Reiter und den Hindernissen.

Die Beispiele in diesem Buch sollen das vielfältige Spektrum der Verwendungsmöglichkeiten einzelner Hindernisse aufzeigen und dazu anregen, sich selbst für jeden Level individuellen Bedürfnissen folgend, die richtigen Übungen zusammenzustellen.

Die Durchführung der Übungen bedarf der Ruhe und Konsequenz, wobei das „Loben" einen großen Stellenwert einnehmen sollte.

Und dabei nie vergessen:

Fundiertes Training dauert!!

Das Ziel

Das Trail-Training als solches kann verschiedene Ziele haben: sicheres Reiten im Gelände, kleine gemütliche Turniere oder hochklassigen Turniersport. Allen Zielen ist eins gemeinsam, dass nur fundiertes Training zum gewünschten Erfolg führt.

Kaum eine andere Disziplin des Reitsports kommt dem Bedürfnis des modernen Freizeitreiters mehr entgegen als der Trail. Angesichts aller Schrecknisse, die unser heutiger beengter, verkehrsreicher Lebensraum dem Fluchttier Pferd und seinem Reiter bietet, ist nichts schöner als ein Pferd unter sich zu haben, das allem mit Gelassenheit begegnet. Trail-Training ist letztlich auch eine Sicherheitsausbildung fürs Gelände und der Traum eines Geländereiters sieht gefährliche Abenteuer nicht vor.

In der Traumvorstellung sitzt der Reiter auf einem am losen Zügel entspannt gehenden Pferd, träumt vor sich hin oder genießt einfach nur die Natur. Der Gang des Pferdes ist angenehm weich, sodass man sich ohne Probleme den rhythmischen Bewegungen der jeweiligen Gangart des Pferdes anpassen kann. Das Pferd stolpert nicht über etwaige Hindernisse, läuft nicht erschreckt vor einer auffliegenden Plastiktüte, den im Wind knatternden Bändern einer Baustelle oder beim Anblick von irgendetwas Unbekanntem davon. Es lässt sich ohne große Einwirkungen in jede beliebige Richtung lenken und auf eine leichte Gewichtsverlagerung oder leichtes Zupfen am Zügel aus seinem wiegenden Galopp zum Schritt durchparieren, ob es allein ist oder in einer Gruppe von Pferden geritten wird. Das Pferd bleibt bei einer Straßenüberquerung allein oder auch in der Gruppe ruhig und aufmerksam stehen, bis die Straße zur Überquerung frei ist und lässt sich weder durch ein herannahendes Motorrad noch einen Lastwagen aus der Ruhe bringen. Soweit der Traum des Geländereiters.

Im Turniersport werden mit steigendem Level die Pattern immer komplizierter und verdrängen die einfachen dem Trailritt eines Cowboys nachempfundenen Hindernisse. Um einen hochklassigen Trail-Parcours perfekt bewältigen zu können, bedarf es langwieriger Ausbildung für Reiter und Pferd, die sich nicht in Wochen oder wenige Monate quetschen lässt. Das

Pferd muss über ein Höchstmaß an Rittigkeit, Durchlässigkeit und Taxiervermögen verfügen und dennoch auf minimale Hilfen des Reiters reagieren. Der Reiter muss sich jede Bewegung des Pferdes verinnerlicht haben, die genaue Schrittlänge bei einem bestimmten Tempo kennen und so in der Lage sein, punktgenau zu reiten und sein Pferd an den optimalen Stellen über und durch Stangen führen zu können.

Auch wenn es heißt „The Winner gets it All", ist es nicht unbedingt die blaue Schleife, die einen zum Sieger macht. Ein Pferd auf dem dritten oder vierten Platz ist durchaus ein Sieger, wenn es auf seinen ersten Turnieren den Parcours zufriedenstellend bewältigt. Was zählt, ist die innere Zufriedenheit, einen guten Ritt abgeliefert zu haben. Selbst wenn andere Pferde besser platziert waren, weil sie beispielsweise schon sehr viel Show-Erfahrung haben und ihre Reiter hocherfahrene Turnierteilnehmer sind. Dazu sind es oft Winzigkeiten, die über Sieg oder Platzierung entscheiden und zu minimalen Punktunterschieden in der Bewertung führen.

Ob man nun nach Meisterschaftsehren strebt, Spaß an gelungenen Ritten auf kleineren Turnieren, Playdays und Old-Fashion-Trail-Days haben möchte oder einfach entspannte Geländeritte genießen will: für alles ist ein solides Fundament, auf das nach Belieben aufgebaut werden kann, unerlässlich.

Dieses Buch soll eine Basis schaffen, die es ermöglicht, schrittweise und Übung für Übung die Fertigkeiten seines Pferdes und seine eigenen weiter zu entwickeln. Welchen Level der Einzelne erreichen möchte, muss jeder für sich selbst entscheiden und dafür die passenden Übungen auswählen.

Was so ein bisschen
Trail-Training doch ausmacht!

Der Trail

Trail-Prüfungen mögen heute auf Turnieren mangels „Action" für den Laien auf den ersten Blick weniger attraktiv erscheinen als andere Disziplinen. Dabei liegt die Faszination darin, dass die Pferde mittels feinster, meist unsichtbarer Hilfengebung die kompliziertesten Hindernis-Kombinationen bewältigen, wenn ein Top-Reiter sie vorstellt.

Als Trail wurde ursprünglich eine Route bezeichnet, auf der Cowboys Rinderherden wochenlang zu weit entfernten Verladestationen getrieben haben. Diese Routen erhielten sogar eigene Namen, wie beispielsweise der „Chisholm Trail" oder der „Goodnight-Loving Trail". Die Turnierdisziplin Trail wurde in ihrer ursprünglichen Form den Ritten der Cowboys in rauem Gelände auf dem freien Weideland, auch Open Range genannt, nachempfunden. Durch diesen direkten Praxisbezug profitiert ein „Nur-Gelände-Reiter" ebenfalls von Kenntnissen einer Trail-Ausbildung.

Das Tor ist ein unabdingbarer Bestandteil. Es wird vom Pferd aus geöffnet und geschlossen. Kein Cowboy würde dazu vom Pferd steigen, was zudem gefährlich sein könnte, befände sich auf einer Seite des Tores eine Rinderherde. Am Boden liegende Hindernisse wie Baumstämme und Äste müssen in allen Gangarten problemlos überwunden werden können. Gefährliche Situationen, wie ein durch einen Erdrutsch versperrter schmaler Pfad, können erfordern, das Pferd auf engstem Raum zu wenden oder rückwärts zu richten, bis sich eine Wendemöglichkeit ergibt. Ein Fehltritt des Pferdes auf einem Bergpfad hätte den Tod von Pferd und Reiter zur Folge.

Das Pferd eines Cowboys muss mutig über jede noch so wackelige Brücke gehen und sich unbekannten Gegenständen nähern, ohne davonzulaufen. Transportieren oder Ziehen eines Gegenstandes sind fast alltäglich, ob es nun der Baum auf dem Weg ist oder ein Kalb das aus einem Sumpfloch gerettet werden muss. Das Ground-Tying, bei dem das Pferd unangebunden notfalls stundenlang dort stehen bleibt, wo man es abstellt, war ebenfalls lebensnotwendig.

Dass sich viele Reiter nach den guten alten Zeiten, mit „handfesten" Trail-Hindernissen zurücksehnen, ist deutlich erkennbar an den zunehmenden

Starterzahlen beim Ranch Trail, den verbandsfreien Old-Time-Trails sowie den Extreme Trails mit ihren wirklich äußerst hohen Ansprüchen an die alten Tugenden eines Ranch-Pferdes.

Das Trail-Pferd im heutigen Turniersport zeichnet sich ebenso wie sein Pendant auf der Open Range durch Ruhe, Gelassenheit, Gehorsam, Geschicklichkeit und die Fähigkeit, dem Reiter zuzuhören, aus. Nichts, was ihm bei der Geburt ins Strohbett gelegt wurde, sondern durch entsprechendes Training erworben werden muss.

Das ideale Trail-Pferd bewältigt den Parcours mit eigener Intelligenz, doch den Hilfen seines Reiters gehorchend, denn die hochklassigen Trails verlangen teilweise zentimetergenaue Tritte des Pferdes. Die Pattern der großen Shows haben sich längst von Plane und Klappersack verabschiedet. Heute findet man neben dem obligatorischen Tor und vielleicht einer Brücke hauptsächlich ein Stangen-Mikado verschiedenster Variationen und Kombinationen vor, die das Pferd in geschmeidigen Bewegungen in der jeweils geforderten Gangart bewältigen soll.

Diese modernen Trails, insbesondere in den höheren Leistungsklassen, muten eher wie eine Mischung aus Western Riding und Western Horsemanship mit diffizilen Passagen über und durch Stangen an. Je nach Schwierigkeitsgrad ist es alles andere als eine leichte Übung. Hier hilft keine Unerschrockenheit des Pferdes, sondern nur solides Trail- und Basis-Training zur Förderung der Rittigkeit.

Dazu der Kalifornier Tim Kimura, „The Man of Trail", weltweit bekanntester Parcours-Designer: „Trail ist wie tanzen. Es gibt viele unterschiedliche Tänze: Walzer, Rock'n Roll, Tango, Samba und andere. Ebenso wie ein guter Tänzer muss das Trail-Pferd eine ganze Reihe verschiedener Stile und Bewegungen beherrschen. Da sind die drei Gangarten, wobei allein schon der Trab sehr unterschiedlich sein kann. Pleasure-Jog, Trail-Trot, Hunter-under-Saddle-Trot usw. Vorwärts, Seitwärts, Rückwärts und verschiedene Drehungen. Mit einer Jog-Serpentine als erstem Hindernis, ist es für den Richter sehr leicht zu erkennen, was für ein Tänzer dieses Pferd ist."

Das Pferd und seine Sinne

Der Schlüssel zum harmonischen Umgang mit unserem vierbeinigen Freizeitkameraden liegt in unserer Kenntnis und dem Verstehen seiner Natur. Jede seiner Verhaltensweisen entspringt primär dem Selbsterhaltungstrieb. Zu den schlimmsten Umgangsfehlern zählt die Vermenschlichung eines Pferdes. Es kann nicht denken und handeln wie ein Mensch. Wer sein Pferd verstehen will, muss lernen, zu denken wie ein Pferd. Zu den wichtigsten Qualitäten über die ein Mensch im Umgang mit Pferden verfügen sollte, gehören: selbstsicheres Auftreten, Reaktionsschnelligkeit, Konsequenz und Gelassenheit.

Das Pferd ist ein sich langsam und ständig weidend fortbewegender Pflanzenfresser. Doch bereits das geringste Geräusch oder die kleinste Bewegung in der Umgebung können seinen Fluchtreflex auslösen, da Pferde hochspezialisiert sind, schnelle Bewegungen und damit die Lokalisierung eines Feindes in ihrem Gesichtsfeld wahrzunehmen und darauf zu regieren. Bewegungen, die der Mensch meist gar nicht bemerkt und sich jedoch über die Reaktion seines Pferdes wundert. Dieser Bruchteil von Sekunden entschied über tausende von Jahren bei freilebenden Herden über Leben und Tod.

Ein Pferd als Beute- und Fluchttier ist darauf angewiesen, frühzeitig etwas als Gefahr zu erkennen. Es nimmt die Information auf, reagiert entsprechend und bringt sich in Sicherheit. Der Mensch war zu Zeiten des Säbelzahntigers ebenso programmiert. Einmal in Panik geraten, reagiert ein Pferd nicht mehr rational und ignoriert auch Signale, die ein Reiter ihm gibt. Das Schmerzempfinden ist abgeschaltet. Daher gehört gerade in unserer verkehrsreichen Zeit dieser Fluchtreflex für den Reiter bei Ausritten zu den gefährlichsten Instinkten des Pferdes.

Zu seinen Urinstinkten gehören ebenso Platzangst und die generelle Angst vor allem, was über ihm schwebt und prägen sein natürliches Verhaltensrepertoire. Jede Reaktion eines Pferdes ist auf die Wahrnehmungen seiner Umwelt zurückzuführen. Kein Pferd spinnt plötzlich grundlos. Der Reflex unausgebildeter Pferde ohne Vertrauen zum Reiter, erst einmal wegzurennen, ist angeboren. Da es sich dabei um eine natürliche Verhaltensweise handelt, obliegt es dem Reiter, das Pferd an vermeintliche Gefahren bewusst heranzuführen und ihm zu zeigen, dass es keine Angst haben muss.

Nicht zu unterschätzen ist, dass ein Pferd in der Lage ist, das Zusammenwirken von körperlichen, akustischen und emotionalen Signalen zu interpretieren. Pferde sind imstande die mentale Verfassung eines Menschen manchmal besser zu deuten als er selber. Eine Fähigkeit, die den Reiter gelegentlich unvorhergesehen, mit einer „ehrlichen" Antwort des Pferdes konfrontiert.

Was geht in einem Pferd vor, wenn es Angst hat? Das Pferd hat etwas bemerkt, dass es nicht einordnen kann. Es bläht die Nüstern, stellt die Schweifwurzel hoch auf und steht mit steil hochgenommenem Hals und Kopf da. Es signalisiert damit, dass es sehr aufgeregt und sofort zur Flucht bereit ist. Eine grundlegende Überlebensreaktion.

Doch was spielt sich hier tatsächlich ab? Der Arm-Kopf-Muskel wird vom Pferd in jeder Abwehrsituation eingesetzt. Bei der Witterungsaufnahme, in einer nicht geklärten Situation und beim Kampf. Beim Einsatz dieses Muskels bereitet sich der Körper des Pferdes auf Reaktion, auf Flucht vor. Meist schnaubt ein Pferd dabei. Es befindet sich in höchstem Alarm- und Erregungszustand. Um es deutlich zu sagen, wenn das Pferd den Unterhals heraus und damit den Rücken wegdrückt, führt das zu einer Grunderregung.

Nimmt der Reiter in dieser Situation die Zügel weiter an, wird das Pferd durch seine hohe Halshaltung künstlich in diesem Erregungszustand belassen. Der Reiter hält dabei die gesamte Muskelkraft seines Pferdes in der Hand. Deshalb sollte er sich nicht auf Kämpfe einlassen, die bei nicht gefestigter Rangfolge zwischen Reiter und Pferd zu Hierarchiekämpfen ausufern können.

Besser ist es, beruhigend auf das Tier einzuwirken und die Zügelhand mit langem Arm nach vorne zu führen, damit das Tier sich selbst überzeugen kann, dass keine Gefahr lauert. Senkt es dann den Kopf, kommt es nahe an die Freß- und Ruheposition, in der es sich ausgeglichen und ruhig benimmt.

Aus der Sicht des Pferdes

Durch die monokulare Sichtweise der Pferde bedingt, verläuft die visuelle Reizverarbeitung anders als beim Menschen oder Tieren mit binokularer Sichtweise. Die seitlich am Kopf liegenden Augen mit den quer-oval liegenden Pupillen geben dem Pferd bei gesenktem Kopf ein Gesichtsfeld von fast 360°. Das versetzt das Beutetier Pferd in die Lage einen großen Ausschnitt seiner Umwelt zu überblicken und einen nahenden Feind frühzeitig zu erfassen. Die seitliche Anordnung der Augen am Kopf kann variieren. Je enger die Augen zusammenstehen, desto kleiner ist das gemeinsame Gesichtsfeld, bzw. der Bereich des dreidimensionalen Sehens. Direkt hinter der Schweifrübe befinden sich ein toter Winkel und eine „blinde Stelle" im Bereich direkt vor dem Pferd unterhalb der Nüstern.

Durch das monokulare Sehvermögen bedingt kann das Pferd mit jedem einzelnen Auge nach vorne, zur Seite und nach hinten schauen. Das heißt, jedes Auge nimmt gleichzeitig, aber unabhängig vom anderen, ein eigenes zweidimensionales Bild (135°) wahr. Das Pferd hat also zwei völlig verschiedene Sichterlebnisse von seiner gesamten Umgebung. Der Koppel, dem Auslauf, der offenen Landschaft, der Straße und dem Verkehr.

Im Gehirn werden die beiden Bilder übereinander gelegt und verknüpft, sodass für einen bestimmten Sichtwinkel (60°) ein dreidimensionales Bild entsteht. Durch Drehen des Kopfes nach rechts oder links verschiebt sich der dreidimensionale Bereich in die entsprechende Richtung, vergrößert sich jedoch nicht.

Das linke Auge ist mit der rechten Gehirnhälfte verbunden, das rechte mit der linken Gehirnhälfte. Das kann dazu führen, dass ein Pferd auf dem Hinweg einen Gegenstand gesehen und als ungefährlich eingestuft hat, ihn aber auf dem Rückweg mit dem anderen Auge nicht wiedererkennt und deshalb scheut. Französische Forscher stellten fest, dass Pferde meist auf dem linken Auge scheuen, da dieses mit dem rechts liegenden emotionalen Gehirnzentrum verbunden ist.

Das Gesichtsfeld des Pferdes und des Menschen von oben gesehen

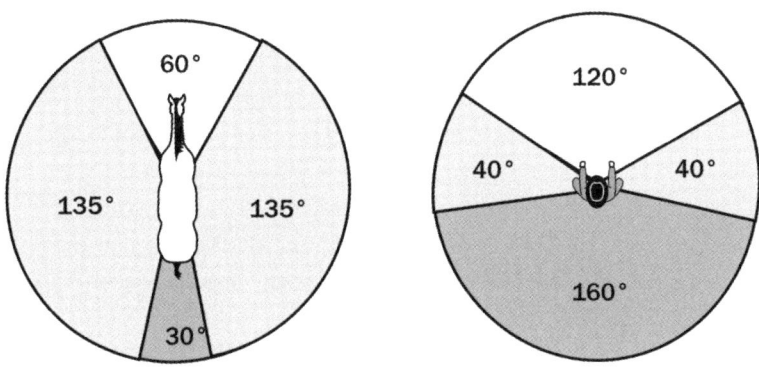

Bei den hier angegeben Gradzahlen handelt es sich um Durchschnittswerte. Die tatsächlichen Gradzahlen hängen natürlich davon ab, wie weit die Augen des Pferdes seitlich angeordnet sind und wie breit die Hinterhand ist.

Wollen Pferde einen Gegenstand besser erkennen, versuchen sie ihn ins räumliche Sichtfeld zu verschieben. Dazu heben oder senken sie den Kopf zum Scharfstellen, je nachdem in welcher Entfernung sich das Objekt befindet. Ihre bevorzugte Kopfhaltung nehmen Pferde dann ein, wenn sie frei und ohne einschränkenden Zügel gehen. Ein Pferd, das am kurzen Zügel geritten wird, neigt eher zu Schreckreaktionen als eines am langen Zügel, da das letztere durch seine Kopfhaltung selbst bestimmen kann, was es scharf sehen möchte. So fühlt es sich sicher.

Auf fremden Plätzen kann es hilfreich sein, den Pferden ein paar „Rumguck"-Minuten am langen Zügel zu gönnen, bevor man mit der Arbeit beginnt. Das erlaubt ihnen, den Kopf nach ihrem Gusto zu heben, zu senken oder auch zur Seite zu schauen, so dass sie dem Drang, des durch ihren Fluchtinstinkt gegebenen Bedürfnisses die Lage zu erkunden, nachgehen können.

Das Gesichtsfeld des Pferdes vom Boden aus gesehen

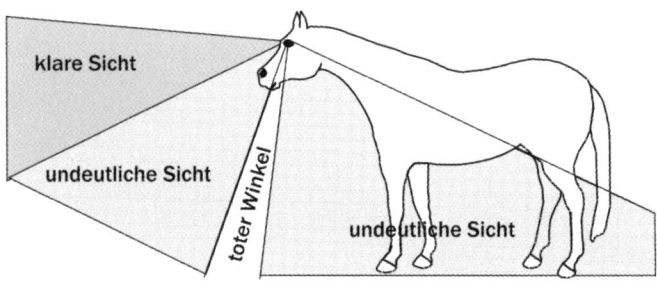

Bei den hier dargestellten Sichtfeldern handelt es sich um Durchschnittswerte. Die tatsächlichen Werte hängen von der Anordnung der Augen am jeweiligen Pferdkopf ab.

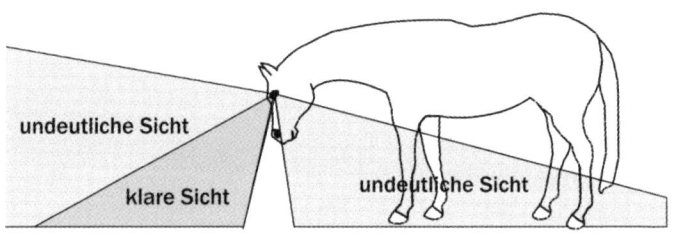

Beim Pferd, ebenso wie bei anderen Tieren, werden dem Gehirn durch sich nicht bewegende Bilder kaum Informationen vermittelt. Ein Pferd kennt nur, was es aus Erfahrung gelernt hat. So erscheinen beispielsweise Autobahnbrücken Pferden am Anfang als äußerst gefährlich. Es steht am Anfang der Brücke und sieht einen Riesenlaster mit knatternden Planen heranrasen. Da das Pferd nicht denken und sich auch keine Brücke vorstellen kann, weiß es natürlich nicht, dass dieses Ungetüm unter ihm durchfahren wird. Daher wird es versuchen, mit Flucht zu reagieren. Erst durch wiederholtes Üben dieser Situation und seinem „Leittier" vertrauend wird es lernen, dass keine Gefahr besteht.

Das Farbsehen beim Pferd erfolgt in einer anderen Intensität, als beim

Menschen, da sein Farb-Spektralbereich kleiner ist. Das Farbsehen ist zwar noch nicht ganz erforscht, man ist sich jedoch sicher, dass Pferde zwischen blau und gelb unterscheiden können, auch wenn das Blau eventuell als Grauton wahrgenommen wird. Man geht davon aus, dass Pferde rot/orange als Farbe nicht wahrnehmen können.

Der Gehörsinn

Pferde besitzen ein scharfes Gehör, das weit über unserem akustischen Wahrnehmungsvermögen liegt. Zudem einen beweglichen Hals und konkav gewölbte Ohren, die sich fast rundherum drehen lassen, jedes einzeln in eine andere Richtung. Das ermöglicht, nicht nur einen Ton wahrzunehmen, sondern ihn genau zu lokalisieren.

Das Ohrenspiel zeigt, wohin die Aufmerksamkeit des Pferdes gerichtet ist, und gibt zugleich Auskunft darüber, ob das Pferd gespannt oder entspannt ist. Steil aufgerichtete Ohren verraten volle Konzentration, während sie beim schläfrigen Pferd schlaff zur Seite zeigen. Eng angelegte Ohren sind eine Drohgebärde, doch nach hinten gerichtete Ohren beim Reiten können ebenso ein Zeichen dafür sein, dass sich das Pferd auf seinen Reiter und seine Aufgabe konzentriert.

Das rhythmische Hören, ist ebenfalls gut ausgeprägt, sodass ein Pferd „seinen Menschen" am Schritt erkennen kann, wenn er sich nähert.

Pferde verständigen sich mit verschiedenen Lauten miteinander. Wer eng mit Pferden zusammenlebt, versteht viele dieser Äußerungen. Blubbern vor Freude, Angstgewieher, Stutenquietschen, der Lockruf der Stute nach ihrem Fohlen oder der markerschütternde Hengstschrei als Beispiel genannt.

Dazu verfügen Pferde, ebenso wie wir, über stimmliche Variationsmöglichkeiten für ein und dieselbe Sache. So kann das am Anfang erfreute Blubbern eines Pferdes, das sich auf sein Futter freut, durch Änderung der Tonlage zum Fordern nach seinem Futter werden. Ebenso wie wir gleiche verbale Befehle an das Pferd geben und falls erforderlich, den Ton wechseln.

Ein sanftes „Whoa" kann zu einem lauten, scharfen „Whoa" werden, wenn sich das Pferd dem Befehl widersetzt. Wir signalisieren durch die angehobene Stimme „Halt sofort an, oder ich werde ungemütlich".

Spricht man mit einem Pferd, sollten lange, weiche, gedehnte Worte benutzt werden. Zum Antreiben kann man kurze helle Töne einsetzen, die laut gesprochen auch strafend wirken. Ebenso können über Küssli (mit gespitzten Lippen), Schnalz- und Plopp–Laute verbale Befehle erteilt werden.

Welche Worte, Schnalz- oder Zischlaute letztendlich verwendet werden und ob in Englisch oder Deutsch, muss jeder für sich selbst entscheiden. Wichtig ist lediglich, dass für ein und dieselbe Aktion wirklich immer das gleiche Verbal-Kommando benutzt wird.

Ist beim anfänglichen Training das Zusammenspiel aller Hilfen unabdingbar, kann bei fortgeschrittenem Training oder später im Parcours auch nur eine Hilfe, zum Beispiel ein verbales Kommando den gewünschten Effekt erzielen.

Vorschläge für die verbale Kommunikation

Worte

„Whoa"/„Halt" – Anhalten aus jeder Gangart

„Easy"/„Ruhig" – langsamer werden in jeder jeweiligen Gangart

„Back"/„Zurück" – Aufforderung zum Rückwärtsrichten

„Walk"/„Schritt" – Aufforderung Schritt zu gehen

„Jog"/„Trot"/„Trab" – Aufforderung zu traben

„Lope"/„Galopp" – Aufforderung anzugaloppieren

„Good"/„Schön" – Lob im Hindernis, das zur Bestätigung dient

„Stay"/„Bleib" – Dort stehen bleiben, wo es hingestellt wurde

„Freeze" – Bewegungslos stehen bleiben

„Square"/„Stand-Up" – Das Pferd soll alle vier Hufe gleichmäßig belasten

„Look"/„Head down"/„Schau" – Aufforderung den Kopf zu senken

„Attention"/„Pass Auf" – Aufmerksamkeit fordern

Außersinnliche Wahrnehmung

Neben den für uns deutlich sichtbaren Möglichkeiten der Kommunikation verfügen Pferde über die Möglichkeit, telepathisch mit ihren Herdengenossen zu kommunizieren. Welcher Reiter hat sich nicht schon einmal gewundert, dass sein Pferd im Gelände angaloppierte, noch bevor er die Hilfen dafür gegeben hatte oder das Pferd in einen Weg einbog, für den man sich gerade erst entschieden hatte und den es noch nicht kannte.

So angenehm diese Art der Verständigung für den geübten, auf sein Pferd eingespielten Reiter sein mag, so schwierig gestaltet diese Art der Wahrnehmung des Pferdes einigen Menschen das Reiten und den Umgang mit ihm. Menschen versuchen, meist mit mäßigem Erfolg, ihre Körpersignale vom Denken zu trennen. Pferde können das nicht. Sie achten auf minimale Signale und reagieren sofort, wenn der Reiter unentschlossen oder abgelenkt ist. Unverständliche Signale des Menschen lösen beim Pferd Angst und Unwohlsein aus.

Pferde als die sensiblen Flucht- und Herdentiere, die sie nun mal sind, nehmen unsere Nervosität oder Angst wahr, auch wenn wir sie selbst nicht deutlich spüren. Was soll das Herdentier Pferd anderes tun, als ebenfalls unruhig zu werden und sich zu fürchten, wenn sein Leittier nervös wird oder Angst hat? Zum Beispiel bei einer kritischen Situation im Gelände.

Viele Fehler im Parcours passieren, weil der Reiter denkt, sie könnten passieren. Er vertraut seinem Pferd nicht und die Unsicherheit überträgt sich. Steht man eng zwischen zwei Stangen und sieht herunter, weil man meint, das Pferd könne heraustreten, wird gerade durch diese kleine Bewegung und diese Gedanken eventuell ein kleiner Schritt des Pferdes provoziert, der ausreichend groß ist, die Stangen tatsächlich zu berühren.

Ein Reiter, der Langzeitgefühle nicht unter Kontrolle halten kann, verunsichert das Pferd ebenfalls. Ob er nun Stress im Beruf oder mit der Familie hatte, er sollte einen Reset machen und „runterkommen" bevor er sich in den Sattel schwingt. Das Gleiche gilt, wenn nichts klappen will, egal ob wegen reiterlichen Unvermögens oder weil das Pferd das Neue nicht sofort begreifen will und der Reiter dadurch schlecht gelaunt ist.

Das Pferd weiß nicht, auf wen der Reiter wütend ist, denn es kennt weder Langzeitgefühle, noch kann es sie einordnen. Das beunruhigte Tier wird noch aufgeregter und unsicherer. Der Reiter wird unter diesen Umständen noch gereizter und gegebenenfalls auch aggressiver. Eine Eskalation, die nicht selten zu Unfällen geführt hat, ist in solchen Fällen vorprogrammiert.

Jeder hat mal einen schlechten Tag. Deshalb sollte der Reiter seine Emotionen und sein Verhalten beim Training selbstkritisch hinterfragen, wenn etwas gar nicht klappen will. Im Zweifelsfall ist es ratsam, das Training für diesen Tag abzubrechen.

Und wenn du es tausendmal kuschelst, das ist ein
Pferd und bleibt ein Pferd und denkt wie ein Pferd!

Die Gangarten und ihre Fußfolgen

Wer anspruchsvolle Trails reiten möchte, wird nicht umhin kommen, sich eingehend mit den Fußfolgen der jeweiligen Gangarten auseinander zu setzen. Die Kenntnis des Ist-Standortes der Beine, die entsprechende Fußfolge und die jeweilige Stand-, Tritt- bzw. Sprunglänge spielen eine nicht unerhebliche Rolle beim Trail-Training und später im Parcours.

Walk – Schritt

Der Schritt ist eine flach auffußende Gangart im Viertakt mit diagonal lateraler Fußfolge. Die Beine auf der gleichen Seite bewegen sich gleichseitig, aber nicht gleichzeitig. Im Schritt befinden sich stets zwei, zuweilen drei Füße am Boden.

Beginnend mit einem Vorderbein folgt das diagonale Hinterbein. Dann das gleichseitige Vorderbein und anschließend das zweite Hinterbein. Die Schrittlänge soll zur Größe und zum Exterieur des Pferdes passen.

Die Fußfolge im Schritt

Jog und Trot – Trab der Westernreiter

Der Jog ist eine weiche, diagonale Zweitakt-Gangart mit gleichbleibender rhythmischer Kadenz und flachen Bewegungen in den Karpal- und Sprunggelenken. Das diagonale Beinpaar bewegt sich synchron und das Pferd federt in der Fessel mit minimaler Knieaktion, wobei die im klassischen Reitsport erwünschte Schwebephase kaum sichtbar ist. Die Schnelligkeit des Jogs soll der einer ziehenden Rinderherde entsprechen, bei der der Schritt zu langsam und der Trab zu schnell und unbequem wäre. Der Jog wird in der Regel ausgesessen geritten.

Wird ein extended Jog (verstärkter Jog) verlangt oder ist erforderlich, sollen die Schritte mit einer leichten Erhöhung der Geschwindigkeit unter unveränderter Weichheit des Ganges verlängert werden.

Um einen Trail-Parcours überwinden zu können, sollte man den sogenannten „Trail-Trot" entwickeln. Dabei handelt es sich weder um den Jog mit seiner extrem flachen Gangart, wie er in der „Western Pleasure" verlangt wird, noch entspricht er dem Trot im „Hunter under Saddle", der wesentlich schneller und mit mehr Raumgriff verbunden ist. Die Hindernisabstände aller Verbände sind auf das Tempo dieses „Trail-Trot" abgestimmt, bei dem es zudem auch gilt, über den Stangen die Füße bei gleichbleibendem Tempo zu heben. Er wird in den Pattern manchmal als Jog, manchmal als Trot bezeichnet. Ist in diesem Buch von Jog oder Trot die Rede, ist damit immer der Trail-Trot gemeint.

Die Fußfolge im Jog oder Trot

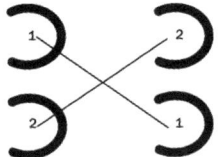

Lope – Galopp

Der Galopp ist keine symmetrische Gangart wie der Trab, sondern eine rhythmische Gangart im Dreitakt. Die Bewegung des Pferdes im Lope soll weich und losgelassen sein.

Es wird zwischen Rechts- und Linksgalopp unterschieden. Die Fußfolge beginnt mit dem äußeren Hinterfuß. Im Rechtsgalopp geht der Impuls vom (äußeren) linken Hinterbein aus, im Linksgalopp umgekehrt. Es folgen die diagonalen Beinpaare, dann der führende Vorderfuß. Daran schließt sich eine Schwebephase an, bis das (äußere) Hinterbein wieder auffußt. Im Rechtsgalopp greift das rechte Beinpaar weiter vor, im Linksgalopp das linke. Galoppiert ein Pferd auf der rechten Hand im Linksgalopp und auf der linken im Rechtsgalopp, nennt man das Außengalopp.

Ein Kreuzgalopp, bei dem die Fußfolge des Galopps durcheinander geraten ist, wird immer als fehlerhaft bewertet. Dabei geht das Pferd hinten Links- und vorne Rechtsgalopp oder umgekehrt. Den Kreuzgalopp erkennt jeder Reiter sofort an seiner Unbequemlichkeit.

Fußfolge im Rechtsgalopp   **Fußfolge im Linksgalopp**

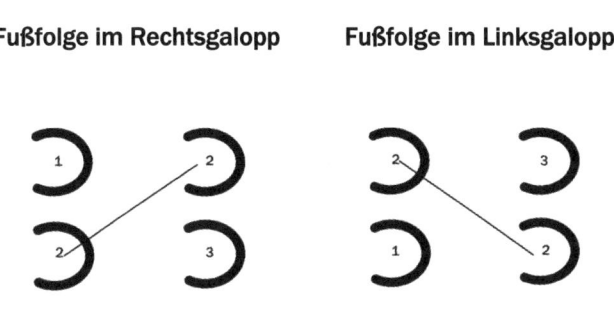

Back – Rückwärtsrichten

Beim Rückwärtsrichten handelt es sich ebenfalls um einen Zweitakt mit diagonaler Fußfolge wie der Jog oder Trot und nicht, wie häufig angenommen, um einen Viertakt wie der Schritt. Jeder Schritt beim Rückwärtsrichten hat somit zwei Tritte.

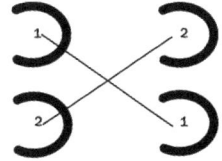

Pferd und Reiter

Welches Pferd ist geeignet?

Auf der einen Seite ist Trailreiten Technik, auf der anderen basiert es auf dem Selbstvertrauen des Pferdes und seiner Fähigkeit Situationen einschätzen zu können sowie dem Vertrauen zum Reiter. Mit konsequenter Arbeit kann fast jedes Pferd jeder Rasse zum Trail-Spezialisten ausgebildet werden, vorausgesetzt, es weist nicht extreme Exterieur-Fehler oder mentale Mängel auf, die eine Arbeit im Trail unmöglich machen.

Auch die generelle Nervenstärke und Intelligenz des jeweiligen Pferdes spielen eine nicht unwesentliche Rolle beim Lernprozess. Ein Pferd mit stoischer Ruhe und mangelnder geistiger Beweglichkeit wird seinen Trainer sicherlich auf eine harte Geduldsprobe stellen. Ein nervöses Pferd, das eigentlich nur rennen will, weist eine eher geringe Eignung auf, seine Füße auf minimale Hilfengebung hin zentimeterweise setzen zu wollen und zu können. Weniger nervenstarke Pferde werden wesentlich mehr Arbeit beim Training erfordern, um das nötige Vertrauen auch in schwierigsten Situationen zu gewinnen. Das phlegmatische Pferd muss meist erst geweckt werden, bis es zur Mitarbeit bereit ist.

Natürlich ist es bei den Standard-Hindernis-Abmessungen für ein großes Pferd, wie einen Hannoveraner oder ein anderes Warmblut ähnlicher Größe, schwieriger fehlerlos zu bleiben, als für kleinere Rassen. Große Pferde haben häufiger Probleme in engen Wendungen, in schmalen Gassen oder beim Überreiten von Stangen. Ein Pony muss hingegen bei zu überreitenden Stangen seine Schrittlänge gelegentlich bis aufs Äußerste ausreizen, hat aber dafür bei einigen Steuerungs-Hindernissen große Vorteile.

Durch die selektive Pferdezucht wurden auf der ganzen Welt Pferde mit den verschiedensten Eignungszielen gezüchtet. Das Quarter Horse sowie das Paint Horse speziell für die Arbeit in rauem Gelände. Jedes Pferd, das irgendwelche Mängel aufwies, welche es für die Rancharbeit als ungeeignet erscheinen ließ, wurde und wird auch heute noch auf den Ranches aus der Zucht genommen. Dabei konnte es sich um Gebäudefehler, unerwünschte charakterliche Eigenschaften oder gar mangelnden Cowsense handeln, die dem Cowboy die Arbeit mit Rindern erschwerte.

Bei den kompakten, wendigen Quarter Horses und Paints mit einer Größe von 1,45 bis 1,55 Meter zählen Nervenstärke und athletischer Körperbau mit einer ausgeprägten Bemuskelung zu den klassischen Rassemerkmalen. Daher bringen sicherlich insbesondere Tiere mit direkter Abstammung aus den alten Ranchblutlinien viel Potential mit, die das Training erleichtern. Da man jedoch auf Papieren nicht reiten kann, wie ein altes Sprichwort sagt, wird auch aus ihnen erst durch konsequentes Training ein Sieger.

Wer auf der Suche nach einem Pferd ist, wird danach trachten, eines mit bestmöglichen Voraussetzungen zu finden. Wer bereits ein Pferd besitzt, wird es sicherlich nicht verkaufen wollen, nur weil es nicht optimal ins „Trail-Schema" passt. Denn, wer verkauft schon seinen Freund? Dann gilt es, viel Arbeit zu investieren und die entsprechende Geduld aufzubringen. Dass sich das lohnen kann, beweisen Araber, Hannoveraner, Haflinger und andere Rassen, die neben den Westernpferderassen bei Meisterschaften in den Medaillenrängen zu finden sind.

Talent und Begabung können eine fundierte Ausbildung nicht ersetzen. Rittigkeit, Durchlässigkeit und Disziplin sind aufgrund der Beschaffenheit heutiger Trail-Pattern im oberen Level unabdingbar für jedes erfolgreiche Trail-Pferd. Ohne dass Pferd und Reiter harmonieren und ohne solide erarbeitete Basis plus entsprechender Gymnastizierung bleibt Erfolg ein Wunschgedanke. Solides Basistraining bleibt ewig im Gedächtnis des Pferdes haften und ist auch nach Jahren mit kurzer Auffrischung wieder abrufbar.

Nichts ist in der Reiterei unmöglich,

wenn Dein Pferd ein Teil von Dir wird.

Jean Claude Dysli

Was Reiter und Pferd können oder lernen müssen

Dieses Buch versteht sich nicht als Reitlehre. Es ist ein Übungsbuch mit technischen Anweisungen zur Bewältigung von Hindernissen, um erfolgreich bestehen zu können. Bei den Übungen wird davon ausgegangen, dass die Hilfengebung für die erforderlichen Basislektionen bekannt ist. Zum Training der Grundfertigkeiten empfehlen sich die Bücher:

„100 Übungen für Westenreiter" – Band 1 und 2 von Hubertus Ott

Ein Trail erfordert nicht nur Gehorsam und Mitarbeit des Pferdes, sondern ebenso die Disziplin des Reiters. Er muss genauso besonnen und konzentriert zu Werk gehen, wie er es von seinem Pferd verlangt. Wer die Aufmerksamkeit seines Pferdes haben möchte, muss ihm ebenfalls seine Aufmerksamkeit schenken.

Der Reiter sollte lernen, ein Hindernis mit den Augen eines Pferdes zu beurteilen. Ein Pferd in freier Natur würde einem Hindernis eher ausweichen als es zu überschreiten, es sei denn, ihm bleibt keine andere Wahl. Daher sollte der Reiter dafür sorgen, dass sich das Pferd im Hindernis wohlfühlt und seiner Neugier folgend willig mitarbeitet.

Das Zauberwort beim Training heißt Konsequenz. Macht das Pferd, was es soll, lässt man es in Ruhe oder es wird gelobt. Ist ein Pferd ungehorsam, wird es genau dann kurz gestraft. Danach ist der Reiter wieder ganz ruhig und entspannt. Das versteht ein Pferd. Begeht ein Pferd in der Herde einen Fehler, wird ein anderes Pferd kurz nach ihm keilen oder schnappen und die Sache ist ausgestanden. Wichtig ist, das gleiche unliebsame Verhalten jedes Mal zu strafen oder zu korrigieren und nicht nur manchmal. Nur so kann das Pferd lernen, da das Wort „manchmal" im Pferdeverhalten nicht existiert.

Vor allem sollte sich der Reiter immer bewusst sein, wer den Fehler gemacht hat und diesen zuerst bei sich selbst suchen. Schon falsches Anreiten eines Hindernisses kann Fehler provozieren, die selbst ein gut trainiertes Pferd nicht mehr ausgleichen kann. Häufig führen viele kleine Fehler eines nicht so erfahrenen Reiters zu negativen Ergebnissen.

Auch wenn es nicht bei den Hindernissen explizit erwähnt wird, ist es wichtig, das Pferd viel zu loben, wenn es kleine Sachen gut gemacht hat. Das erhöht das Vertrauen und vermittelt dem Pferd Sicherheit.

Zu Beginn des Trainings wird noch eine deutliche Zügelhilfe nötig sein, um das Pferd zu unterstützen. Der noch nicht so fortgeschrittene Reiter wird sein Pferd sicherlich insgesamt mehr mit den Zügeln beeinflussen müssen. Im Verlauf des Trainings sollte sich die Zügelhilfe jedoch immer mehr reduzieren. Allerdings empfiehlt es sich anfangs, auch auf dem Turnier eher mit leichtem Zügelkontakt zu reiten, anstatt sich am durchhängenden Zügel vermeidbare Penaltys einzuhandeln. In den höheren Leistungsklassen wird indes erwartet, Korrekturen am durchhängenden Zügel vornehmen zu können.
In der Anfangsphase des Trainings empfiehlt sich generell die zweihändige Zügelführung, da es so einfacher ist, notwendige Korrekturen durchzuführen. Erst im Verlauf des Trainings, wenn der Ausbildungsstand des Pferdes es erlaubt, sollte die für das Bit erforderliche einhändige Zügelführung verwendet werden.

Waren früher hauptsächlich Mut und Gelassenheit des Pferdes gefragt, fordert der heutigen Trail-Parcours Rittigkeit, Durchlässigkeit und Technik. Je höher die Leistungsklasse, umso kniffeliger der Parcours und umso höher die Anforderung an diese Attribute. Ein Pferd, das nicht entsprechend gymnastiziert ist und sich nicht in allen Gangarten problemlos biegen lässt, wird in höheren Klassen kaum in der Lage sein, die heutigen Mikado-Parcours fehlerfrei zu absolvieren. Ohne die folgenden Grundübungen zu beherrschen, wird es jedoch schwierig, das Trail-Training überhaupt aufzunehmen:

Saubere Gangartenwechsel sollten ebenfalls zum Übungsrepertoire gehören. Wer in höheren Leistungsklassen starten will, muss sich mit fliegenden Galoppwechseln vertraut machen. Auch das Anhalten aus dem Galopp vor einer Stange in einem Lope-In kann einen Reiter in Schwierigkeiten bringen, wenn sein Pferd mit Sliding-Eisen oder ähnlichem Hufbeschlag ausgestattet ist. Kennt man dann seinen „Bremsweg" nicht, laufen die Vorderbeine schnell mal über die Stange.

Alle benötigten Manöver sollten ohne Hindernisse solange geübt werden, bis sie problemlos zu reiten sind. Das Pferd muss lernen Schritt für Schritt auf die Signale des Reiters zu warten. Das Pferd sollte mental flexibel sein und sich sowohl auf den Reiter als auch auf das Hindernis konzentrieren können. Es sollte mitdenken, eigene Lösungsmöglichkeiten finden und dabei auf die Signale des Reiters achten. Diese Fähigkeiten können durch abwechslungsreiches Training erworben und gesteigert werden.

Daher ist es wichtig, in späterem Trainingsstadium den Aufbau und die Distanzen immer wieder zu verändern. Dadurch wird das benötigte Taxier- und Reaktionsvermögen geschult.

Und zuletzt noch etwas für den Reiter. Ein bekannter deutscher Reiter sagte einmal: „Man muss mit den Augen stehlen, um sich selbst zu verbessern." Er meinte damit, so oft wie möglich die Ritte der Top-Reiter auf großen Events zu verfolgen, um zu analysieren, wie sie den Parcours bewältigen und mit Schwierigkeiten umgehen. Dazu muss man heutzutage nicht mehr durch halb Europa fahren oder in die USA fliegen, sondern kann sich die gewünschte Disziplin meist per Livestream ansehen.

Das Training

Harmonie, Respekt, Vertrauen und Verantwortungsbewusstsein sind die Eckpfeiler für erfolgreiches Training. Da der Reiter die Verantwortung für die Gesundheit seines Pferdes trägt, sollte sich die Ausbildung am physischen und psychischen Entwicklungstand des Tieres orientieren. Jean Claude Dysli ermahnte seine Schüler unermüdlich: „Vergesst nie, dass jedes Pferd eine individuelle Persönlichkeit ist und kein mechanisch funktionierendes Teil".

Auch wenn das ausgebildete Trail-Pferd leisesten Hilfen des Reiters gehorchen soll, wollen wir keine Trail-Roboter. Das Pferd sollte als Partner behandelt und nicht zum seelenlosen „Sportgerät" degradiert werden, mit dem man seine Eitelkeit befriedigt. Das Pferd besitzt nun mal einen eigenen Charakter. Wer nicht die Geduld und Zeit aufbringt, die es benötigt, um Fortschritte zu machen, sollte besser eine andere Sportart wählen, bei der das „Sportgerät" keine eigenen Ansprüche stellt, da es aus toter Materie besteht.

Daher gibt es auch keine Patentrezepte fürs Training, da jedes Pferd auf unterschiedliche Reize entsprechend anders reagiert. Dem muss insbesondere beim Trail-Training mit seinen vielfältigen visuellen Herausforderungen Rechnung getragen werden. Auf der einen Seite ist Trailreiten Technik, auf der anderen Selbstvertrauen des Pferdes und Vertrauen zum Reiter. Der Trainer muss die Fähigkeiten seines Pferdes sowohl im mentalen als auch körperlichen Bereich einschätzen können, um zu beurteilen, ob das Pferd tatsächlich in der Lage ist, die ihm gestellte Aufgabe zu lösen. Zu hohe Erwartungen und Übertraining führen selten schneller zum Erfolg.

> ## *Es dauert solange wie es dauert!*
>
> *Ray Hunt*

Mit dieser Aussage beschied die Horseman-Legende unermüdlich die immer wiederkehrende Frage seiner Kursteilnehmer, wann der Erfolg des Trainings sich einstellen würde. Wie lange eine Ausbildung dauert, hängt vom Ziel, dem jeweiligen Pferd und der Einfühlsamkeit seines Trainers ab. Pferde sind Wesen mit variierendem Temperament, die entsprechend unterschiedlich reagieren. Daher kann man sie auch nicht in ein schablonenartiges Trainingskonzept zwingen.

> *Der Schlüssel zum Erfolg liegt darin,*
> *das Training auf das Pferd abzustimmen*
> *und nicht das Pferd auf das Training.*

Beim Training sollte nicht nur bedacht werden, ob man einen unkomplizierten, sensiblen oder phlegmatischen Pferdetyp unter dem Sattel hat, sondern ebenso spielen Alter und Lebenserfahrung eine Rolle. Das junge Pferd wird auf neue Reize anders reagieren als ein älteres, abgeklärtes Pferd. Ein gemütlicheres Pferd hat meist eine längere Reaktionszeit als ein feinnerviges Pferd.

Deshalb sollte sich die Methode des Einstiegstrainings am jeweiligen Pferdetyp orientieren. Einige Hindernisse lassen verschiedene Methoden zu, das Pferd mit seiner Aufgabe vertraut zu machen.

Das unkomplizierte Pferd wird dem Reiter die Frage stellen: „Was machen wir heute?", und dann neugierig mitarbeiten und sich bemühen nach Korrekturen Fehler zu vermeiden.

Ein sensibles Pferd gerät schneller aus der Ruhe, möchte nirgendwo gegenstoßen oder drauftreten und ist häufig auch ängstlicher. Ihm fehlt die innere Gelassenheit und es neigt zur Hektik. Es muss erst Vertrauen zu neuen Situationen und seinem Reiter entwickeln, bevor es in der Lage ist, konzentriert mitzuarbeiten. Dieser Pferdetyp benötigt Erfolgserlebnisse, um sein Grundvertrauen steigern zu können.

Das phlegmatische Pferd muss eher „geweckt" werden, bevor es zur Mitarbeit wirklich bereit ist. Es ist zwar nicht so leicht aus der Ruhe zu bringen, neigt aber dazu, Stangen zu ignorieren, draufzutreten oder Hindernisteile anzurempeln, ohne dem irgendwelche Bedeutung beizumessen und reagiert gleichgültig bei versuchten Korrekturen. Ein Pferd dieses Typs muss solange „belästigt" werden, bis es das geringere Übel in der Mitarbeit sieht und versucht, fehlerfrei zu bleiben. Es benötigt durchaus mal einen Knuff zum Aufwachen, bis sich Bemühungen erkennen lassen, hinzusehen und zu versuchen ein Hindernis zu taxieren. Hier ist Erziehung zu Respekt und Aufmerksamkeit gegenüber den Hindernissen und dem Reiter angesagt. Das kostet zwar mehr Mühe, aber auch dieser Typ ist unter den erfolgreichen Trail-Pferden durchaus vertreten.

Trail-Training ist mehr, als das Pferd fürs Turnier auszubilden. Selbst wenn nicht beabsichtigt ist, irgendwann Turniere zu reiten, ist die innere Zufriedenheit über das, was man sein Pferd gelehrt hat und die dadurch entstandene Verbindung zu seinem Reitpartner, basierend auf Vertrauen, unermesslich groß.

Dazu kommt das unbeschreibliche Glücksgefühl, wenn das Pferd im Training das „L" zum ersten Mal fehlerfrei bewältigt oder ein anderes Steuerungshindernis mit nur minimaler Hilfengebung oder gar nur einem Flüstern. Wenn es zum ersten Mal ohne zu zögern über die Brücke oder durch Wasser geht.

Es sollte beim Training nicht nur um die reine Überwindung von Hindernissen gehen, sondern darum, dass das Pferd etwas dabei lernt, um es woanders anwenden zu können. Ein Pferd muss ein Hindernis mindestens dreimal fehlerfrei oder angstfrei überwunden haben, bis man von einem Lerneffekt sprechen kann.

Mit steigendem Level werden die Pattern komplizierter. Ein perfekt gerittener Meisterschafts-Trail bedarf langwieriger Vorbereitung, die sich nicht in ein begrenztes Möchtegern-Zeitkorsett zwängen lässt. Nicht nur Zeit, sondern desgleichen viel Geduld und Einfühlsamkeit sind erforderlich, bis ein

Trail-Pferd erlernt hat, was es zur Bewältigung der vielen Hindernis-Dschungel, die findige Parcours-Designer ersonnen haben, benötigt.

Zu Beginn des Trainings sollte man genau feststellen, wie weit der Ausbildungstand des Pferdes ist, um am richtigen Punkt ansetzen zu können und es dort abzuholen, wo es steht. Die Gelassenheit des Reiters, der erkennen sollte, was nicht alltägliche Situationen beim Pferd auslösen, spielt dabei eine große Rolle. Eine Übung sollte so aufgebaut sein, dass sich Pferd und Reiter wohlfühlen und die Übung mit einem Erfolgserlebnis beenden können. Das erhält die Freude an der Arbeit und schützt vor Überforderung. Das bedeutet, nicht alles auf einmal zu üben, sondern zusammen mit seinem Pferd Schritt für Schritt und Hindernis für Hindernis vorzugehen. Wer sich langsam an steigende Schwierigkeitsgrade heranarbeitet, lernt Schwächen und Stärken seines Pferdes besser kennen. So trainiert, wird es vertrauensvoll auch unbekannte Hindernisse überwinden.

Sicherheit hat höchste Priorität. Das Pferd darf sich nicht verletzen können. Daher beim Training kein Risiko eingehen und das Vertrauen des Pferdes nicht enttäuschen oder erschüttern. Das könnte sonst für das gesamte zukünftige Trail-Training zu dauerhaften Problemen führen.

Um effektiv arbeiten zu können, ist es sinnvoll, sich einen Trainingsplan zurechtzulegen. Ob im Kopf oder auf dem Papier bleibt jedem selbst überlassen. Der grobe Gesamtablauf könnte so aussehen, später verfeinert durch Angaben der Übungen:

1. Üben grundlegender Fertigkeiten, um die Voraussetzungen für das Trail-Training zu schaffen.
2. Heranführen an einfache Hindernisse ohne Anspruch auf Fehlerlosigkeit.
3. Das Feilen: einfache Hindernisse fehlerfrei reiten.
4. Erarbeiten von Hindernissen mit höherem Schwierigkeitsgrad ohne Anspruch auf Fehlerlosigkeit.
5. Das Feilen: kompliziertere Hindernisse fehlerfrei reiten.

Die Basis ist eine solide Grundausbildung. Das Trail-Training selbst vollzieht sich in mehreren Stadien und Stufen, die systematisch in der richtigen Reihenfolge aufeinander aufgebaut werden müssen. Wenn etwas nicht klappt, geht man zur einfacheren Variante zurück, bis das Pferd seine Sicherheit wiedergewonnen hat.

Hindernisse sollten insbesondere bei grünen Pferden am Anfang möglichst nicht komplett trainiert werden. Jeder Schritt sollte sitzen, bevor es weiter geht oder der Schwierigkeitsgrad gesteigert wird. Besteht ein Problem bei Brücken oder ähnlichen Überreit-Hindernissen, kann man dem Pferd bei Bedarf das Objekt auch vom Boden aus zeigen oder ein erfahrenes Pferd vorgehen lassen.

Ein Step-by-Step Training schafft Ruhe und Vertrauen durch die Erfolgserlebnisse, die das Pferd erfährt. Im Hindernis anhalten und es sich dort entspannen lassen, beugt Hektik vor. Selbst bei fortgeschrittenem Training, schadet es nicht, im Hindernis anzuhalten, eine kurze Pause einzulegen und das Pferd für die bis dahin fehlerfreien Schritte zu loben. Der beste Zeitpunkt das Training an einem Hindernis zu beenden ist, wenn das Pferd einen kleinen Fortschritt gemacht hat und für seine Bemühungen damit belohnt wird. Hat ein erfahreneres Pferd ein Hindernis willig und fehlerfrei überwunden, kann man das Hindernis verändern, damit es vor eine neue Situation gestellt wird.

Beginnt ein Pferd an oder in einem Hindernis nervös oder hektisch zu werden oder macht sich steif, ist es sinnvoll abzubrechen, eine kurze Pause einzulegen und erneut zu beginnen. Gelingt an diesem Hindernis weiterhin nichts, helfen vielleicht ein paar Runden Lope am losen Zügel. Bringt auch das keinen Erfolg, sollte man ein leichtes Hindernis, das das Pferd beherrscht, auswählen und dann das Trail-Training für diesen Tag beenden, um sich im nächsten Training dem Hindernis erneut zu widmen.

Abwechslung beim Training spielt eine große Rolle, um das Interesse des Pferdes zu erhalten. Eintöniges Wiederholen von immer gleichen Übungen ist eine der häufigsten Fehlerquellen. Kennt das Pferd ein Hindernis bereits gut, besteht die Gefahr, dass es nach dem Motto „Ich-weiß-was-kommt" vergisst zuzuhören. Das führt dazu, dass das Pferd im Hindernis oder später sogar im Parcours versucht, selbständig und mit geringer Aufmerksamkeit bestimmte Manöver abzuspulen. Dabei schleichen sich Fehler ein oder das Pferd wird zu eifrig und zu schnell.

Egal ob es das Tempo oder die Linienführung betrifft, hier muss der Reiter korrigierend eingreifen. Zum Beispiel dadurch, dass er das Pferd Stoppt und das Hindernis verlässt. Um der Monotonie entgegen zu wirken, ist es hilfreich, Hindernisse mal auf der rechten Hand und mal auf der linken Hand und wenn machbar von beiden Seiten anzureiten. Außerdem kann man durch variieren der heimischen Hindernisse vorbeugen.

Bei jungen Pferden lässt sich nicht festlegen, wie oft man eine Übung wiederholen kann und muss und wie lange das Training dauern darf. Das Pferd lernt zwar durch häufige Wiederholungen, stumpft jedoch auch ab, beginnt sich zu langweilen oder wird unvorsichtig. Hier ist das Einfühlungsvermögen des Reiters gefragt, um dem Pferd die Freude an der Trail-Arbeit zu erhalten. Er sollte wissen, ob das Pferd müde ist und deshalb Fehler macht oder einfach nur aus Bequemlichkeit anschlägt.

Kombi-Hindernisse, die immer wieder anders geritten werden können, sodass die Schwierigkeiten wechseln, erhalten die Aufmerksamkeit des Pferdes. Mit Pylonen und Stangen kann man immer wieder ein neues Labyrinth schaffen, das die Neugierde des Pferdes wachhält. Geländeritte helfen, das Training abwechslungsreich zu vervollständigen. Das Reiten auf unwegsameren Strecken fördert die Trittsicherheit des Pferdes und es muss sich mit unbekannten Hindernissen und einer sich ändernden Umgebung vertraut machen.

Es ist wichtig, zuhause nicht nur einzelne Hindernisse zu üben, sondern sobald genügend Hindernisse im Training erarbeitet wurden, diese zu einem Parcours zusammenzufügen. Das erzieht das Pferd und seinen Reiter dazu, sich über einen längeren Zeitraum und vor allem auch zwischen den einzelnen Hindernissen zu konzentrieren.

Am Ende eines solchen Parcours sollte eine Übung stehen, von der man weiß, dass das Pferd sie beherrscht. So kehrt der Vierbeiner zufrieden in den Stall zurück und wird am nächsten Tag umso freudiger mitarbeiten.

Damit ein Pferd nicht glaubt, dass Trail-Training ansteht, sobald irgendwo eine Stange liegt, sollte man zuhause häufiger mal einfach nur um die Stangen oder Hindernisse in verschiedenen Gangarten herum reiten, ohne an dem Tag damit zu arbeiten.

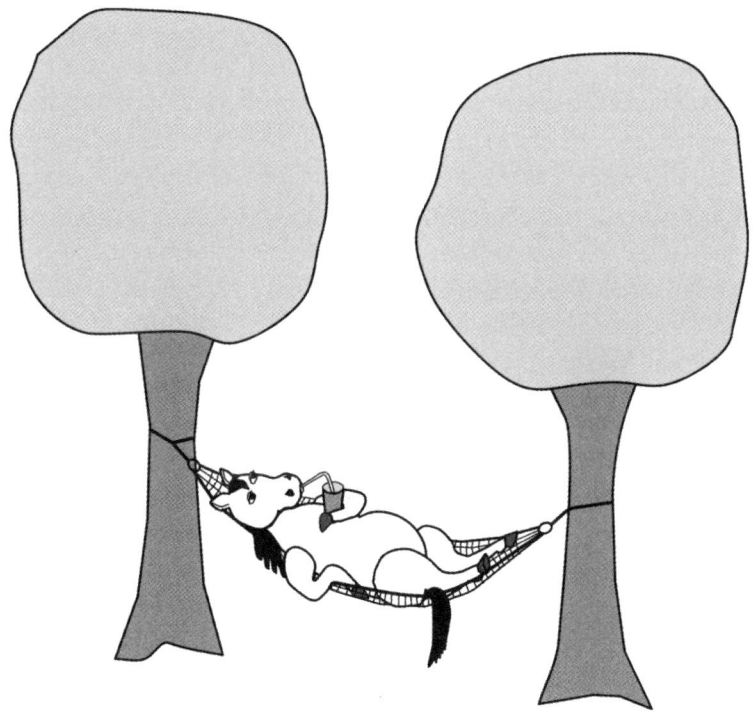

Bei allem Übungseifer nicht vergessen:
Pferde müssen auch mal relaxen!

Der Parcours

Hindernisse, Scores und Penaltys

Die Anzahl der Hindernisse und ihr Schwierigkeitsgrad, der sich in der Regel nach der zu reitenden Leistungsklasse richtet, können variabel gestaltet werden. Die Mindestanzahl der Hindernisse beträgt bei allen Verbänden sechs und sieht drei Pflicht-Hindernisse vor:

Pflicht-Hindernisse

⇨ *Das Tor*

⇨ *Vier Stangen – im Schritt, Trab oder Galopp zu überreiten*

⇨ *Rückwärtsrichten zwischen Stangen oder Pylonen*

Neben den Pflicht-Hindernissen werden in den Regelbüchern weitere Hindernisvorschläge gemacht, die vom jeweiligen Parcoursbauer individuell erweitert und durch eigene Kreationen ergänzt werden oder auch miteinander verknüpft werden können. Kombinierte Hindernisse gelten als ein Hindernis.

Man unterteilt die Hindernisarten grob in drei Kategorien, die verschiedene Fähigkeiten des Pferdes in besonders hohem Maße fordern.

Hindernisarten

⇨ *Überreit-Hindernisse – Geschicklichkeit und Trittsicherheit*

⇨ *Steuerungs-Hindernisse – Konzentration und Rittigkeit*

⇨ *Schreck-Hindernisse – Mut, Gehorsam und Vertrauen*

Die Maße der einzelnen Hindernisse sind in den jeweiligen Regelbüchern festgelegt, können jedoch geringfügig je nach Verband voneinander abweichen.

Früher wurde der Parcours hauptsächlich so gestaltet, dass er dem Pferd Mut, Unerschrockenheit und Trittsicherheit abverlangte. Eben möglichst nahe am Geländeritt eines Cowboys. Der Fantasie und dem Erfindungsreichtum der Parcoursbauer waren kaum Grenzen gesetzt und sie ließen sich gelegentlich „hässliche" Überraschungen einfallen, um die Pferdenerven zu testen. Ein aufgeblasener Gorilla am Tor festgebunden, eine künstliche Schlange neben dem Walk-Over, gefährlich klingende Tierstimmen aus dem Gebüsch oder ein Kunststoff-Krokodil im Wassergraben. Utensilien dieser Art ebenso wie viele rustikale Hindernisse sind heute fast nur noch auf Playdays, bei Old-Time-Trails oder anderen Spezial-Trails anzutreffen, da sie nicht den Regelwerken der großen Verbände unterliegen. Diese schränken inzwischen die Möglichkeiten ein und schließen gefährlich erscheinende Hindernisse aus, um im Fall des Falles nicht in Konflikt mit Reitern oder Versicherungen zu geraten.

Der heutige Trail-Parcours, der eher einer Horsemanship-Aufgabe über Stangen gleicht, hat die Parcours-Designer inspiriert, stets neuere und kniffeligere Trails zu kreieren, die ein Höchstmaß an Rittigkeit und Durchlässigkeit erfordern. Enge Wendungen und kurze Strecken für hohe Gangarten erhöhen den Schwierigkeitsgrad enorm und lassen schnell erkennen, auf welchem Niveau Reiter und Pferd sich bewegen.

Doch auch die Gedächtnisleistung des Reiters wird aufs höchste beansprucht, da die Regeln für 0-Score oder Disqualifikation erheblich verschärft wurden. Wurde zum Beispiel früher das Drehen in der Box in die falsche Richtung oder ähnliche Fehler an anderen Hindernissen mit einem entsprechenden Totalpunktabzug am Hindernis bewertet, führt das heute zu einem 0-Score für den gesamten Ritt.

Jeder Verband besitzt ein eigenes Regelbuch, nach dem die jeweiligen Prüfungen bewertet werden. Im Großen und Ganzen sind sich die Bewertungskriterien sehr ähnlich. Trotzdem ist es ratsam, sicherheitshalber im aktuellen Regelbuch des jeweiligen Verbandes, bei dem man startet, nochmals nachzuschlagen, da die Regeln sich von Jahr zu Jahr etwas ändern. Reitern welche kein Regelbuch besitzen, da sie keinem Verband angehören und kleine verbandsfreie Turniere reiten möchten, ist das Regelbuch der EWU (Erste Westernreiter Union Deutschland e.V.) oder des VWB (Vereinigung der Westernreiter in Bayern e.V.) zu empfehlen, bzw. in Österreich oder der Schweiz das entsprechende Pendant. Die Regelbücher können auf den Internetseiten der Verbände teilweise kostenlos heruntergeladen werden.

Das Richtsystem geht von einem Durchschnitts-Score mit 70 Punkten aus. Davon werden bei Fehlern Penaltys (Strafpunkte) abgezogen. Weitere Score-Punkte, die unabhängig von Penaltys vergeben werden, spiegeln die Qualität der Ausführung einzelner Manöver wieder. Durch den Manöver-Score kann man an jedem Hindernis Pluspunkte erreiten oder bei schlechter Ausführung auch Minuspunkte.

+ 1,5 = exzellent
+ 1   = sehr gut
+ 0,5 = gut
  0   = korrekt
– 0,5 = schlecht
– 1   = sehr schlecht
– 1,5 = extrem schlecht

Der Manöver-Score bezieht sich nicht nur auf das jeweilige Hindernis, sondern auch auf den Reitweg zu einem Hindernis. Dieser fließt mit in die Bewertung ein. Bei gravierenden Fehlern kann der gesamte Ritt mit einem 0-Score bestraft werden, das heißt mit 0 Punkten für den gesamten Ritt. Ein 0-Score schließt den Reiter ebenso wie eine Disqualifikation von der Platzierung aus. Ausnahmen gibt es lediglich, wenn nach einem Go-Round im Finale ein 0-Score gegeben wurde.

Eine Disqualifikation zieht einen No-Score nach sich und erfolgt bei regelwidrigem Verhalten, Lahmheit des Pferdes oder Verletzungen, die im Einwirkungsbereich des Reiters liegen.

Folgende Fehler ziehen einen 0-Score für den gesamten Ritt nach sich:

1. Das generelle Abweichen vom vorgeschriebenen Weg.
   - Feste Hindernisfolge nicht eingehalten.
   - Falscher Weg zum nächsten Hindernis, z. B. auf der falschen Seite eines Markers.
   - Hindernis von der falschen Seite begonnen oder in anderer Weise als vorgegeben bewältigt. Z. B. falsch herum drehen im Stangen-Viereck.
   - Auslassen eines Hindernisses ohne den Versuch es zu bewältigen.
2. Auslassen einer vorgeschriebenen Gangart oder falscher Galopp ohne Korrektur.
3. Dritte Verweigerung im Gesamtparcours.
4. Falsche Ausrüstung oder falsche Zügelführung.
5. Sturz von Pferd und/oder Reiter.

Fehler am Hindernis oder im Verlauf des Patterns werden mit Penaltys in verschiedener Höhe belegt, die in den Regelbüchern nachzulesen sind. Die Höchststrafpunktzahl „5" erhält man zum Beispiel für: Tor loslassen, erstes Verweigern + 5 Punkte für zweites Verweigern, Fallenlassen eines zu transportierenden Gegenstandes, buckeln, steigen, ausschlagen oder ein Hindernis nicht beenden.

Um zu gewinnen, reicht nicht unbedingt, lediglich alle Hindernisse fehlerfrei zu absolvieren. Ein fantasievoll aufgebauter Trail-Parcours trennt schnell die Spreu vom Weizen. Insbesondere in höheren Leistungsklassen benötigt man heute meist einen Top-Score, erreicht durch einen fehlerfreien Ritt mit hohen Manöver-Scores, für eine Platzierung.
Bewertet wird die Gesamtmanier, in der das Pferd den Parcours bewältigt, die Gänge zwischen den Hindernissen und das Bewältigen jedes einzelnen Hindernisses. Aufmerksamkeit und Rittigkeit spielen eine wesentliche Rolle. Eine tiefe Kopfhaltung, das Spiel der Ohren und ein aufmerksamer

Blick auf das Hindernis zeigen dem Richter, dass das Pferd aktiv mitarbeitet. Es soll sich aufmerksam und vorsichtig den Hindernissen nähern, um sie nach kurzer Prüfung ohne Verzögerung zu bewältigen.

Das Tempo der jeweils vorgeschriebenen Gangart in und zwischen den Hindernissen sollte angemessen sein. Der Trail-Parcours sollte zügig aber nicht hastig geritten werden, da das zu Fehlern führt. Übervorsichtiges Reiten könnte der Richter als Unsicherheit werten. Vorsichtiges Reiten in diffizilen Situationen wird er hingegen mit einem Plus-Score belohnen, solange er sehen kann, dass der Reiter jede Bewegung des Pferdes unter Kontrolle hat. Im Hindernis sollte das Tempo dem entsprechenden Schwierigkeitsgrad angepasst sein.

Es ist zweckmäßig, möglichst nah in der vorgeschriebenen Gangart an das nächste Hindernis heranzureiten, wenn dort eine andere Gangart erforderlich ist oder verlangt wird. Lässt sich ein Pferd noch nicht sauber auf den Punkt durchparieren, sollte man rechtzeitig den Gangartenwechsel einleiten und die letzten Schritte langsam auf das Hindernis zugehen. Die Punkte, an denen ein Gangartenwechsel vorgeschrieben ist, sollten, wie bei einer Horsemanship-Prüfung, möglichst genau eingehalten werden, da das ebenso wie die Qualität der Gangart in die Bewertung einfließt.

Das Anhalten vor einem Hindernis empfiehlt sich nur dann, wenn es erforderlich ist, um einen Fehler zu vermeiden. Kurze Stopps, um das Pferd durch eine Drehung auf eine neue Bewegungsrichtung vorzubereiten, sind nicht fehlerhaft.

Galoppiert das Pferd falsch an, muss der Galopp sofort korrigiert werden, auch wenn das drei Strafpunkte bedeutet. Weiterreiten im falschen Galopp bedeutet einen 0-Score für den gesamten Ritt.

Ist die Galoppstrecke sehr kurz, sollte man schauen, ob nicht die Möglichkeit besteht, vielleicht einen größeren Bogen zu reiten, natürlich ohne vom Pattern abzuweichen.

Als verweigern wird Scheuen bzw. das Zurückweichen vom Hindernis von mehr als vier Tritten gewertet. Das erste Verweigern zieht fünf Strafpunkte nach sich, das zweite nochmals fünf. Die dritte Verweigerung führt zu einem 0-Score für den gesamten Ritt.

Ist abzusehen, dass ein bestimmtes Hindernis Probleme verursachen könnte, ist es sinnvoll, dem Pferd zu gestatten, sich dem Hindernis langsam zu nähern und notfalls auch mal stehen zu bleiben. Dafür gibt es zwar beim Manöver-Score Abzug, aber keine Strafpunkte. Ebenso führen ein bis vier Tritte rückwärts oder seitwärts lediglich zu Minuspunkten beim Score.

Ist nicht zu erwarten, dass das Hindernis überwunden werden kann, sollte man sich nach dem zweiten Versuch dem nächsten Hindernis zuwenden, um sich bei der dritten Verweigerung den 0-Score für den ganzen Ritt zu ersparen. Zwar steht mit den zehn Penaltys eine Platzierung außer Frage, so ist es jedoch möglich, den Parcours als Übungsritt zu beenden.

Die Parcoursbewältigung

Jede Trail-Prüfung ist eine Herausforderung, da man mit einer unbekannten Abfolge verschiedenster Hindernisse konfrontiert wird, die über die gesamte Zeit höchste Konzentration von Reiter und Pferd verlangt. Das muss geübt werden.

Für einen Trail-Parcours rechnet man ca. drei bis vier Minuten. Je nach Anzahl der Hindernisse, dem Schwierigkeitsgrad und der Länge der Wege, kann sich diese Zeit erhöhen. Die Konzentration muss über die volle Länge dieser Zeit vorhanden sein. Deshalb ist es wichtig, möglichst bereits beim heimischen Training einen ganzen Parcours zu durchreiten. Das schult Pferd und Reiter, sich über einen längeren Zeitraum und vor allem auch zwischen den einzelnen Hindernissen zu konzentrieren. Für Reiter mit Platzproblemen empfiehlt sich ein variabler Kombi-Parcours, der nur wenig Platz beansprucht.

Ein Parcours besteht aus Hindernissen und den Wegen dazwischen. Jedes Hindernis setzt sich aus drei Bewältigungs-Phasen zusammen:

Die Bewältigungs-Phasen

⇨ *Anreit-Phase*
⇨ *Überwindungs-Phase*
⇨ *Weiterreit-Phase*

Ist das Pferd mit einem Hindernis vertraut, sollte der konzentrierte Ablauf: anreiten – überwinden – weiterreiten, zum normalen Training gehören. Vorausschauendes Denken und Reiten ist unabdingbar, will man ein Hindernis in optimaler Position erreichen. Das perfekte Anreiten ist die halbe Miete. Um die richtige Technik anwenden zu können, gilt es im Vorfeld die erforderlichen Aktionen zur richtigen Positionierung vor und in dem jeweiligen Hindernis zu analysieren.

Im Vorfeld überlegen:

⇨ *Wie reite ich ein Hindernis am günstigsten an?*
⇨ *Wo liegt die Ideallinie für das Hindernis?*
⇨ *Wo drehe ich am besten?*

Die Anreitphase

Der Reiter ist für den optimalen Anreitweg und das richtige Tempo verantwortlich. Bei der verlangten Gangart kann es sich um eine andere als die im Hindernis erforderliche handeln. In dem Fall sollte ein weicher Übergang oder Stopp je nach Hindernisart am optimalen Startpunkt unter Berücksichtigung der Ideallinie für die Bewältigung des Hindernisses erfolgen. Ist die Gangart vor und im Hindernis identisch, gilt es das passende Grundtempo, das auch dem im Hindernis entspricht, zu wählen.

Idealerweise, wenn das Pattern es erlaubt, sollte das Pferd spätestens fünf Meter vor der ersten Stange die optimale Geschwindigkeit bzw. Schrittlänge für die Logs erreicht haben und sich dabei in einer den Stangenabständen angepassten rhythmischen Bewegung befinden. Dabei steuert es auf den Ausgangspunkt der Ideallinie zu, um in die bestmögliche Position zur Bewältigung des Hindernisses zu kommen.

Die Überwindungsphase

Während dieser Phase muss sich der Reiter voll und ganz auf die Bewältigung des Hindernisses konzentrieren. Es ist wichtig, das Hindernis auch gedanklich Schritt für Schritt zu reiten, denn wenn der Kopf des Reiters schon weiter ist als die Pferdefüße, kann das zu Problemen führen.

So beispielsweise, wenn der Reiter während eines Lope-Overs, dem er eigentlich seine ganze Aufmerksamkeit widmen sollte, gedanklich schon beim nachfolgenden Trot-Over und dem dafür erforderlichen Gangartenwechsel ist. Hier kann es sein, dass er sein Pferd dadurch veranlasst, bereits jetzt aus dem Galopp zu fallen.

Zu Problemen kann Übereifrigkeit des Reiters führen, insbesondere wenn er das Pferd stört und im falschen Moment eingreift. Das Pferd soll dem Training entsprechend das jeweilige Hindernis eigenständig und sicher absolvieren. Viele gut trainierte Pferde sind viel selbständiger, als ihre Reiter glauben wollen und können Hindernisse ohne Hilfsbereitschaft zur falschen Zeit besser bewältigen.

Gerade bei Stangen-Hindernissen sollte man nicht nach unten schauen, wenn das Pferd über dem Hindernis ist, das könnte die Balance stören. Der Reiter sollte ohnehin wissen, dass es jetzt zu spät für eine Korrektur ist. Wie im ganzen Parcours sollte er immer seinen Blick dorthin richten, wo er hin will.

Bei Steuerungs-Hindernissen sind hingegen die Hilfen des Reiters gefragt, damit das Pferd sie bestmöglich bewältigen kann. Manchmal sind blitzschnelle Entscheidungen erforderlich, wenn es nicht passt. Beim Sidepass eher etwas schräger gehen und Penaltys vermeiden, dafür jedoch Abzüge beim Score hinnehmen? Beim Rückwärtsrichten Anhalten und korrigieren oder im Fluss bleiben und korrigieren und dabei Fehler riskieren? Hier wird die Bewertung zum Rechenexempel.

Erst wenn die Überwindungsphase eines Hindernisses abgeschlossen ist, das heißt alle vier Pferdebeine sich außerhalb des Hindernisses befinden, wird der Focus auf die jetzt geforderte Gangart und auf das nächste Objekt gerichtet. Dabei kann man kurz durchatmen und sich neu sammeln.

Es ist nicht verboten oder gibt Minuspunkte beim Score, wenn das Pferd nach der Drehung im Viereck anstatt mittig, schräg hinaustritt, um auf das rechts oder links liegende nächste Hindernis zuzugehen. Das könnte allerdings Fehler forcieren, weil der Reiter sich mental schon in der Weiterreitphase befindet und das Pferd glaubt, das Hindernis sei beendet, sodass es beim Raustreten nicht aufpasst.

Die Weiterreitphase

Die Phase des Weiterreitens darf nicht vernachlässigt werden. Sie besteht bei einem einzelnen Hindernis im Training nur aus dem Weiterreiten. Im Parcours befindet man sich jedoch bereits in der Anreitphase für das nächste Hindernis und sollte dorthin schauen, wohin man reiten will.

Bereits im Training ist es wichtig, die Konzentration des Pferdes auf den Weg hinter dem Hindernis zu lenken. Das bedeutet, exakt auf seiner Linie im jeweiligen Tempo weiterzureiten und dem Pferd keinesfalls zu gestatten, nach rechts oder links eigenständig abzubiegen. Man kann das Pferd einige Meter später je nach Gangart weich durchparieren oder anhalten und loben. Das sollte in der Ausbildung nicht die Ausnahme sein, sondern die Regel. Das Gleiche gilt beim Training für Seitwärts- oder Rückwärtsrichten durch Stangen. Auch hier immer mindestens einen Meter mehr verlangen, als nötig ist.

So lernt das Pferd nicht nur im jeweiligen Tempo weiterzulaufen, bis der Reiter etwas anderes verlangt, sondern ebenfalls, dass das Hindernis nicht unmittelbar nach der letzten Stange zuende ist.

Auf dem Turnier

Gut vorbereitet ist halb gewonnen

Ein erfolgreicher Ritt beginnt schon lange vor dem Start. Eine sorgfältige Vorbereitung in organisatorischer und ausbildungsmäßiger Hinsicht kann eine Turnierteilnahme von Anfang an zu einem stressfreien Erlebnis werden lassen.

Der passenden Kleidung für die Prüfung sollte im Vorfeld entsprechende Aufmerksamkeit gewidmet werden. Das äußere Erscheinungsbild des Reiters darf zwar die Bewertung nicht beeinflussen, wird jedoch unbewusst vom Richter wahrgenommen. Ein farblich harmonisches Outfit, bei dem das Pad zur Kleidung passt, und gepflegtes Sattelzeug, können beim Richter eine positive Grundstimmung erzeugen. Allerdings helfen auch die aufwändigste Kleidung und die teuersten Ausrüstungsgegenstände nicht, wenn man seinen Trainingsjob nicht gemacht hat.

Die Erwartungen sollten anfangs nicht zu hoch geschraubt werden. Der Vierbeiner wird auf dem Turnier mit vielen unbekannten Eindrücken konfrontiert, die unvorhersehbare Reaktionen hervorrufen können. Das Publikum, eine ungewohnte Geräuschkulisse, großflächige Bandenwerbung, ein unbekannter Hindernisaufbau oder die jeweilige Hallen-Atmosphäre nehmen die Aufmerksamkeit des Pferdes in Anspruch. Es gibt auch Pferde, die in jeder Gruppenprüfung laufen wie ein Uhrwerk, aber Probleme haben, allein im Parcours zu sein.

Insbesondere ein noch nicht so erfahrenes Pferd wird kaum die gleiche Leistung erbringen können, wie auf dem heimischen Platz. Hilfreich ist zu versuchen, zuhause ähnliche Situationen zu simulieren: Musik laufen lassen, Freunde mit Pferden einladen, Zuschauergejohle vom Band abspielen oder auch mit dem Pferd woanders hin fahren.

Ein Turnierneuling sollte anfangs überschaubare kleine Turniere ohne Hektik auswählen. Das hilft dem Reiter die Nervosität zu überwinden und dem Pferd sich in Ruhe auf die neue Situation einzustellen. Mehrtägige große Turniere mit angegliederten Anfängerklassen sind für den Einstieg nur bedingt geeignet. Durch die Vielzahl der Teilnehmer und Prüfungen sowie eines entsprechend großen Areals mit langen Wegen kann durchaus Angst aufkommen, den Start zu verpassen. Die Vielzahl der Disziplinen macht es einem Turnierneuling schwer, abzuschätzen wann die eigene Prüfung tatsächlich beginnt. Ein genauer Zeitplan ist nicht bei allen Verbänden vorgeschrieben und wird, wenn vorhanden, nicht immer eingehalten, sodass sich die Prüfung immer weiter nach hinten verschieben kann. Diese Wartezeiten zerren an den Nerven und lassen zudem Pferd und Reiter ermüden bzw. nervös werden. Verfügt man selbst und auch das Pferd über Nerven wie Drahtseile, kann das natürlich ein erfrischendes Abenteuer für den Turnierneuling sein.

Neben der trainingsmäßigen Vorbereitung auf ein Turnier zahlt sich eine gründliche organisatorische Vorbereitung auf jeden Fall aus. Allein angesichts der finanziellen Belastungen (Startgebühren, Paddock- oder Boxenkosten, Fahrtkosten, Verbandsmitgliedschaft usw.) und des Zeitaufwandes für einen solchen Turnierstart, ist nichts ärgerlicher als an mangelhafter organisatorischer Vorbereitung zu scheitern, anstatt an einem kniffeligen Parcours oder an besseren Konkurrenten.

Am Tag der Abreise oder am Tag davor bereitet der Reiter nicht nur sein Sattelzeug durch entsprechende Putz- und Polierarbeiten auf das Turnier vor, sondern ebenso seine Kleidung und sein Pferd. Wenn möglich wird das komplette Pferd gewaschen und eventuell durch eine Decke daran gehindert, sich wieder zu beschmutzen. Auf den meisten Turnierplätzen besteht keine oder nur begrenzte Möglichkeit sein Pferd einer Gesamtwäsche zu unterziehen. Eine möglichst sorgfältige äußere Vorbereitung des Pferdes stärkt auch das Selbstvertrauen des Reiters.

Findet die Anreise erst am Prüfungstag statt, sollte man so frühzeitig aufbrechen, dass weder Staus noch andere unvorhergesehene Probleme die Zeit zwischen Ankunft und Start auf ein Minimum verkürzen können. Besser ist es, bereits am Vorabend anzureisen.

Auf dem Turnierplatz angekommen, beginnt die Suche nach einem passenden Platz für das Paddock bzw. lässt man sich seine Box geben, um dem Pferd nach der Fahrt ein bisschen Ruhe zu gönnen. Ist das Pferd mit allem Nötigen versorgt, führt der nächste Schritt, falls man wegen der Box nicht schon vorher dort war, zur Meldestelle. Nicht vergessen dorthin mitzunehmen: Mitgliedsausweis, Equidenpass mit den erforderlichen Impf-nachweisen und Geld für eventuelle Nachzahlungen.

An der Meldestelle erhält der Teilnehmer seine Startnummern, den Zeit-plan und das Programmheft. Es gibt in der Regel Auskunft darüber, ob sich etwas am Turnierablauf geändert hat, ob Prüfungen ausfallen oder ver-schoben wurden und wie viele Teilnehmer voraussichtlich in den einzelnen Prüfungen starten werden. Nicht immer erhält der Teilnehmer all diese Informationen bereits mit der Nennungsbestätigung.

Ist das Pferd gut untergebracht, gilt es sich selbst einzurichten, sodass man sich wohlfühlt. Dank einer hoffentlich vorhandenen Checkliste befindet sich im Gepäck in PKW und Hänger sicherlich alles, was für den Aufenthalt und den Start benötigt wird.

Ein erster Rundgang zur Erkundung des Turniergeländes gibt nicht nur ei-nen guten Überblick, sondern kann nach Fahrt und Auspacken sehr ent-spannend wirken. Wenn irgend möglich sollte man das Pferd, vor allem, wenn es noch wenig Turniererfahrung hat, bereits am Ankunftsabend unter dem Sattel oder an der Hand mit dem Gelände vertraut machen. Vielleicht besteht sogar die Möglichkeit das Tor oder die Brücke, wenn auch ohne Pferd, bereits anzusehen.

Für den nächsten Tag sollte ein genauer Zeitplan erstellt werden, um wel-che Zeit was stattfinden soll: Pferd fertig machen, satteln, umziehen und abreiten.

Um bei einem eventuellen frühen Start am nächsten Morgen einer auf-kommenden Panik vorzubeugen ist es ratsam, Kleidung, Startnummern und das restliche erforderliche Equipment bereits vorzubereiten. Der We-cker, dessen Batterie just auf dem Turnier seinen Geist aufgibt oder ein helles Pferd, das sich nachts genussvoll in grasgrünen Pferdäpfeln gewälzt hat und nach Säuberung schreit, können die gesamte Planung durcheinan-der bringen. Von der psychischen Belastung des Reiters ganz zu schweigen.

Das Pattern

Das Pattern muss spätestens eine Stunde vor Beginn der Prüfung bekannt sein. Früher war das fast die Regel. Die Pattern wurden häufig erst eine Stunde vor dem Start ausgehängt und überraschten die Reiter mit neuen kreativen Einfällen der Parcours-Gestalter. Heute sind die Aufgaben meist im Programmheft zu finden. Bei größeren Turnieren werden die Pattern immer häufiger bereits vor dem Turnier im Internet veröffentlicht, was angesichts der geforderten Gedächtnisleistung in höheren Leistungsklassen sicherlich sinnvoll ist.

Sobald das Trail-Pattern vorliegt, sollte die Zeit bis zum Start genutzt werden, sich eingehend damit vertraut zu machen und falls erforderlich vielleicht mit erfahrenen Reitern durchzusprechen. Sollte es eine Frage zum Pattern geben, die auch andere Reiter beschäftigt, ist es möglich, den Ringsteward anzusprechen. Er hat entweder selbst eine Antwort darauf oder gibt die Frage an den Richter weiter.

Ein wirklich perfekter Parcoursplan enthält: eine PC-erstellte Grafik des Gesamtparcours, eine präzise textliche Anweisung zur Ausführung und die Legende dazu. Die Zeichnung zeigt: die Hindernisse und die Gangarten in und zwischen den Hindernissen. Idealerweise gibt der Plan die Abmessungen der Hindernisse und Zwischendistanzen an. Das kann man natürlich nicht auf allen Shows erwarten und hängt in der Regel von der Größe und der Bedeutung der Turniere sowie den Fähigkeiten des Veranstalters, bzw. des Parcours-Gestalters am PC ab. Auf einem kleineren, gemütlichen Turnier, das weniger komplizierte Stangen-Hindernisse und Passagen enthält, stellt ein einfacher Parcoursplan sicherlich kein Problem dar.

Ein Pattern lesen zu können, ist die Grundvoraussetzung, um auf einem Turnier erfolgreich bestehen zu können. Was sich gelegentlich als nicht ganz einfach erweist, denn die Parcours-Anweisungen der Veranstalter variieren in Bezug auf Darstellung der Gangarten, der Hindernisse oder in der Ausführlichkeit des Textes teilweise erheblich. Gelegentlich fehlt auch die Legende.

Zuerst sollte man den Text durchlesen und ihn dann mit der Zeichnung vergleichen, denn das geschriebene Wort gilt mehr als ein falsch interpretierter Plan. Eine gute Hilfestellung, sich die Gangarten besser merken zu können, ist jede Gangart mit einem anderen Textmarker zu übermalen. Als Beispiel gelb für Walk, blau für Jog und rot für Lope. Das ist nicht nur auf der Zeichnung besser sichtbar, sondern das farbige Bild bleibt besser im Gedächtnis haften. Es ist auch einfacher sich zu merken, wo sich der Kopf des Pferdes befinden oder wohin er drehen soll, als zu versuchen sich nur rechts oder links einzuprägen.

Hat man sich den Parcours verinnerlicht, sollte man ihn im Geist mit geschlossenen Augen ein- oder zweimal „durchreiten" und dabei überlegen, wie die Hindernisse am besten anzureiten sind. Anschließend findet sich bestimmt jemand, der das Pattern abhört, so dass etwaige Denkfehler bemerkt werden.

Es ist äußerst hilfreich, wenn die Distanzen zwischen Stangen und Hindernissen im Pattern eingezeichnet sind. Wenn nicht, muss das bei der Parcoursbegehung ergründet werden. Sollte die nicht erlaubt sein, besteht vielleicht die Möglichkeit, den Parcours von allen Seiten anzusehen, um so einen Eindruck von den Abständen zu gewinnen. Ein erfahrener Reiter kann anhand des Planes häufig beurteilen, wo Schwierigkeiten liegen könnten, vorausgesetzt der Parcours wird wirklich so aufgebaut, wie er auf dem Plan zu sehen ist.

Die Parcoursbegehung

Bei größeren Turnieren besteht immer häufiger die Chance, den Parcours abzugehen. Das bietet eine Möglichkeit, die Abstände zwischen den einzelnen Hindernissen in Augenschein zu nehmen und die Stangenabstände unter die Lupe zu nehmen. So ist es nicht nur möglich die Abmessungen zu ermitteln, sondern ebenfalls herauszufinden, wie man die jeweiligen Hindernisse am günstigsten anreitet, um seinen Weg taktisch klug zu planen.

Bevor der Parcours für Ritte freigegeben wird, überprüfen ihn die Richter auf Sicherheit und Korrektheit, sodass die Abstände eigentlich mit der Zeichnung übereinstimmen sollten. Bei der Parcoursbegehung sollte sich der Reiter das Pattern bereits verinnerlicht haben und jetzt nur noch die letzten Feinheiten abchecken. Das heißt, jede nützliche Information in die mitgeführte Parcourszeichnung einfügen.

Die Abstände zwischen Stangen oder den Hindernissen können mit den eigenen Füßen ermittelt werden, sollten sie im Pattern nicht angegeben sein. Daher ist es wichtig zu wissen, wie lang der Fuß im Westernstiefel ist und wie groß der eigene Schritt. Die ermittelten Abstands-Maße werden in den Parcoursplan eingefügt, so dass man sein Tempo beim Ritt der jeweiligen Distanz anpassen kann. Bei der Begehung ist es sinnvoll, sich jedem Hindernis in dem Winkel zu nähern, in dem man es auch anreiten möchte und auf der Linie zu laufen, die man zu reiten beabsichtigt.

Zum Beispiel auf der gebogenen Ideal-Linie eines Lope-Over-Fächers, um zu wissen, wie viele Galoppsprünge welcher Länge voraussichtlich nötig sind, um fehlerfrei durch das Hindernis zu kommen. Die Ideallinie eines sehr großen Pferdes wird eher nach außen und die eines sehr kleinen nach innen von der Mittellinie abweichen. Passt der Abstand nicht, fällt das Pferd entweder aus der Gangart oder klotzt an. Sind die Stangen gestreift, kann im Pattern vermerkt werden, über welchen Stangenstreifen die Linie verlaufen soll. Das Gleiche gilt bei gestreiften Stangen fürs Rückwärtsrichten. Es ist ebenfalls hilfreich einzuzeichnen, wo die Vorhand beim Stopp stehen sollte, um nicht hinten gegen eine Begrenzung zu stoßen.

Wichtig ist zu wissen, wie oft ein Pferd bei unregelmäßigen Log-Abständen im jeweiligen Hindernis auffußt. Dabei kommt es auf den Anrittpunkt, die Linie und die Schrittgröße des Pferdes an. Das gilt für Fächer, Dreiecke, Vierecke und ähnliche Konstruktionen. Doch auch die Landings (Auffußen in den Stangen-Zwischenräumen) zum Beispiel zwischen einer Brücke und einer anschließend folgenden Stange sollten, wenn sie größer als ein Schritt sind, vermerkt werden.

Ist beabsichtigt an bestimmten Stellen einen größeren Bogen zu reiten als auf dem Pattern vermerkt, sollte das ebenfalls eingezeichnet werden. Gelegentlich sind solche Bögen nötig, um die erforderliche Grundgeschwindigkeit zu erreichen, um ein Hindernis fehlerfrei zu absolvieren oder um in einen optimalen Anritwinkel zu kommen. Nähert man sich einem Hindernis, von dem man weiß, dass das Pferd es zögerlicher angehen könnte, gibt der längere Anreitweg dem Pferd die Möglichkeit, sich damit etwas ausführlicher auseinandersetzen zu können. Dabei wird das Pattern wie vorgeschrieben geritten, nur der Weg etwas verlängert.

Am Tor prüft man, wie es sich öffnen lässt. Ist der Verschluss leichtgängig, klemmt oder quietscht er? Lässt sich der Torflügel leicht bewegen? Bei einem Seiltor sollte man die Torschlaufe in die Hand nehmen und schauen, ob sie sich ohne Probleme aus- und einhängen lässt.

Am Start

Das Pattern sitzt und ist so im Gehirn verankert, dass es keinen Zweifel am Weg gibt und man sich auf das wirklich Wichtige im Parcours konzentrieren kann. Zur Startvorbereitung gehört jedoch nicht nur das Pattern zu lernen, sondern auch das Abreiten. Es dient neben der Gewöhnung des Pferdes an die Atmosphäre in erster Linie dem Aufwärmen der Muskeln und der Feinabstimmung zwischen Reiter und Pferd.

Der Reiter sollte sich darauf beschränken seinen Sportpartner aufzulockern und eine ruhige Atmosphäre zu schaffen. Im Parcours enthaltene Bewegungsabläufe können nochmal durchgegangen werden. Ob Seitwärtsgang, Rückwärtsrichten, Vor- oder Hinterhandwendung, weiche Gangartenwechsel oder die Akzeptanz feinster Hilfen in bestimmen Situationen.

Es gibt nichts Schlimmeres, als auf dem Turnier mit schwierigeren Hindernissen konfrontiert zu werden als zuhause. Was das Pferd jedoch bis jetzt nicht kann, wird es auf dem Abreiteplatz auch nicht mehr lernen. Hat man im Parcours etwas entdeckt, was noch nicht so gut klappt, wäre es grundverkehrt, das Pferd jetzt mit entsprechenden Manövern zu piesacken. Das würde höchstens dazu führen, dass das Pferd sich verspannt, anstatt sich zu entspannen.

Anhand der Starterlisten, die meist an der Meldestelle oder am Abreiteplatz aushängen, lässt sich ungefähr ausrechnen, wann man selbst am Start ist. Wobei ausfallende Reiter einkalkuliert werden sollten. Zu lange Wartezeiten, die Pferd und Reiter ermüden oder nervös werden lassen, können so reduziert werden, bzw. hat man lange genug Zeit, sein Pferd auf die Prüfung vorzubereiten.

Hat die Prüfung begonnen, kann es sehr hilfreich sein, falls dafür Zeit bleibt, zumindest ein oder zwei Ritte der Konkurrenten anzusehen, um herauszufinden, wo eventuelle Schwierigkeiten im Parcours liegen, die man übersehen hat.

Zum Beispiel anspruchsvolle Steuerungspassagen, die in Wirklichkeit komplizierter sind, als sie auf dem Papier ausgesehen haben. Allerdings sollte man sich nicht zu sehr beeinflussen lassen und von seiner bei der Parcoursbegehung gewählten Linie abbringen lassen. Nur weil vielleicht zwei Reiter sehr enge Bögen zwischen den Hindernissen reiten, muss man das nicht nachahmen und auf elegante, etwas größeren Bögen verzichten, die ein gerades Anreiten erleichtern. Das erhöht die Chance, in der richtigen Geschwindigkeit in die Hindernisse hereinzukommen.

Vor allem sollte man sich jetzt nicht nervös machen lassen, sondern sich auf sich selbst und sein Pferd konzentrieren. Es besteht im Parcours zwar nur eine Chance, es gut zu machen, aber es gilt sein Können zu zeigen und nicht sich vor Fehlern zu fürchten.

Die Aufgabe des Doormans besteht darin, dafür zu sorgen, dass sich die nächsten Starter in Sichtweite von ihm aufhalten. Wird man an den Start gerufen, reitet man zu der Stelle, an der der Trail beginnt. Die Zügel werden jetzt so abgelängt, wie sie für den Ritt benötigt werden. Das heißt in einer Länge, die den Kontakt zum Pferdemaul erlaubt, ohne die Hand/Hände bis zur Hutkrempe heben zu müssen. Während bei einem erfahrenen Pferd-Reiter-Team ein leichtes Zupfen am Zügel ausreichen kann, benötigt ein weniger routiniertes Team häufig noch direkteren Zügelkontakt bei Problemen. Durch das „Langmachen" der Arme, ohne dabei den Sitz zu verändern, lässt sich das gut bewerkstelligen, sodass es nicht erforderlich ist, mit ständig anstehendem Zügel zu reiten.

Während des Wartens auf die Starterlaubnis muss das Pferd aufmerksam gehalten werden, um sofort mit voller Konzentration in den Parcours gehen zu können. Jetzt ist es auch an der Zeit, ein selbstsicheres Lächeln aufzusetzen, um dem Richter zu vermitteln, dass man seine „Hausaufgaben" gemacht und Spaß an dem Ritt hat. Hat der vorherige Reiter seinen Ritt beendet, nimmt man Blickkontakt zum Richter auf, bis dieser durch Nicken zu verstehen gibt, dass er bereit ist. Jetzt gilt es, sich auf den Job zu konzentrieren und nicht auf das erhoffte Ergebnis!!

Das Pferd wird im Parcours nicht besser sein als zuhause im Training. Deshalb sollte man selbstbewusst das Können des Pferdes auf dem Level, den es problemlos beherrscht, zeigen. Lieber an einem Hindernis vorsichtig reiten und eine einfachere Ausführungs-Variante wählen, als auf einen höheren Score zu spekulieren und dafür über Penaltys Punkte zu verlieren. Gelegentlich sind Pferd und Reiter durch die Prüfungssituation nervös und beginnen hektisch zu werden. Gerade dann sollte man bewusst bedächtiger reiten, denn aufgrund der Anspannung wird man ohnehin schneller, ohne es zu merken. Wer erfolgreich sein will, darf nicht durch den Parcours hetzten, auch wenn dieser flüssig geritten werden soll. Dazu müssen örtliche Gegebenheiten berücksichtigt werden. Sollte durch Wettereinflüsse der Boden rutschig geworden sein, muss das Tempo entsprechend angepasst werden.

Im Parcours können einfache Hindernisse schwieriger wirken oder durch üppige Verkleidung mit Blumen, Büschen oder sonstigen Einfällen des Parcoursbauers die Aufmerksamkeit des Pferdes ablenken. Unbekanntes, Schwierigeres als erwartet, das Erkennen, dass das eine oder andere noch nicht so ausgefeilt ist, wie es der bevorstehende Parcours erfordert, stresst den Reiter und überträgt sich auf das Pferd.

Anstatt jetzt im Parcours zu hudeln, sollte man sich Zeit für die geforderten Manöver nehmen. Wenn man weiß, dass ein bestimmtes Hindernis sehr bedächtig geritten ohne Penaltys bewältigt werden kann, ist das besser als durch forsches reiten auf Biegen und Brechen zu versuchen, Pluspunkte beim Score heraus zu kitzeln. Es ist wichtig, seine eigenen Grenzen und die seines Pferdes zu kennen und zu akzeptieren.

Beginnend mit dem 70er-Score kann man mit Fehlerpunkten schnell bis auf 60 Punkte sinken. Gelingt es, die Hindernisse ohne Fehler, wenn auch nicht spektakulär geritten, zu bewältigen, liegt man immer noch auf einem 70er Score. Deshalb sollte das vorrangige Ziel sein, fehlerfrei zu reiten.

Wer an einem Hindernis einen deutlichen Patzer verbuchen musste, egal ob Reiterfehler oder das Pferd der Verursacher war, sollte ruhig bleiben. Der Fehler kann ohnehin nicht rückgängig gemacht werden. Man sollte nie vergessen, dass es auch bei vermeintlich perfekt trainierten Übungen zu Problemen kommen kann, denn das Pferd ist keine Maschine und jeder Tag ist anders. Dazu sind die meisten Fehler im Parcours Reiterfehler und nicht alles, was man selbst als unzulänglich empfindet, wird vom Richter ebenso beurteilt.

Eine Korrektur während des Rittes durchzuführen, ist sehr schwierig und sollte nur dann erfolgen, wenn sie als Hilfestellung für das Pferd gedacht ist, um das Hindernis besser zu bewältigen und Fehler zu vermeiden.

Dazu ist es wenig empfehlenswert, sich bei der Verweigerung eines Hindernisses auf eine Auseinandersetzung mit dem Pferd einzulassen. Insbesondere dann nicht, wenn das Pferd sich fürchtet. Der Parcours ist der falsche Platz dafür. Das erzeugt nicht nur einen schlechten Eindruck, sondern kann dazu führen, dass das Pferd die nächsten Hindernisse nicht mehr konzentriert bewältigen kann. Stattdessen sollte der Focus sofort auf das nächste Hindernis gerichtet werden, um es dort besser zu machen.

Auf keinen Fall sollte man zu früh aufhören, zu reiten. Das gilt bei einem großartigen Ritt ebenso wie nach einem Fehler. Die Konzentration muss erhalten bleiben, bis das letzte Hindernis oder Manöver komplett bewältigt ist. Wer bereits innerlich jubelt, während er das letzte Hindernis erst fast bewältigt hat, verliert die Konzentration und macht im schlimmsten Fall noch einen wirklich vermeidbaren Fehler.

Nun sollte man im Überschwang der Freude, den Parcours gut gemeistert zu haben, nicht dem Pferd nach Bewältigung des letzten Hindernisses um den Hals fallen oder lobend auf den Hals klopfen. Zuerst signalisiert der Reiter mit einem Kopfnicken zum Richter, dass er die Prüfung beendet hat. Erst dann darf das Pferd gelobt werden, sonst riskiert man nach einem vielleicht erfolgreichen Ritt Penaltys für unerlaubtes Berühren des Pferdes.

Spätestens nach Verlassen des Parcours weiß man, was gut war und woran noch gearbeitet werden muss. Bei Interesse daran, wie der Richter den Ritt genau beurteilt hat, sollte man die Score-Sheets anschauen. Diese differenzierten Beurteilungsbögen der Richter werden nach der Prüfung an der Meldestelle zur Einsicht ausgehängt. Gibt es irgendwelche Fragen zu den Scores, besteht die Möglichkeit, in einer Pause zum Ringsteward zu gehen. Er wird sich bemühen, weiter zu helfen.

Es gibt viel zu tun!!

Vorübungen zum Trail-Training

Gymnastik für den Reiter

Jeder Reiter sollte in der Lage sein, seine Körperteile unabhängig voneinander bewegen zu können. Das gilt für Ober- und Unterkörper, Kopf und Schultern sowie weitere Gliedmaßen. Durch die unabhängige Bewegung einzelner Körperteile wird verhindert, dass das Pferd unbeabsichtigt Signale erhält, die es veranlassen können, sich selbst oder einzelne Beine in eine unerwünschte Richtung zu bewegen.

Beispielsweise am Tor, wenn sich der Reiter zum Öffnen zur Seite neigt und seine Schenkel, bzw. seine Hüfte „mitgehen". Oder wenn der Reiter hinabsehen will, um festzustellen, wie nah das Pferdebein tatsächlich schon an einer Stange oder Pylone steht. Das erfahrene Trail-Pferd wird sicherlich bei solchen Reiterbewegungen still stehen bleiben, da es seine Aufgabe kennt. Doch besser ist es, seinen eigenen Körper entsprechend zu gymnastizieren, um die entsprechende Beweglichkeit zu erlangen und so unnötige Bewegungen einzelner Körperteile unter Kontrolle zu halten. Im Folgenden ein paar nützliche Gymnastizierungs-Übungen.

Lockern der Schultergelenke

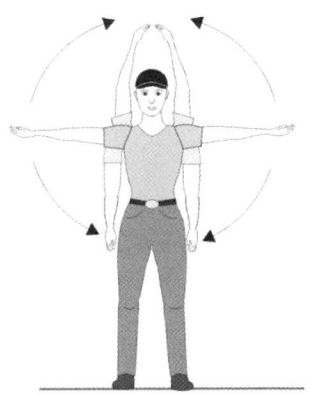

Die Füße parallel hüftbreit auseinander stellen. Die Arme waagerecht zur Seite ausstrecken und ganz lang machen. Die Handflächen zeigen dabei nach oben. Die Position einen Moment halten.

Die Arme über den Kopf heben, bis sich die Handflächen berühren. Dabei einatmen. Die Position einen Moment halten. Die Handflächen nach außen drehen und die Arme langsam ganz nach unten sinken lassen und dabei ausatmen.

Schultern heben

  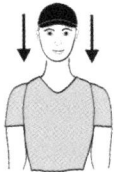

Gerade hinstellen. Die Arme herabhängen lassen.
Die Schultern bis unter die Ohren hochziehen und sie dort einen Moment halten.
Die Schultern anschließend wieder fallen lassen.

Beweglichkeit des Kopfes

Den Kopf nach rechts
und links wiegen.

Den Kopf bis auf die
Brust sinken lassen.

Gerade hinstellen und die Arme wie beim Reiten anwinkeln.
Den Kopf ohne die Schultern mitzudrehen oder hochzuziehen nach rechts und links bis zur Dehnungsgrenze drehen.
Dabei versuchen über die Schulter auf den Boden zu sehen.

Rumpf-Drehen Übung 1

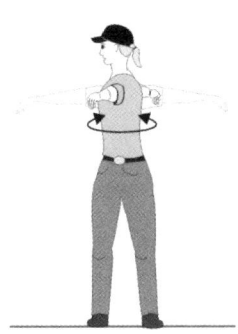

Die Füße parallel etwas mehr als hüftbreit auseinander stellen.
Die Arme waagerecht ausstrecken.
Den Oberkörper mit Armen und Kopf nach rechts
und links bis zur Dehnungsgrenze drehen.
Dabei darauf achten, dass die Hüfte nicht mit-
dreht.

Rumpf-Drehen Übung 2

Die gleiche Übung wie zuvor.
Doch diesmal dreht der Kopf nicht mit, sondern
bleibt, wo er ist.

Unterschenkel Dehnen

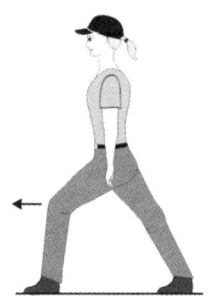

Im Stand in Schrittstellung gehen.
Das vordere Kniegelenk bis zur Dehnungsgrenze
beugen. Dabei das hintere Bein durchgedrückt
und die Ferse auf dem Boden lassen.
Die Position für einen Moment halten.
Dann in Schrittstellung hochstemmen und die
Beine wechseln.

Den Rumpf beugen

Die Füße direkt nebeneinander stellen.

Die Arme über den Kopf strecken und mit dem Oberkörper bis an die Dehnungsgrenze in Richtung Füße senken. Die Beine bleiben dabei gestreckt.

Nicht gewaltsam versuchen mit den Händen dabei möglichst weit nach unten zu kommen. Eher jeden Tag nur ein ganz wenig mehr.

Den Rumpf diagonal beugen

Leichte Grätschstellung einnehmen.

Den Oberkörper hinabbeugen und mit der rechten Hand den linken Fuß berühren.

Anschließend mit der linken Hand den rechten Fuß.

Geschwindigkeitskontrolle und Takt

Es ist wichtig, auch ohne Hindernisse deutliche Tempounterschiede in der jeweils gleichen Gangart im Training immer wieder herauszureiten. Dabei soll sich das Pferd in ruhigem, gleichmäßigem Takt versammelt bewegen. Bei Tempounterschieden wird kurzfristig bewusst langsamer oder schneller geritten, ohne den Takt dabei zu verlieren.

Dazu müssen Pferd und Reiter vorher gelernt haben, ein gleichmäßiges Grundtempo zu halten. Das kann sich insbesondere bei faulen Pferden schwieriger gestalten, da sie dazu tendieren immer wieder langsamer zu werden. Die Folge ist, dass das Pferd angetrieben werden muss und dabei oft aus dem Takt kommt. Wird beim Antreiben zu viel des Guten getan, muss das Pferd wieder gebremst werden und kommt erneut aus dem Takt.

Rhythmusgefühl zu entwickeln, ist für eine harmonische Parcoursbewältigung in höheren Leistungsklassen unabdingbar. Jeder Reiter, der erfolgreich sein will, sollte sich die Zeit nehmen, um sich Taktgefühl zu erarbeiten. Der Begriff „Takt" bezieht sich in diesem Fall nicht auf die Charakterisierung der jeweiligen Gangart, sondern auf deren rhythmische Ausführung. Die Basis dafür ist ein natürliches, gleichmäßiges Grundtempo in jeder Gangart. Ohne gleichbleibenden Takt ist es nicht möglich, korrekte Tempounterschiede mit einem entspannten Pferd zu reiten.

Jeder Reiter kann lernen, durch Zählen der Schritte in der jeweiligen Gangart ein gutes Gespür für den Rhythmus zu entwickeln. Während man im Schritt auf alle vier Beine zählt (1-2-3-4), sind es im Trab die beiden Vorderbeine (1-2-1-2). Im Galopp wird bei jedem Sprung auf das führende Vorderbein gezählt.

Das Zählen der Schritte kann einen weiteren positiven Effekt nach sich ziehen. In Verbindung mit Pylonen, zwischen denen gezählt wird, lernt man nicht nur den Rhythmus zu fühlen, sondern schult auch seinen Blick für Distanzen. Durch diese Übung wird die Fähigkeit entwickelt, zu erkennen, ob vor einem Hindernis die Tritte verkürzt oder verlängert werden müssen.

Der Reiter sollte die normale Schrittlänge seines Pferdes in Schritt, Trab und Galopp kennen. Um die Schrittlänge zu ermitteln, lässt man sein Pferd in der jeweiligen Gangart über frisch geharkten, leicht feuchten Sand in seinem natürlichen Tempo laufen und misst anschließend nach. Diese

Kenntnisse sind bei der Logarbeit im höheren Turnier-Level unabdingbar.

Die Übung Tritte zu verlängern oder zu verkürzen erfordert ein genaues Einteilen des Tempos. Es ist wesentlich einfacher bei einer Tempoerhöhung einen gleichmäßigen Takt zu halten als beim Zurücknehmen des Tempos. Deshalb sollte das Pferd lernen, auf leichteste Hilfen hin, seine Schritte zu verkürzen. Entsprechende gymnastizierende Übungen sind unbedingt erforderlich, um dieses Ziel zu erreichen. Wichtig ist es auch, die Hilfen so geben zu können, dass man nicht unversehens aus dem Galopp im Trab landet, weil die Hilfe zu stark war.

Hat man sich den Takt durch Zählen verinnerlicht, weiß man zumindest, wo sich die Vorderbeine in den verschiedenen Gangarten befinden. Diffiziler zu erlernen, aber in vielen Trail-Situationen sehr hilfreich, ist sich gewahr zu werden, wo sich die anderen Beine dabei befinden. Man sollte generell nicht ständig heruntersehen müssen.

Um das Erfühlen zu lernen, benötigt man eine zweite Person am Boden. Geradeaussehend sagt man „jetzt", wenn das vorher bestimmte Bein auffußt. Der Helfer kontrolliert, ob die Aussage richtig ist. Reitet man mit geschlossenen Augen, ist das noch einfacher zu erfühlen, da man sich besser darauf konzentrieren kann.

Den Helfer wird man solange benötigen, bis man ein untrügliches Gefühl entwickelt hat.

Geschwindigkeitskontrolle ist sehr wichtig!

Gangartenübergänge

Gangartenübergänge spielen eine große Rolle im Parcours und sollten ohne Störung des Bewegungsflusses erfolgen. Im Pattern direkt vorgeschriebene Gangartenwechsel müssen auf Höhe des Markers durchgeführt werden. Nicht selten erfordert auch das nächste Hindernis einen Gangartenwechsel. Gestaltet der sich nicht weich und flüssig, könnte das Probleme mit sich bringen. Nach ruckartigem Durchparieren vor einem Hindernis ist es schwerer, die ideale Geschwindigkeit zu erreichen, um in den richtigen Takt zu kommen, insbesondere bei Übergängen in Verbindung mit Galopp. Abgesehen davon, dass es unschön aussieht.

Deshalb sollten Gangartenübergänge unabhängig vom trailspezifischen Training immer wieder in die Lektionen eingebunden werden. Der Reiter muss ein Gefühl dafür entwickeln, wie lange das Pferd benötigt, um in die nächsthöhere oder nächstniedrigere Gangart zu wechseln. Weiche Übergänge setzen ein perfektes Zusammenspiel zwischen vortreibenden und zurückhaltenden Hilfen voraus. Mit Hilfe von Übergängen kann zudem die Durchlässigkeit des Pferdes gefördert und geprüft werden.

Zur eigenen Kontrolle sollten Übergangsübungen auf bestimmte Punkte bezogen geritten werden. Das können Bahnpunkte oder Pylonen sein. Wechselnde Bahnpunkte oder kleine, bunte Schleifen am Zaun des Reitplatzes befestigt, sind besser geeignet als Pylonen, da das Pferd sie nicht visualisieren kann und so nicht versucht vorausschauend eigenständig eine höhere oder niedrigere Gangart anzusteuern. Vor Pylonen, die für das Pferd deutlich sichtbar sind, kann durchaus passieren, dass das Tier selbstständig abbremst oder beschleunigt, weil es weiß, dass dort irgendwas passiert. Nützlich ist in einem solchen Fall, ein paarmal ohne jede Gangartenveränderung an allen Pylonen vorbeizureiten. Selbst ausgedachte Horsemanship-Pattern können ebenfalls sehr hilfreich sein.

Anhand der punktbezogenen Übungen erfährt der Reiter, wie lange vorher er sein Pferd mit den Hilfen auf den nächsten Übergang vorbereiten muss, was insbesondere bei höheren Geschwindigkeiten sehr wichtig ist. Häufig muss zu Beginn des Trainings etwa eine Pferdelänge vorher mit der Einwirkung begonnen werden, damit der Übergang an der gewünschten Stelle vollzogen wird. Der Übergang darf keinesfalls im letzten Moment durch starken Zügeleinsatz erzwungen werden! Ziel ist es, durch das richtige Verhältnis von Treiben und Annehmen, einen punktgenauen, weichen Übergang reiten zu können.

Keinesfalls sollten zu viele Übergänge auf zu kurzen Strecken geritten werden. Das könnte dazu führen, dass das Pferd hibbelig wird und beginnt sich aufzuspulen.

Die folgenden Beispiele sollen anregen, sich eigene Übungen auszudenken, die sich vom Schritt bis zum Galopp steigern, oder auch in umgekehrter Reihenfolge oder gemischt geritten werden können.

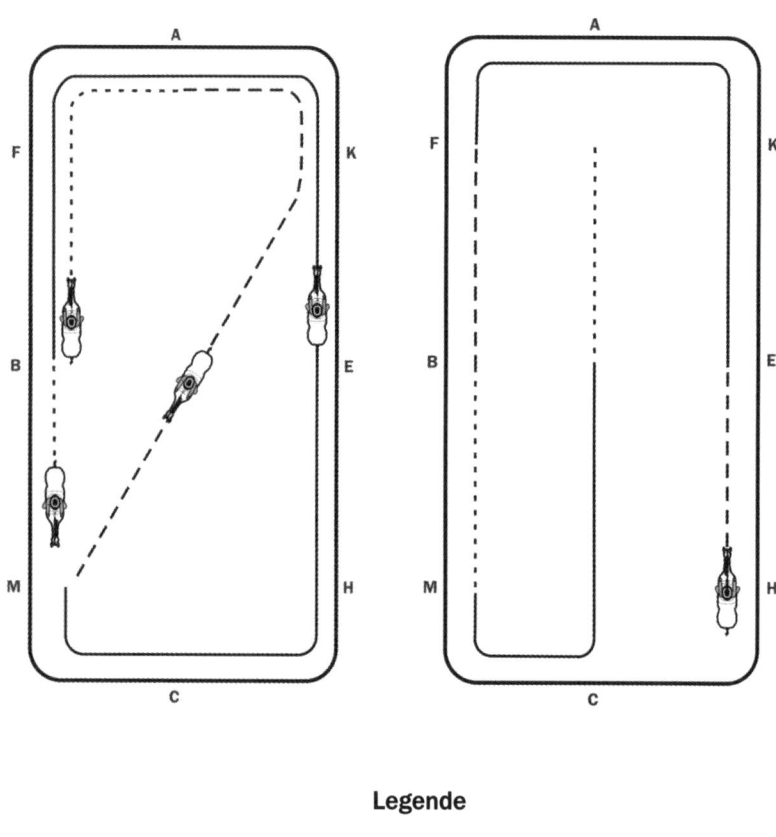

Legende

Walk   Trot   Lope

„Trockenübungen" – Zirkel und Volten

Reiten von gleich großen Volten

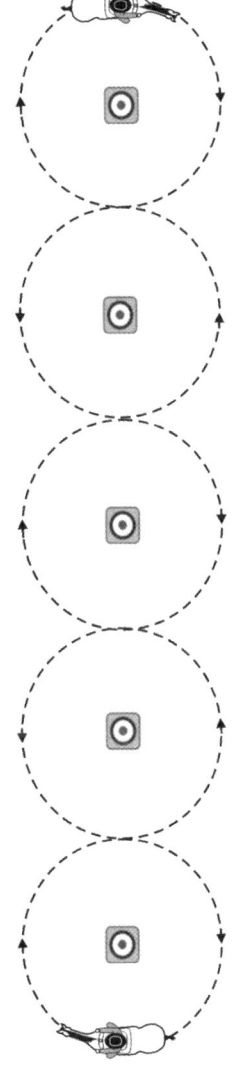

Fünf oder mehr Pylonen, je nach Bahngröße, auf der Mittellinie aufstellen. Der Minimalabstand beträgt sieben Meter, kann aber bei Bedarf auch vergrößert werden.

Die Pylonen stellen den Mittelpunkt der jeweiligen Volte dar. Es empfiehlt sich, anstatt einmal, jeweils mindestens zweimal die Pylone zu umrunden, um sich gut in den Takt und die jeweilige Biegung hineinzufinden.

Nach einer oder zwei Umrundungen wechselt der Reiter auf die andere Hand. Dazu sitzt er genau im Scheitelpunkt zwischen den beiden Pylonen um. Für einen minimalen Moment ist das Pferd geradeaus gestellt.

Die Übung wird fortgesetzt, bis die letzte Pylone erreicht ist. Es besteht die Möglichkeit, die Übung dann zu beenden oder auf dem gleichen Weg wieder zurück zu reiten.

Das Pferd soll die Übung in gleichbleibendem Tempo und Takt, ohne den Kopf hochzunehmen oder zu verwerfen, ausführen.

Diese Übung hilft das Feingefühl für Zirkel, Volten und gebogene Linien zu entwickeln und das Gefühl des Reiters für das punktgenaue Umstellen des Pferdes zu fördern. Wichtig ist, dass alle Volten gleich groß und kreisrund sind.

Nach erfolgreicher Ausführung dieser Übung im Schritt, sollte sie auch im Trab geritten werden. Dabei anfangs mindestens jeweils zwei Runden in eine Richtung reiten.

Reiten von gleichgroßen Volten in Kleeblattform

Das „vierblättrige und dreiblättrige Kleeblatt" sind abwechslungsreiche Übungen, bei denen das Pferd nicht nur effektiv gymnastiziert, sondern auch seine Aufmerksamkeit gefordert wird. Bei diesen Übungen stellen wiederum die jeweiligen Pylonen den Mittelpunkt der Volte dar.

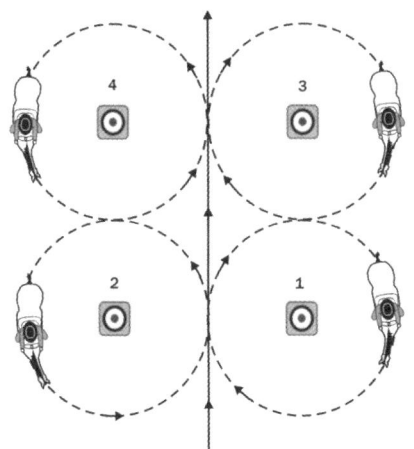

Beide Übungen können im Schritt und Trab geritten werden. Wichtig ist, dass insbesondere im Trab die Hilfengebung rechtzeitig erfolgt und das Pferd nicht nur den Hals biegt, sondern auch insgesamt korrekt gestellt ist.

Bei der zweiten Übung kann man nach dem dritten Kreis wieder auf den ersten zurückkehren und anschließend die Kreise in die entgegengesetzte Richtung reiten.

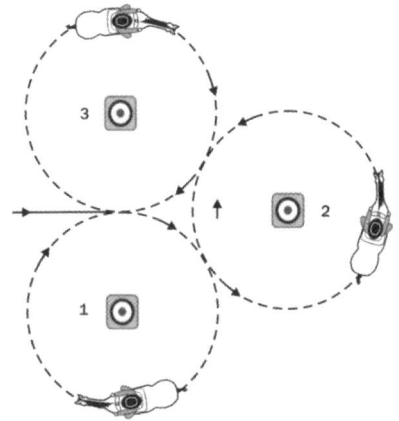

Verschieden große Volten ohne gemeinsamen Mittelpunkt

An der langen Seite werden Pylonen im Abstand von einem Meter aufgestellt. Der Mindestabstand der ersten Pylone zum Zaun oder der Wand
beträgt sechs Meter, sollte aber im Trab oder Galopp, insbesondere am
Anfang, nach Bedarf erhöht werden.

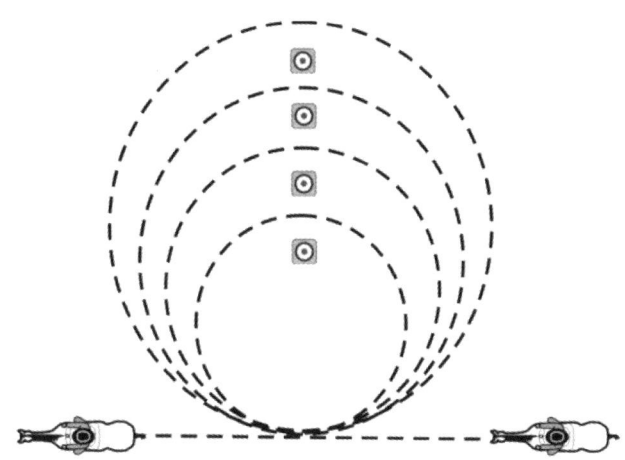

Die erste Volte führt zwischen der ersten und zweiten Pylone hindurch. Die
zweite Volte durch die zweite und dritte Pylone usw., so dass die Volte langsam vergrößert wird. Hinter der letzten Pylone angekommen, werden die
Volten wieder verkleinert, um letztendlich zur kleinsten Volte zurückzukehren und dann auf dem Hufschlag weiterzureiten.
Sobald diese Übung im Schritt auf beiden Händen problemlos klappt, kann
sie in höheren Gangarten in Angriff genommen werden.

Diese hintereinander folgenden Volten, ohne erkennbaren Mittelpunkt,
sollen das Gefühl des Reiters entwickeln, instinktiv zu erkennen, wann er
wirklich rund reitet.

Die Schnecke

Zur Orientierung kann es bei dieser Übung hilfreich sein, eine Pylone in den Mittelpunkt des Zirkels zu stellen. Die Übung kann im Trab oder Galopp geritten werden, bezieht sich hier jedoch auf den Galopp.

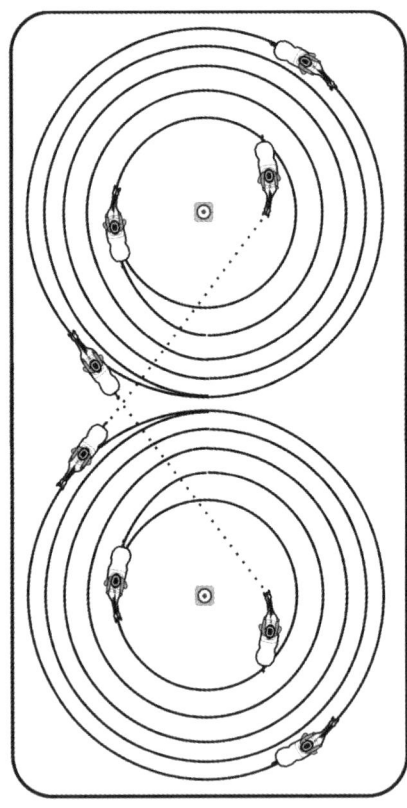

Mit einem Galoppzirkel in ruhigem Grundtempo beginnen.

Den Zirkel nach und nach um jeweils etwa einen Meter pro Zirkel verkleinern.

Wenn es dem Pferd Mühe macht dabei im Galopp zu bleiben oder seine Hinterhand nach außen driftet, dann auf der jeweiligen Zirkelgröße für zwei bis drei weitere Runden bleiben.

Nach Erreichen des innersten Zirkels das Pferd zum Schritt durchparieren.

Anschließend auf den anderen Zirkel wechseln und die Übung auf dieser Hand wiederholen.

Auch hier soll das Gefühl für kleinere und größere Kreise geschult und das Zusammenspiel von Pferd und Reiter verfeinert werden.

Stangengewöhnung

Einige Pferde müssen an den Umgang mit Stangen erst gewöhnt werden. Während eine zu überschreitende Stange nicht ganz so gefährlich erscheint, kann die Begrenzung durch eine rechts und links liegende Stange bei sensiblen Pferden zu Unbehagen führen.

Ein einfaches Stangentraining kann hier Abhilfe schaffen. Beginnend mit einer weiten Stangengasse, die immer schmaler gelegt wird, kann das Pferd damit vertraut gemacht werden. Den Abschluss dieser Übung bilden mehrere nebeneinandergelegte Stangen, die im Slalom durchritten werden.

Es ist wichtig, weit genug herauszureiten, sodass das Pferd nach der Wendung wieder gerade gerichtet in die Stangengasse hineinkommt.

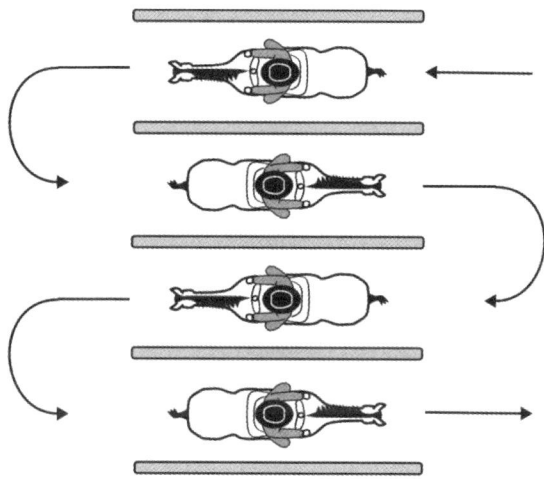

Beginnend im Schritt kann diese Übung später in allen Gangarten geritten werden. Sie fördert insbesondere bei einem langen Anreitweg in höheren Gangarten das Taxiervermögen, um mittig in die Stangengasse hinein zu kommen.

Die Zügellänge

Das Pferd soll den Kopf vor, am und im Hindernis senken können, um seine Aufmerksamkeit zu zeigen. Das erfordert einen entsprechend langen Zügel. Zudem soll das Pferd über leichte Zügelhilfen mit der Hand gesteuert und kontrolliert werden können. Von angemessen losem Zügel ist die Rede.

Der Cowboy ritt nicht mit ständigem Zügelkontakt zum Pferdemaul. Er ließ dem Pferd so viel Slack, wie es benötigte, um den Weg überschauen zu können, jedoch kurz genug, um im Bedarfsfall sofort den Kontakt zum Pferdmaul aufnehmen zu können. Wäre der Slack zu groß, würde der Cowboy, falls eine Situation sofortiges Handeln erfordert, immer zu langsam sein.

Der Trail ist keine Western Pleasure, sondern eine Disziplin mit vielen Richtungs- und Tempowechseln. Es ist mehr als ärgerlich, wenn im Parcours die Hand mit den Zügeln bereits die Hutkrempe erreicht hat, aber immer noch kein Kontakt zum Pferdemaul besteht, um plötzlich notwendige Korrekturen an Tempo oder Richtung auch über den Zügel vorzunehmen. Schnell ist man an einem Hindernis vorbei, das dem Pferd nicht geheuer ist oder man hat eine Stange in einem Fächer oder einem ähnlichen Hindernis verfehlt. Das hat schon dem einen oder anderen Reiter auf hochkarätigen Turnieren die Platzierung vermasselt.

Die durchhängenden Zügel sollten so abgelängt sein, dass sie jederzeit direkten Kontakt zum Pferdemaul ermöglichen, um beispielsweise Galoppsprünge zu verkürzen, die Richtung zu korrigieren oder auch bei Ignoranz von Hilfen sofort eingreifen zu können. Daher gilt nicht nur genau zu wissen, mit welcher Zügellänge man den Parcours betritt, sondern auch zu lernen, wie man im Parcours die Zügellänge, falls erforderlich, verändern kann. Das muss zuhause hinreichend geübt werden.

Dazu benötigt man kein Pferd, sondern lediglich sein Kopfstück, das so platziert wird, dass man die Zügel einhändig oder zweihändig wie beim Reiten in die Hand nehmen kann. Da das Ablängen im Parcours blind durchgeführt werden muss, kann man während des Übens sogar fernsehen. Mit den drei Fingern bei einhändiger Zügelführung oder den für die zweihändige Zügelführung erforderlichen Fingern „grabbelt" man sich an den Zügeln vor und zurück, bis man das im Schlaf beherrscht.

Square – Geschlossener Stand

Ein wichtiger Part des Reiters ist, ein Gefühl dafür zu entwickeln, wo welches Bein des Pferdes sich in der Bewegung befindet. Ebenso wichtig ist die Kontrolle im Stand. Das Pferd soll geschlossen stehen, Square. Das heißt, die Beinpaare sollen jeweils nebeneinander mit gleichmäßiger Belastung aller vier Hufe angeordnet sein. Der Reiter wird in dem Fall beide Sitzknochen gleichmäßig spüren. Hat das Pferd eines der Beine aus- oder untergestellt, verschiebt sich der Sitz des Reiters entsprechend und er sitzt schief auf dem Pferd. Square ist die optimale Ausgangsposition, um in einem Steuerungs-Hindernis mit einem Manöver zu starten und so Penaltys zu vermeiden.

Für den Turniersport ist es unerlässlich, das Pferd darauf zu trainieren, auf leichteste Hilfen oder auf Verbal-Kommando Square zu stehen. Ein Pferd mit Show-Erfahrung in „Halter" oder „Showmanship at Halter", kennt das entsprechende Kommando bereits, sodass es in diesem Fall auch vom Sattel aus kein Problem sein dürfte. Häufig wird das Kommando „Stand-Up" benutzt. Im Training unter dem Sattel sollte man nach jedem Anhalten die Beine kontrollieren und falls erforderlich korrigieren, bis das Pferd gelernt hat, beim Anhalten seine Beine automatisch korrekt hinzustellen. Das Wiederholen der entsprechenden Signale in Kombination mit viel Lob fördert den Lernprozess.

Ist eines der Vorderbeine ausgestellt, veranlasst man das Pferd durch Zupfen am Zügel auf der entsprechenden Seite das Bein in die richtige Position zu bringen. Dabei wird jedes Mal das Verbal-Kommando benutzt, bis das allein ausreicht das Pferd zur richtigen Beinstellung aufzufordern. Die Hinterhand holt man durch leichten einseitigen Schenkeldruck auf der untergestellten Seite, begleitet vom verbalen Kommando, heran.

Besonders beim Aufsteigen sollte man darauf achten, dass das Pferd alle vier Beine gleichmäßig belastet. Es könnte sonst, wenn sich das gleichseitige Bein in Ruhestellung befindet, aus der Balance kommen.

Das gilt insbesondere für das Ground-Tying. Außerdem macht es keinen guten Eindruck, wenn das Pferd im Parcours in Ruhestellung geht. Hier ist wieder das verbale Kommando hilfreich, um das vom Boden aus unterbinden zu können.

Head Down – Kopf senken

Ein Pferd, das dem Weg nicht genügend Aufmerksamkeit schenkt, könnte stolpern, was im schlimmsten Fall einen Sturz nach sich zieht. Im Ernstfall in freier Natur könnte das für das Fluchttier Pferd tödliche Folgen haben. Daher gehört es zu seinen natürlichen Verhaltensweisen sich einem Hindernis mit gespitzten Ohren und gesenktem Kopf, der ihm eine optimale Sicht gestattet, zu nähern, um es genau einschätzen zu können. Das möchte auch der Richter im Parcours sehen. Ein Pferd, das sich aufmerksam und vorsichtig einem Hindernis nähert.

Die meisten Pferde senken durch diese in den Genen verankerte Handlungsweise beim Anblick eines unbekannten Objektes automatisch den Kopf. Durch die Domestizierung und die verschiedenen Zuchttypen kann dieses Verhaltensmuster jedoch unterschiedlich ausgeprägt sein.

Unsichere oder ängstliche Tiere sind misstrauischer als phlegmatische und werden versuchen, das Objekt möglichst genau zu ergründen und häufig sogar beschnobern. Doch auch das weniger argwöhnische Pferd wird in der Regel genau hinsehen, um nicht in eine gefährliche Situation zu geraten. Daneben gibt es noch, allerdings glücklicherweise nicht allzu häufig, den büffeligen Pferdetyp, der generell kaum hinsieht. Er benötigt im Stangentraining Bahnschwellen, um überhaupt erst einmal Respekt vor einem Hindernis zu bekommen.

Mit zunehmender Routine verlieren viele Pferde das Misstrauen gegenüber Stangen, Brücken und anderen üblichen Trail-Hindernissen und sind nicht mehr neugierig genug, um das Hindernis in Augenschein nehmen zu wollen. Insbesondere beim heimischen Training, selbst wenn die Hindernisse verändert werden, lassen sie es an der nötigen Aufmerksamkeit fehlen. Spätestens dann ist es an der Zeit einzugreifen, bevor dieses Verhalten auf dem Turnier zu Minuspunkten beim Manöver-Score führt. Am einfachsten ist es, dem Pferd bereits zu Beginn des Trail-Trainings ein entsprechendes verbales Kommando zum Kopfsenken beizubringen.

Reitet man auf ein Hindernis zu und das Pferd senkt den Kopf, um selbst zu sehen, um was es sich handelt, begleitet man das jedes Mal mit dem entsprechenden Kommando wie: „Look", „Head Down" oder „Schau". Nach einigem Training mit viel Lob verbunden, bringt das Pferd das Wort mit dieser Aktion in Verbindung. Die dafür erforderliche Kopffreiheit setzt voraus, dass die Zügel lang genug sind. Geht der Reiter dazu mit den Zügelhänden/der Zügelhand nach vorne, verbindet das Pferd nach einigem Training diese Bewegung damit.

Eine andere Methode ist die, vom Boden aus mit zwei Fingern Druck auf das Genick des Pferdes auszuüben und dabei das entsprechende Verbal-Kommando zu geben. Anfangs versuchen Pferde häufig dem Druck entgegenzuwirken und den Kopf hochzunehmen. Der Druck bleibt solange konstant, bis das Pferd den Kopf senkt und seien es erstmal nur ein paar Zentimeter. Dann sofort nachgeben und das Pferd loben. Hat das Pferd begriffen, was es tun soll und senkt den Kopf nach einiger Übung auf Kommando hin so tief, wie es erwünscht ist, wiederholt man die Übung vom Sattel aus. Dazu muss man sich über den Hals weit nach vorne lehnen, um mit den Fingern das Genick zu erreichen. Man gibt das verbale Kommando. Sollte das Pferd nicht darauf reagieren, erfolgt der Druck mit den Fingern. Die Übung muss solange wiederholt werden, bis das Pferd auch vom Sattel aus nur auf Kommando hin den Kopf senkt.

„Vergisst" das Pferd beim Training das Kopfsenken, hält man es vor dem Hindernis an, richtet es bis zur Startposition rückwärts und fordert ihm beim Anreiten erneut das Kopfsenken ab. Man sollte ein Pferd generell ein Hindernis erst dann betreten lassen, wenn es den Kopf gesenkt und sich das Hindernis angeschaut hat. Das Training solcher Fähigkeiten verlangt Konsequenz und dauert je nach Naturell des Pferdes länger oder kürzer.

Einige Reiter erreichen das Kopfsenken durch Klopfen mit den Beinen, was nicht nur sehr unschön aussieht, sondern dem Richter deutlich zeigt, dass das Pferd allein seiner Aufgabe nicht nachkommt. Das Senken der Zügelhand/-hände wird gelegentlich ebenfalls als Kommando verwendet, muss aber vorsichtig gehandhabt werden, damit man nicht versehentlich dabei das Pferd berührt. Es sollte eher so aussehen, als wolle man dem Pferd mehr Zügel geben, damit es den Kopf herunternehmen kann, um sich das Hindernis anzusehen.

Das Senken des Kopfes hat zudem noch eine andere positive Wirkung. Damit kommt das Pferd nahe an seine natürliche Entspannungshaltung heran. An die Freß- und Ruheposition, in der es sich ausgeglichen und ruhig benimmt.

Überreit-Hindernisse

Während das Touchieren der Stangen/Logs im Turniersport Punktabzüge zur Folge hat, kann im Gelände das Schleifenlassen der Beine über einem Baumstamm zu Verletzungen im Kronen- oder Fesselbereich oder gar zu Stürzen führen. Das Überreiten von Stangen gehört zu den Pflicht-Hindernissen jedes Trail-Parcours. In welcher Gangart bestimmt das jeweilige Pattern. Der Abstand auf der Ideallinie, das heißt mittig geritten, darf bei den meisten Verbänden im Schritt zwischen 40 und 60 cm variieren. Bei erhöhten Stangen beträgt der Mindestabstand 55 cm. Im Trab liegen die Abstände zwischen 90 bis 105 cm und im Galopp bei 180 bis 210 cm. Die zentimeter-genauen Abstände sind in den Regelbüchern der einzelnen Verbände nachzuschlagen. Die Mindestanzahl der zu überreitenden Stangen in einem Parcours beträgt vier und kann nach Gusto beliebig erhöht werden, ebenso wie die Anordnung im Ermessen des Parcours-Gestalters liegt. Erlaubt sind einseitige und wechselseitige Erhöhungen, aber nicht die das Höherlegen der gesamten Stange.

Das Pferd soll mit interessiert gesenktem Kopf am losen Zügel einer Ideallinie folgen und aufmerksam die Stangen in der geforderten Gangart überschreiten. Ohne dabei zu zögern oder hastig zu werden; das Tempo sollte gleichbleibend sein. Kein Zwischenraum darf ausgelassen, eine Stange berührt, darauf getreten oder weggestoßen werden.

Während das Pferd in Steuerungs-Hindernissen wie im Back-Through oder Sidepass meist visuelle begrenzende Orientierungshilfen hat, obliegt es bei den Logs dem Reiter, das Pferd zu führen. Das Zureiten auf den richtigen Eintrittspunkt fällt in den Aufgabenbereich des Reiters, selbst wenn das Pferd sich bereits in dem Ausbildungsstadium befindet, in dem es selbstständig taxieren kann.

Beim Training gilt es, das Taxiervermögen des Pferdes zu fördern, sodass es lernt, seine Schritte selbst einzuteilen. Dazu muss seine Bereitschaft entwickelt werden, auf kleinste erforderliche Hilfen des Reiters zu reagieren, so dass dieser notfalls die Möglichkeit hat, Korrekturen vorzunehmen. Übung macht den Meister. Gerade bei der Arbeit mit Logs bewahrheitet sich dieser alte Spruch. Stangenarbeit erfordert viel Gefühl, das sich bei Reiter und Pferd erst durch stetes Training entwickelt. Am Anfang kann auch hier ein Helfer, ebenso wie bei anderen Hindernissen, von Vorteil sein. Er sieht, was der Reiter vielleicht noch nicht erfühlt. Ob der Stangenabstand der Trittlänge des Pferdes entspricht oder ob die Tritte des Pferdes verkürzt oder verlängert werden müssen. Der Reiter muss lernen, Abstände einzuschätzen und zu beurteilen, um zu wissen, bei welchem Abstand, welches Tempo angesagt ist. Ebenso sollte er lernen, wo sich das zuerst abfußende Vorderbein im Verhältnis zur ersten Stange befindet. Ob es sich in einer optimalen Ausgangsposition befindet, zu nah oder zu weit entfernt ist.

Nur so ist der Reiter in der Lage, seinem Pferd anfangs helfen zu können. Es gibt zwar immer wieder unter den Pferden Naturtalente, doch hauptsächlich langwieriges Training ebnet den Weg zum Sieg. Nur durch Wiederholung und angemessene Steigerung des Schwierigkeitsgrades lernt das Pferd selbständiges Taxieren. Auf dem Turnier ist eine Fehlerkorrektur über dem Hindernis ohnehin nicht möglich, da dabei der Takt gestört würde, was weitere Fehler nach sich zieht.

Wichtig ist generell Hindernisse mittig anzureiten und zu überqueren. Bei gestreiften Stangen kann man sich leicht an der passenden Farbe orientieren. Verfügt man zuhause nur über einfarbige Stangen, bzw. darf diese nicht bemalen, hilft es, die Mitte der Stangen mit einem Klebeband zu markieren.

Im Anfangsstadium des Trainings sollten nur leichte Geradeaus-Stangen gewählt werden. Die Abstände zwischen den Stangen sollten entsprechend der Gangart immer gleich groß sein, um das Vertrauen des Pferdes zu fördern und den Rhythmus entwickeln zu können. Außerdem ist es hilfreich, wenn sich anfangs die Abstände nach der Schrittlänge des Pferdes richten, um ihm den Einstieg in die Stangenarbeit zu erleichtern. Nach der Eingewöhnungsphase werden die Stangen entsprechend den Regelbüchern der Verbände gelegt. Im weiteren Verlauf des Trainings soll das Pferd selbst die richtige Schrittlänge in Relation zu den Abständen finden.

Stangenfehler sollten nicht im Hindernis korrigiert werden. Das führt nicht nur zum Rhythmusverlust, sondern auch dazu, dass das Pferd Angst bekommen könnte und das nächste Mal angespannt über die Stangen geht.

In der Grundausbildung sollten keine erhöhten Stangen verwendet werden, es sei denn zwischendurch zur Korrektur ignoranter Pferde. Im fortgeschrittenen Training kann man die Stangen an den Enden abwechselnd etwas höher legen, um das Pferd daran zu gewöhnen. Sind die Stangen jeweils nur auf einer Seite erhöht, muss darauf geachtet werden, dass das Pferd lernt, zuerst den Huf über den nicht erhöhten Teil zu setzen.

Es gibt Pferde, die urplötzlich Probleme haben, mehrere Stangen hintereinander koordiniert zu überwinden. In diesem Fall ist zwecklos das Pferd durch häufiges Wiederholen zur Fehlerfreiheit bringen zu wollen. Wichtig ist es, zwischen einzelnen Übungssequenzen immer wieder, insbesondere wenn die Konzentration des Pferdes nachlässt, ein paar Runden Trab oder Galopp abseits des Hindernisses zur Lockerung zu reiten. Übungen mit Stangen, gleich welcher Art das Hindernis ist, verlangen vom Pferd hohe Konzentration, die je nach Alter und Ausbildungstand variiert.

Erst nach den Lockerungsübungen, wenn die Aufmerksamkeit des Pferdes wieder hergestellt ist, sollte die Stangenarbeit erneut, vorzugsweise mit einer einfacheren Übung, aufgenommen werden. Gelegentlich benötigt ein Pferd eine längere Denkpause, sodass es sich als sinnvoll erweist, das Stangen-Training erst am nächsten oder übernächsten Tag fortzusetzen.

Nicht vergessen werden sollte, was ihm bereits im Schritt Probleme bereitet, wird in einer höheren Gangart noch größere Schwierigkeiten verursachen. In dem Fall sollte man zu entsprechenden Grundübungen zurückkehren.

Was das Pferd lernen muss

1. Bei mehreren Stangen in die Zwischenräume zu treten, auch wenn sie in fortgeschrittenem Stadium nicht mehr in gleichen Abständen liegen oder verschiedenartig angeordnet sind.
2. Seine Schrittlänge zu verkürzen oder zu verlängern, wenn der optimale Einstieg oder die Bewältigung eines Hindernisses das erfordert.

3. Bei entsprechenden Hindernissen mit dem richtigen Fuß zu beginnen.

Es ist wichtig zu differenzieren wo ein Fehler liegt, um ihn korrigieren zu können. Tackert das Pferd beispielsweise an der letzten Stange an, handelt es sich häufig um einen reinen Reiterfehler. Froh das Hindernis (bis jetzt!) fehlerfrei überwunden zu haben, richtet er seinen Focus, während die Vorderbeine über die letzte Stange gehen und die Hinterbeine sich noch im Hindernis befinden, bereits auf das nächste Hindernis. Das Pferd nimmt diese Reaktion auf und konzentriert sich nicht mehr auf seine Hinterhand. Das gilt adäquat für Steuerungs-Hindernisse!!!

Gründe warum das Pferd anstößt

1. Weil es zu nahe an die erste Stange herangetreten ist.
2. Weil die Schrittlänge nicht mit dem Stangenabstand übereinstimmt.
3. Weil die Hinterhand nicht aktiv mitarbeitet.
4. Nachlassende Aufmerksamkeit.
5. Mangelnde Konzentration, weil die Lernphase zu lang war.

Korrekturvorschläge

Pferde, die häufig über Stangen gehen, wissen zwar was sie tun sollen, lassen es aber gelegentlich an der nötigen Achtsamkeit fehlen.

1. **Zu nah an der Stange beim Anreiten**
   Das Pferd tritt beim Anreiten mit der Vorderhand zu nahe an die erste Stange.
   Anhalten, Rückwärts richten und das Hindernis erneut ruhig anreiten. Wenn es die Füße passend setzt, das Hindernis durchreiten. Ansonsten die Korrektur wiederholen.

2. Vor den Logs zu schnell

Das Pferd wird vor den Logs zu schnell.

a) Abwenden, eine Volte reiten und das Hindernis erneut anreiten.

b) Anhalten und bis zum Startpunkt rückwärts richten.

3. Schneller werden im Hindernis

Das Pferd wird bei mehrmaligem Überreiten der Stangen schneller.

a) Bei Schritt-Stangen das Hindernis mittendrin verlassen und erneut anreiten, um dem Pferd zu signalisieren, dass die Übung nicht schneller zu Ende ist, wenn es eiliger wird.

b) Da man bei Trab- oder Galoppstangen nicht zwischendrin anhalten kann, besteht die Möglichkeit, die gleiche Stangenkombination mit großem Abstand dazwischen aufzubauen. Wird das Pferd zu eilig, hält man zwischen den beiden Hindernissen an, richtet rückwärts bis zur ersten Stangenkombination, um dann erneut das korrekte Tempo zu fordern, bevor es über die nächsten Stangen geht.

4. Das Pferd passt nicht auf

Das Pferd tackert an, weil es nicht aufpasst.

a) Die Stangen etwas erhöhen, um das Pferd zu „wecken". Entweder nur abwechselnd rechts und links oder insgesamt.

b) Die Stangen in entsprechenden Abständen kreuz und quer legen, so dass das Pferd überlegen muss, wohin es seine Füße setzt. Durch wechselnde Abstände und unterschiedlichen Aufbau wird die Gelehrigkeit gefördert und die Pferde lernen, bestimmte Aufgaben selbständig zu lösen. Bei sensiblen Pferden sollte man Vorsicht walten lassen und überlegen, ob es eine andere Lösungsmöglichkeit gibt.

c) Die Stangen aus schwierigeren Winkeln anreiten, um die Aufmerksamkeit zu erhöhen.

5. Das Pferd ist auseinander gefallen

Das Pferd tackert an, weil es die Hinterhand hängen lässt, bzw. auseinander gefallen ist.

Einige enge Volten reiten, um die Versammlung wieder herzustellen. Enge Volten bedeuten Arbeit und sind unangenehmer, als über Stangen zu gehen. Das Pferd **darf** dann wieder über die Stangen gehen. Wenn es dann klappt, ohne zusätzliche Arbeit weiterreiten.

6. Selbständiges Abbiegen nach dem Hindernis

Das Pferd beginnt nach der letzten Stange selbständig rechts oder links abzubiegen.

Anhalten und das Pferd in die korrekte Position hinter die Stangen bringen und von dort aus weiter reiten. Auf jeden Fall das Hindernis wiederholen, damit das Pferd lernt, dass es so nicht davonkommt. Um vorzubeugen, sollte der Reiter immer eine Stange mehr im Kopf haben, als auf dem Boden liegt.

Die folgenden Grundmodelle können mit den entsprechenden Abständen in allen drei Gangarten geritten werden. Ebenso wie einige weitere vorgestellte Übungen bei den einzelnen Gangarten.

Einfache Stangen und Zickzack-Stangen

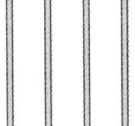  

Stangen-Dreiecke verschieden angeordnet

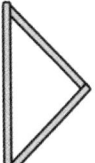 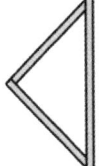  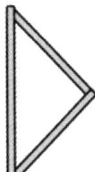

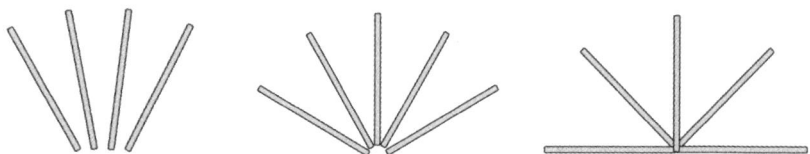

Die Ideallinie

Versteht es sich von selbst, dass gerade Hindernisse mittig geritten werden, sieht das bei Fächern und ähnlichen Hindernissen etwas anders aus.

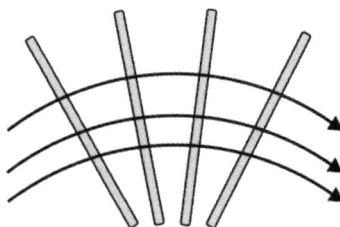

Die Ideallinie für Hindernisse, die einen gekrümmten Weg vorgeben oder auch bei im Zick-Zack gelegten Stangen, kann bei einem kleineren oder größeren Pferd differieren, das heißt im Gesamten von der mittleren Linie aus etwas nach außen oder innen verschoben sein.
Sie sollte jedoch bei fächerförmigen Hindernissen immer eine gleichmäßige, harmonische Rundung zeigen, um den gleichbleibenden Takt beibehalten zu können.
Bei den folgenden beiden Grafiken wird das Hindernis zwar am idealen Punkt betreten, dem Mittelpunkt der ersten Stange, doch der Anreitwinkel führt das Pferd im Bogen bzw. auf einer Geraden von der Ideallinie weg. Das sieht nicht nur unschön aus, sondern verlangt dem Pferd ein extrem hohes Taxiervermögen ab, um dabei fehlerfrei bleiben zu können.

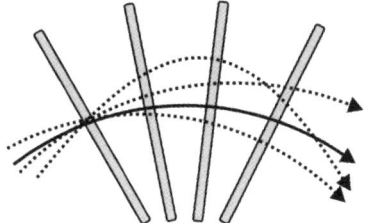 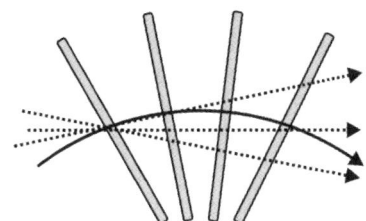

Bei dieser Grafik driftet das Pferd trotz des guten Ausgangspunktes bereits vor der ersten Stange weiter nach innen bzw. nach außen von der Ideallinie ab.

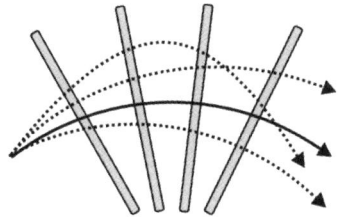

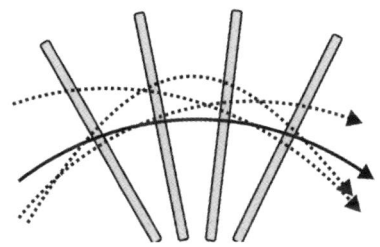

In diesem Beispiel werden die Stangen so angeritten, dass ein korrektes Überschreiten kaum mehr möglich ist. Anrittwinkel und Eintrittspunkt spielen eine nicht unwesentliche Rolle.

Bei allen Grafiken zeigt sich deutlich, wie wichtig das korrekte Anreiten eines Hindernisses ist. Beim Abweichen von der Ideallinie, verändern sich nicht nur die jeweiligen Abstände zur nächsten Stange, sondern die erforderliche Schrittlänge zwischen den Stangen wird aufgrund der schräg liegenden Stangen noch variabler. Zudem führt das zu Fehlern und Minuspunkten im Score-Bereich. Das Gefühl für korrekte Bögen verschiedener Größe kann durch Übungen aus dem Kapitel „Vorübungen zum Trail-Training" geschult werden.

Walk-Over

Es ist sinnvoll, das Training mit einfachen Aufgaben im Schritt zu beginnen, um das Pferd mit der Stangenarbeit vertraut zu machen. Bei mehreren Stangen sollte man sich in diesem Stadium des Trainings eher an der natürlichen Schrittlänge des Pferdes orientieren, als an den Turnierabmessungen. Am Anfang ist außerdem häufiger damit zu rechnen, dass das Pferd hinten anstößt, weil die nötige Trittsicherheit bei diesem Viertakt erst erlernt werden muss. Bei der Methode des Einstiegstrainings sollte zudem der jeweilige Pferdetyp berücksichtigt werden.

Das unkomplizierte Pferd wird neugierig und vertrauensvoll bei neuen Übungen mitarbeiten.

Das sensible Pferd muss Vertrauen zu neuen Situationen entwickeln, bevor es in der Lage ist, konzentriert mitzuarbeiten. Hier leisten schwere, runde Stangen, die nicht so leicht wegrollen und an denen es sich nicht schmerzhaft stoßen kann, gute Arbeit. Leichte Kunststoff-Stangen sind wenig geeignet, da sie bereits bei geringer Berührung wegrollen können. Dadurch kann das Pferd beim Touchieren mit der Vorderhand Stangensalat für die Hinterbeine produzieren. Sind nur leichte, runde Stangen vorhanden, kann man sie evtl. mit Steinen oder kleinen Holzklötzen rechts und links fixieren. Wichtig ist, dass dieser Pferdetyp Erfolgserlebnisse hat und sein Grundvertrauen steigert, bevor man die Anzahl der Stangen erhöht.

Das phlegmatische Pferd muss eher geweckt werden, bevor es zur Mitarbeit wirklich bereit ist. Wer die Möglichkeit hat, sollte Bahnschwellen, Dachsparren oder andere Kanthölzer verwenden. Bei diesem Pferdetyp darf der Abstand zwischen den Stangen durchaus etwas geringer sein, als die natürliche Schrittlänge. Dadurch stößt das Pferd, wenn es die Füße hängen lässt, an.

Diesen Pferdetyp kann man durchaus bereits im frühen Trainingsstadium mit mehreren Stangen, bis zu fünf oder sechs, konfrontieren. Um die Aufmerksamkeit zu steigern, kann man auch mit rechts und links etwas erhöhten Rundhölzern arbeiten. Eine solche Stangenkombination darf man getrost mehrfach hintereinander reiten, da es selbst für ein ignorantes Pferd irgendwann lästig wird, immer wieder anzustoßen. Das Pferd muss in diesem Stadium nicht fehlerfrei durchgehen, aber es sollte ein Bemühen erkennen lassen, hinzusehen und zu versuchen, das Hindernis zu taxieren.

Haben wir unser Pferd damit vertraut gemacht, einzelne am Boden liegende Stangen ohne aus dem Rhythmus zu kommen, zu überwinden, gilt es, das Taxiervermögen des Pferdes weiter zu schulen, um eine höhere Anzahl von Stangen fehlerfrei überwinden zu können. Im Parcours ist es für den Reiter fast unmöglich, den durch eine Korrektur gestörten Rhythmus wieder aufzunehmen, da im Hindernis die Zeit dafür fehlt. Das gut trainierte Pferd wird das künftig jedoch selbst ausgleichen können.

Einige spezielle Fertigkeiten, die hilfreich für den Erfolg des Trainings sind, sollten das fortgeschrittene Training mit einbezogen werden.

Die Vorderhand zwischen den Stangen absetzen

Wurden im Grundtraining die Stangen entsprechend der Schrittlänge des Pferdes gelegt, muss es jetzt lernen, mit anderen Abständen zurecht zu kommen. Bei eng gelegten Stangen kann es passieren, dass das Pferd Zwischenräume auslässt, solange es noch nicht begriffen hat, dass es in jeden Zwischenraum treten soll.

Man reitet die erste Stange langsam an und korrigiert das Vorderbein des Pferdes in der Luft, indem man es durch Zurückhalten veranlasst, den Huf genau in den Zwischenraum zwischen die beiden Stangen zu setzen. Häufig muss man anfangs bei allen Zwischenräumen hintereinander so verfahren.

Durch den Viertakt bedingt, führt die Korrektur des Vorderfußes häufig dazu, dass das Pferd vermehrt hinten anstößt, weil der Takt gestört ist. In diesem Trainingsstadium ist das Anstoßen zweitrangig. Sobald das Pferd begriffen hat, dass es in jeden Zwischenraum treten soll, wird es nach einigem Training die Hinterhand dem Takt folgend entsprechend setzen.

Die Schrittlänge verändern

Solange das Pferd noch nicht selbständig taxiert, muss der Reiter unterstützend eingreifen können. Das gilt einmal, wenn der Reiter weiß, dass das natürliche Tempo seines Pferdes nicht dem Stangenabstand entspricht. Aber auch, wenn sich der Eintrittsfuß zu nahe vor der ersten Stange befindet. Ohne Korrektur könnte das Folgefehler an den nächsten Stangen provozieren. Der Reiter muss in diesem Fall die letzte Schrittlänge vor der ersten Stange verkürzen, um eine gute Ausgangsposition zu haben. Hier eignet sich das Viereck sehr gut, da nicht unmittelbar nach der ersten Stange die zweite folgt und das Pferd so vorher seinen Takt wiederfinden kann.

Mit dem richtigen Fuß beginnen
Bei einigen Hindernissen ist es vorteilhafter, wenn das Pferd mit einem bestimmten Fuß beginnt. Dazu wird es vor der Stange angehalten, um es dann dahingehend beeinflussen zu können, welchen Fuß es zuerst bewegen soll. Das Pferd muss dazu Square (→ Square) stehen. Der Fuß, der stehen bleiben soll, wird durch das Reitergewicht belastet und das Pferd zur Vorwärts-bewegung veranlasst, so dass es den anderen Fuß über die Stange hebt.
Ziel ist es, nach einiger Übung, die Korrektur später auch aus dem Schritt heraus vornehmen zu können. Man sollte eher ein kurzes Verhalten vor dem Hindernis zur Korrektur in Kauf nehmen, um mit dem richtigen Fuß zu beginnen, als Penaltys im Hindernis zu riskieren.

Übungen auf dem Hufschlag

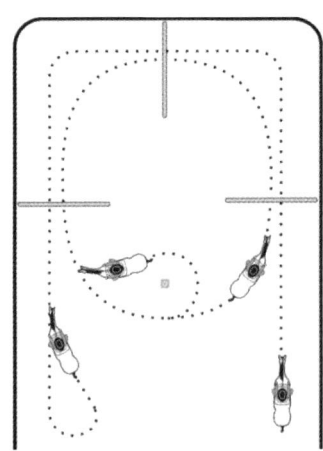

Man kann mit dieser einfachen Übung beginnen, um das Pferd mit dem Überschreiten von am Boden liegenden Stangen vertraut zu machen. Sie sollen die Aufmerksamkeit des Pferdes wecken und es veranlassen, den am Boden liegenden Gegenstand richtig einzuschätzen. Ziel ist es, die Stangen ohne Änderung der Geschwindigkeit überschreiten zu können.

Klappt die erste Übung problemlos mit einer Stange, können jeweils zwei oder drei in einem entsprechenden Abstand hintereinander gelegt werden.

Schon beim Übertreten von zwei oder drei Stangen kann das Pferd lernen, zu taxieren und seine Schritte einzuteilen.

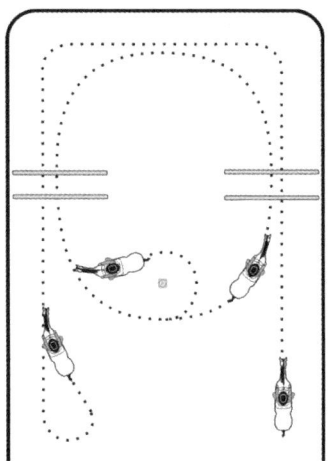

Das „A" und „O" bei der Stangenarbeit, egal in welcher Gangart, ist die Abwechslung. Die Pferde sollen stets neu schauen und taxieren lernen. Deshalb müssen die Stangen aus neuen Richtungen und in verschiedenen Mustern angeritten werden.

Das Viereck als Überreit-Hindernis

Ein Hindernis, das sich sehr gut für die Eingewöhnungsarbeit an Stangen eignet, ist das Viereck, die Box. Auf zwei Meter gelegt ist das Viereck für alle Gangarten geeignet. Dieses leichte Hindernis wirkt auf das Pferd nicht nur übersichtlich, sondern erleichtert durch den großen Abstand zwischen den beiden zu überschreitenden Stangen bei Fehlern bestimmte Korrekturen.

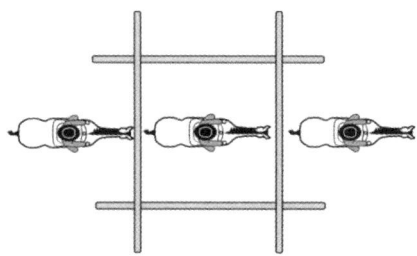

Hat das Pferd das rechtwinklige Durchreiten gut angenommen und sich auch mit anderen Stangen-Kombinationen vertraut gemacht, besteht die Möglichkeit, die Box von allen Seiten und aus allen Winkeln anzureiten. Das erhält die Aufmerksamkeit des Pferdes.

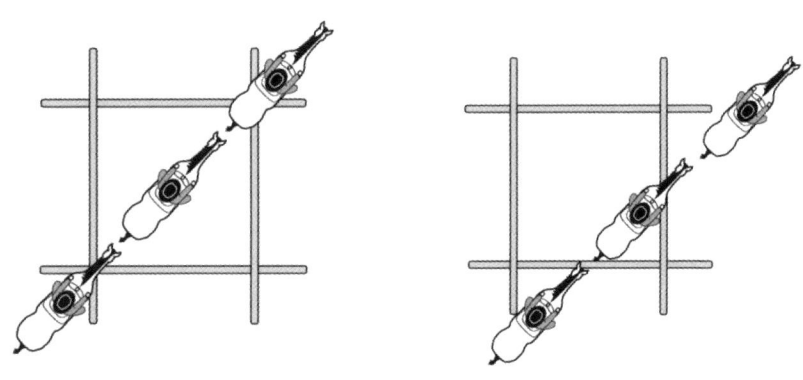

Die Box lässt sich in der Bahn gut in der Mitte des Zirkels aufbauen, sodass man sie in das tägliche Training integrieren kann.

Das Stangen-„W"

Etwas anspruchsvoller, als einfach hintereinander gelegte Stangen ist das „W", anders gelegt auch wie ein „M" aussehend. In diesem Hindernis erweist es sich als vorteilhaft, zuerst in den größeren Zwischenraum zu treten, um den schmaleren Bereich zu meiden.

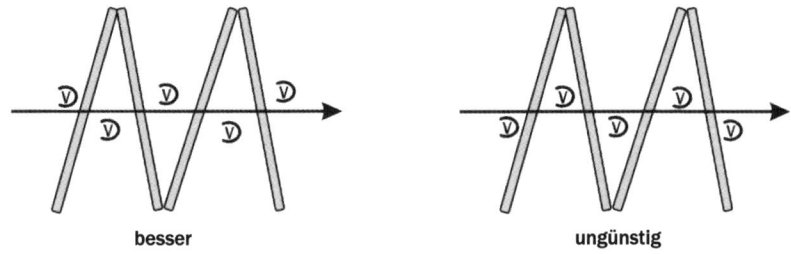

besser   ungünstig

Der Fächer

Der Fächer oder ähnlich gruppierte Stangen weisen einen erheblich höheren Schwierigkeitsgrad auf. Die Kombination wird so gelegt, dass die Abstände auf der gebogenen Ideallinie in der Mitte der Stangen den beabsichtigten Abstand ausweisen. Die erforderlichen Schrittlängen sind hier auf jeder Pferdeseite unterschiedlich lang. Es ist vorteilhaft, das Pferd zuerst in den breiteren Abstand treten zu lassen, da der erste Schritt der zweiten Vorderhand in diesem Hindernis ohnehin größer ist, als der erste.

Tritt der erste Vorderfuß in den schmaleren Abstand, müssen die gegenseitigen äußeren Beinpaare zwei extrem große Schritte über den breiteren Zwischenraum bewältigen, im Gegensatz zu denen auf der Innenseite. Bei dieser Vorgehensweise wird der Rhythmus in höherem Maße gestört, sodass die Hinterhand anschlagen kann oder nicht mehr in den gleichen Zwischenraum wie der Vorderfuß tritt.

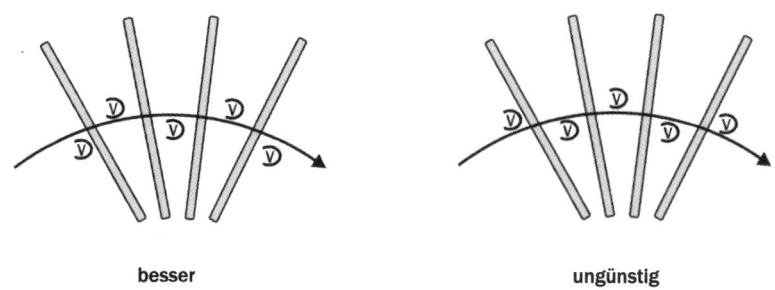

besser   ungünstig

Die Schwierigkeit dieses Hindernisses besteht unter anderem darin, dass das Pferd mit einer der Ideallinie angepassten Biegung über die Stangen treten muss. Weniger gut gymnastizierte Pferde versuchen daher, sich über dem Hindernis wieder gerade zu stellen und drängen nach außen, weil es ihnen bequemer erscheint. Dabei wird die Idealline verlassen, was in der Regel zu Anschlagfehlern und Abzügen im Score führt.

Reicht ein leichter Schenkeleinsatz und ein Zupfen am Zügel nicht aus, um das Pferd sofort wieder in die Biegung und auf die Linie zurück zu bringen, muss dringend zu entsprechenden Biegeübungen und Kreisübungen, die die Geschmeidigkeit des Pferdes fördern, zurückgekehrt werden.

Trot-Over

Um Trot-Over im richtigen Tempo fehlerfrei bewältigen zu können, muss man den sogenannten „Trail-Trot" entwickeln. (→ Gangarten)

Es heißt zwar, dass es für einige Pferde wegen der diagonalen Fußfolge leichter sei, das Stangen-Training mit einem Trot-Over zu beginnen. Nichts desto trotz muss das Pferd lernen, in allen Gangarten Stangen zu taxieren und zu respektieren sowie der Reiter ein Gefühl für jede einzelne Gangart entwickeln muss.

Beginnt man das Training mit einem Trot-Over anstatt im Schritt, kann das ein häufiges Problem zu Beginn des Trainings forcieren. Faule Pferde müssen meist an einem Hindernis eher getrieben werden. Viele Pferde werden beim Anblick von Bodenstangen schneller und würden am liebsten angaloppieren, um die Logs möglichst schnell zu überspringen. Sollte das passieren, gibt es zwei Möglichkeiten. Das Pferd vor dem Hindernis anhalten und bis zum Ausgangspunkt rückwärtsrichten. Die elegantere Lösung ist, das Pferd vor dem Hindernis in eine Volte abzuwenden, um dann die Stangen neu anzureiten.

Wie im Schritt, ist es auch im Trab sinnvoll mit einer einfachen Übung, zu beginnen, bei der der Hauptaugenmerk darauf liegt, die Stangen bei möglichst gleichbleibendem Rhythmus zu überwinden.

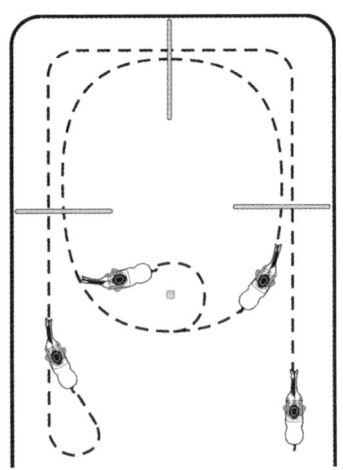 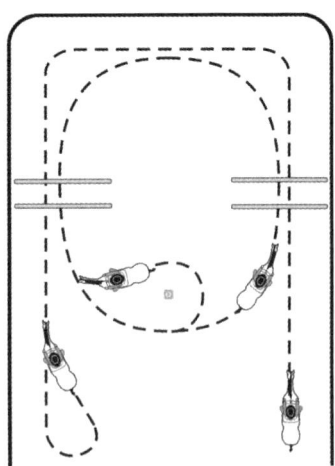

Zählen im Takt

Bei dieser Übung mit sechs Stangen fehlt die Mittelstange. Durch die ausgelassene Stange soll das Pferd angeregt werden zu taxieren und der Reiter taktmäßig trotz fehlender Mittelstange weiter zu reiten.

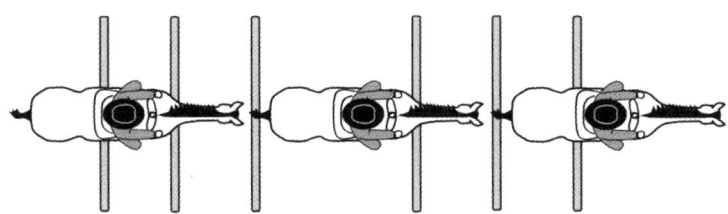

Um das Gefühl für den Takt zu entwickeln, ist zählen angesagt. Am besten laut! Fünf Meter vor dem Hindernis beginnend und bis fünf Meter nach dem Hindernis. Gezählt wird auf die beiden Vorderbeine.

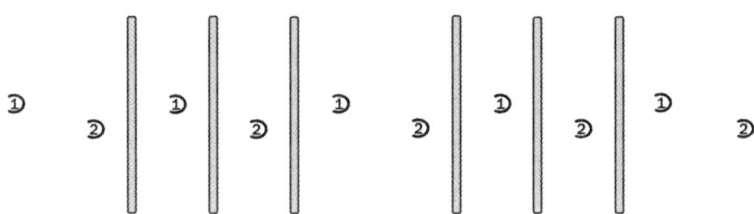

Neben der Entwicklung des Taktgefühls, lernen Reiter und Pferd durch diese Übung auch auf der Linie zu bleiben und das Hindernis im gleichen Tempo zu Ende zu reiten, ohne die Geschwindigkeit vorzeitig zu ändern und so Fehler an der letzten Stange zu machen.

Lässt es das Pferd bei dieser Übung an der notwendigen Aufmerksamkeit fehlen und schlägt vermehrt an, können erhöhte Stangen hilfreich sein. Ob man nun eine oder zwei Stangen verwendet, bleibt jedem selbst überlassen. Seitlich neben den ursprünglichen Stangen angeordnet, können sie sofort danach geritten werden, um das Pferd zu „wecken".

Erst wenn das Pferd die erhöhten Stangen fehlerfrei bewältigt, kehrt man zur alten Stangenkombination zurück.

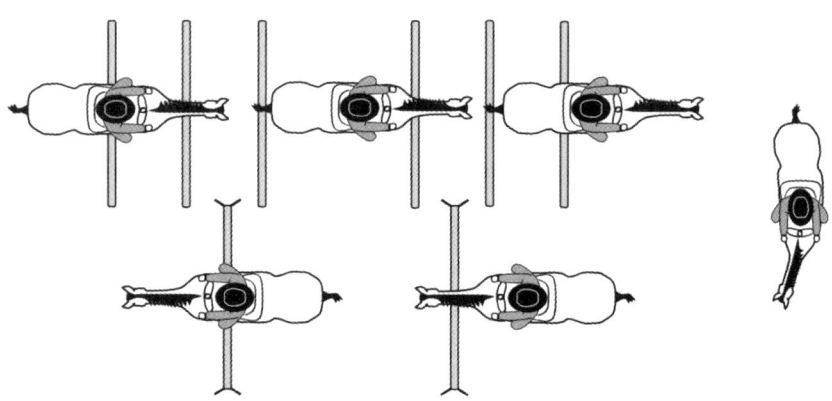

Bei der nächsten Übung wird jeweils eine Stange herausgenommen und es gilt, sie ebenfalls bei gleichbleibendem Takt zu überqueren. Hier sollte ebenfalls mitgezählt werden, um sich den Rhythmus zu verinnerlichen.

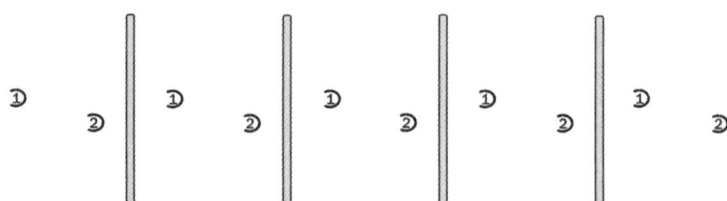

Vorbereitende Übungen für Slalom über Stangen

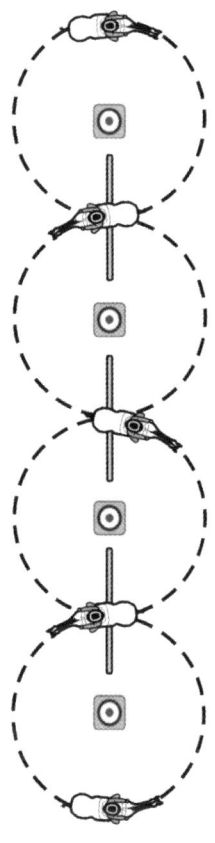

Die folgenden beiden Übungen sollen das Pferd auf Trabstangen vorbereiten, die später in verschiedenen Winkeln mit Richtungswechseln überwunden werden müssen. Die Distanz zwischen den Pylonen sollte mindestens vier Meter betragen. Zu kleine Volten können das Pferd beim Überqueren der Stangen aus dem Gleichgewicht und damit aus dem Rhythmus bringen.

Die Stange wird vorerst im 90-Grad-Winkel überquert.

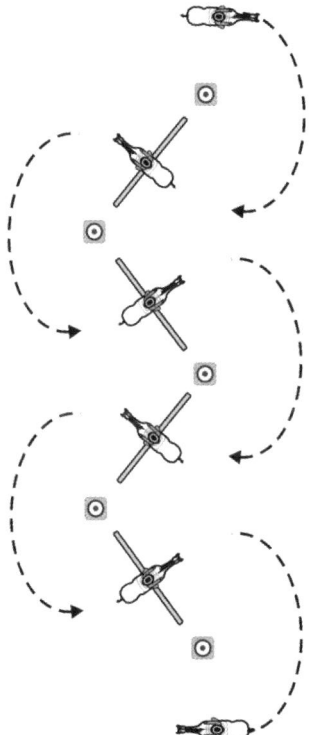

Das Pferd soll so über die Stangen gehen, als gäbe es sie gar nicht. Das heißt, es darf dabei nicht aus dem Takt kommen, selbst wenn ein Richtungswechsel vorgenommen wird.

Schlangenlinien im Trab können nicht nur im Parcours gefordert werden, sondern sind eine gute Übung, um die Rittigkeit des Pferdes zu fördern. Eine Stange beim jeweiligen Richtungswechsel erhöht den Schwierigkeitsgrad.

Ziel dieser Übung ist es, sauber und taktrein auch in flacherem Winkel über Stangen-Hindernisse traben zu können.

Ausgehend von Volten über gerade oder im leichten Zick-Zack gelegte Stangen steht am Ende der Übungen das Überreiten von Stangen in einer flachen Schlangenlinie. Die Abmessung zwischen den Pylonen sollte nicht unter 4,50 m liegen.

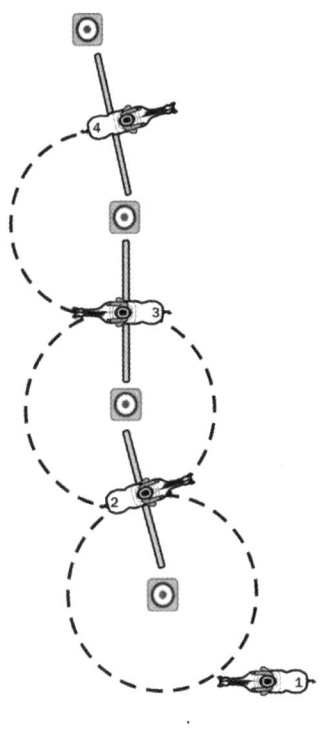

Um die erste Stange eine oder bei Bedarf mehrere exakte, saubere Volten im Trab reiten. Die Stange wird im 90-Grad-Winkel überquert. Das Pferd soll so über die Stange traben, als gäbe es sie gar nicht.

Sobald die erste Volte und das Überqueren der Stange problemlos bewältigt werden kann, wechselt man in die zweite Volte.

Wenn diese Linksvolte ebenfalls gut klappt, kann man zurück auf den ersten Kreis wechseln, also eine „8" reiten oder eine Volte über die dritte Stange reiten. Man kann weitere Handwechsel nach Zufallsprinzip vornehmen, damit das Pferd nicht beginnt, zu antizipieren.

In der letzten Phase der Übung reitet man jeweils nur eine halbe Volte um die Pylonen im oberen oder unteren Bereich und verlässt das Hindernis über die letzte Stange.

Slalom über Stangen – Serpentine

In diesen aufbauenden Übungen werden die Stangen in Schlangenlinien in einem Winkel zwischen 90° bis 45° überquert. Dabei wird das Pferd direkt hinter der Stange auf die neue Richtung umgestellt. Die Übung kann mit gerade oder winkelig gelegten Stangen geritten werden.

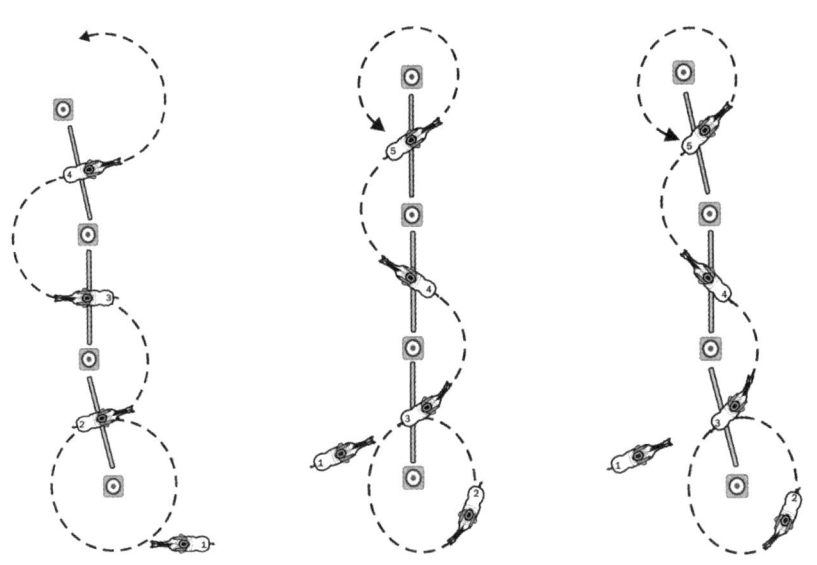

Man kann das Hindernis entweder nach der dritten Stange verlassen oder einen Bogen um die letzte Pylone schlagen und wieder zurück reiten.

Bevor der Winkel zur Stange weiter verringert wird, muss an der optimalen Ausgangsposition vor der Stange gearbeitet werden. Es gilt darauf zu achten, mit welchem Vorderbein das Pferd die Stangen zuerst überquert. Um in die bestmögliche Position zu kommen, sollte das Pferd bei einem Linksbogen mit dem linken Vorderbein, also dem inneren, zuerst über die Stange treten. Auf der rechten Hand umgekehrt. Tritt das Pferd bei einer flachen

Schlangenlinie zuerst mit dem falschen Bein über, kommt es in der Regel nicht nur zu einer Rhythmusstörung. Das Pferd hat Probleme, aus dieser Situation heraus das innere Vorderbein über die Stange zu heben, was meist zu einem Anschlagfehler führt.

Daher muss der Reiter mitzählen lernen, damit auch die nächsten Stangen mit dem richtigen Vorderfuß zuerst überquert werden können. Gezählt wird beim Aufsetzen der jeweiligen Vorderhand; also im Normalfall: Eins-Zwei. Da es bei dieser Übung nicht nur um den Rhythmus, sondern um das jeweils richtige Vorderbein geht, sollte das Eins-Zwei beim Zählen der Trabschritte durch Rechts-Links ersetzt werden, um sich bewusster zu machen, welches Vorderbein gerade aufsetzt.

Diese Übung lässt sich gut durchführen, indem man die Stangen zwischen den Pylonen wegnimmt und im einfachen Slalom durchreitet. Hat man sich das Recht-Links verinnerlicht, werden jetzt die Schritte gezählt, bis das Pferd über die imaginäre Stange tritt.

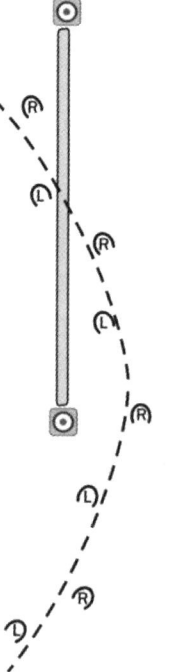

Bei der nächsten Übung wird eine Stange eingelegt und wieder mitgezählt. Rechts-Links, Rechts-Links.

Erst wenn das Pferd beginnt, mit dem richtigen Fuß zuerst über die Stange zu traben, können weitere Stangen mit einbezogen werden.

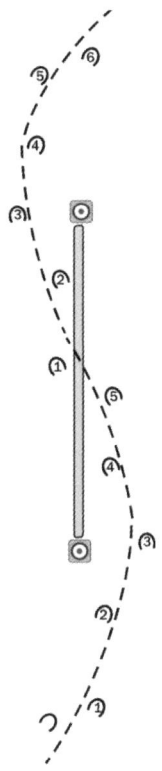

Als nächstes gilt es, die richtige Anzahl der Schritte zu kontrollieren. Dabei sollte vorerst nur eine Stange verwendet werden, auch wenn alle drei Bögen geritten werden müssen.

Die Schritte werden durchgehend in jeweils einem Bogen gezählt. Der erste Schritt ist das Überqueren der imaginären Stange. Das Übersetzen über die Stange mit dem inneren Bein, also der eigentliche sechste Schritt ist in dem neuen Bogen der erste Schritt.

Da an der nächsten Stange das gegenseitige Vorderbein zuerst übertreten muss, muss es wieder eine gerade Schrittzahl sein, mit der das Pferd übertritt.

Wie viele Schritte das jeweilige Pferd tatsächlich benötigt, hängt von der Distanz und der Größe des gerittenen Bogens ab und erfordert viel Übung.

Bevor man mit mehreren direkt hintereinander folgenden Stangen arbeitet, empfiehlt es sich, wie in der Grafik, die mittlere Stange herauszunehmen. Die äußeren Begrenzungsstangen sollen verhindern, dass die Bögen zu groß werden und können anfangs etwas großzügiger gelegt werden. Bei dieser Übung sollte man ebenfalls solange mitzählen, bis man sich die Schritte verinnerlicht hat.

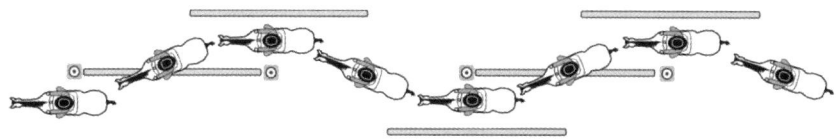

Gibt es Probleme beim Übertreten der ersten Stange – Stolpern oder Rhythmusverlust – sollte man das Hindernis mit einer Volte zur offenen Seite hin verlassen und neu beginnen. Wenn das Pferd einwandfrei über die erste Stange tritt, befindet es sich in einer guten Position und es ist nicht so schwierig, die anderen Stangen ebenfalls zu meistern.

Wegen des gleichbleibenden Rhythmus ist es wichtig, dabei den Schwung nicht zu verlieren. Um beide Seiten gleichmäßig zu trainieren, muss das Hindernis auch von der anderen Seite geritten werden, da es hier mit einer Rechtsbiegung beginnt.

Die Begrenzungsstangen fehlen jetzt ganz und die mittlere Stange wurde eingelegt. Es gilt darauf hinzuarbeiten, die Stangen in einem Winkel von etwa 20° zu kreuzen. Der übertretende Vorderfuß sollte sich weit genug von der Stange entfernt befinden, um fehlerfrei übertreten zu können und nah genug, damit das zweite Bein ebenfalls ohne Rhythmusverlust die Stange überqueren kann.

Man kann die Bögen auch ausholender reiten und damit den Übertrittswinkel vergrößern. Im Training zur Übung sicherlich gut, auf dem Turnier könnte sich das im Score niederschlagen.

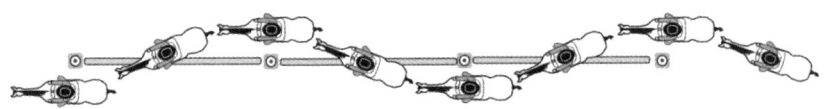

Hat das Pferd gelernt, die erste Stange korrekt zu übertreten und man kennt die Anzahl der möglichen Schritte zwischen den zu überquerenden Stangen, sollte es bei kontinuierlichem Training kein Problem sein, verschiedene Stangen-Hindernisse sauber und rhythmisch überwinden zu können.

Lope-Over

Lope-Over fehlerfrei zu reiten, verlangt hohes reiterliches Können und viel Übung. Es dauert einige Zeit, bis Pferd und Reiter in der Lage sind, im Galopp Stangen koordiniert zu überqueren und sich die erforderlichen Bewegungsabläufe automatisiert haben. Reiterfehler und störende Einwirkung sind Probleme an allen Hindernissen. Je höher jedoch die Geschwindigkeit, umso häufiger kommen sie vor.

Der Reiter muss ein Gefühl für die Länge der Galoppsprünge seines Pferdes entwickeln, sodass er das passende Grundtempo wählen kann. Sieht der Reiter, dass die Distanz zur ersten Stange zu groß oder zu klein ist, kann er reagieren und durch entsprechendes Verkürzen oder Verlängern den optimalen Einstieg in das Lope-Over finden. Mit zunehmender Routine kommt das Gefühl für die passende Distanz mit der Zeit automatisch, auch beim Pferd.

Passt der Abstand aufgrund der Galoppsprunglänge nicht, fällt das Pferd entweder aus der Gangart oder gerät in Kreuz- oder Außengalopp. Ein unerfahrenes Pferd wird bewusst aus der Gangart fallen, da es nicht auf die Stange springen möchte. Ein erfahrenes Pferd oder ein Pferd mit ausgeprägtem Gefühl für Abstände ist in einer solchen Situation vielleicht in der Lage, seinen Galoppsprung zwischen den Stangen nach Bedarf selbst zu verlängern oder zu verkürzen.

Das Pferd sollte sich möglichst bereits fünf Meter vor der ersten Stange – wenn es der Parcours erlaubt – in dem den Stangenabständen angepassten Galopp befinden. Es darf nicht mehr damit beschäftigt sein, seinen Rhythmus zu finden. Dazu muss der Reiter genau wissen, welches Tempo er entsprechend der Galoppsprunglänge seines Pferds für die jeweiligen Stangenabstände benötigt. Keinesfalls sollte der Reiter beim Anreiten die erste Stange anstarren, sondern einen Punkt etwa einen Meter davor, den passenden Absprungpunkt. Tim Kimuras Lieblingssatz auf Kursen ist: „Where you look, is where you land." (Du landest dort, wohin Du schaust.)

Bevor man in das Training der Lope-Over einsteigt, sollte man wie im Schritt und Trab mit einzelnen auf den Hufschlag gelegten Stangen beginnen, um sicherzustellen, dass das Pferd diese in seinem natürlichen Galopp ohne Rhythmus-Veränderung überquert.

Bevor man mit dem Training über mehrere Stangen beginnt, gilt es festzustellen, welche Galoppsprunglänge das Pferd bei seinem natürlichen Tempo hat. Die Abstände für Galoppstangen im Turniersport betragen zwischen 1,80 bis 2,10 m. Bei einer Galoppsprunglänge von zum Beispiel 2,40 m passt es nicht mehr.

Die Skizze zeigt die Auswirkungen bei einem Stangenabstand von 2 m mit einer einmal angepassten Galoppsprunglänge und der angenommenen natürlichen Länge von 2,40 m.

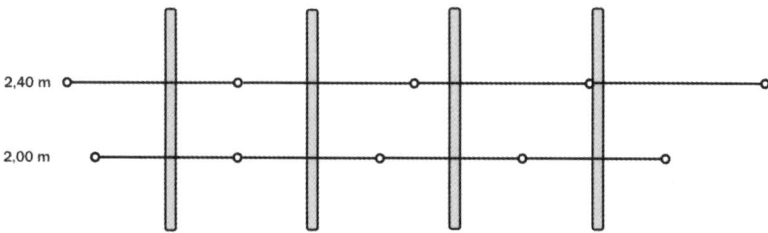

Kommt ein Pferd mit einem Galoppsprung vom 2,40 m mit dem führenden Vorderfuß mittig zwischen den Stangen in das Hindernis herein, nützt ihm die gute Ausgangsposition wenig. Spätestens beim dritten Galoppsprung besteht die Gefahr mit der Vorderhand auf die Stange zu springen. Von den Fehlern der restlichen Beine oder stolpern ganz zu schweigen.

Der Reiter muss lernen, das Gesamttempo soweit zu reduzieren, dass die Galoppsprunglänge mit den Abständen zwischen den Stangen harmoniert. Um ein Gefühl für dieses Tempo zu entwickeln, kann man gut mit Pylonen arbeiten, um bestimmte Distanzen darzustellen. Dazu werden drei Pylonen in einem Abstand von 6 m aufgestellt. Das entspricht bei einem Stangenabstand von 2 m sechs Stangen.

Bei der angenommenen natürlichen Schrittlänge von 2,40 m benötigt das Pferd etwas mehr als fünf Galoppsprünge für die Distanz. Bei dem erforderlichen zurückgenommenem Tempo genau sechs.

Daher muss das Tempo so reduziert werden, dass das Pferd innerhalb der vorgegebenen Distanz auf sechs Galoppsprünge kommt. Das Pferd muss mehr versammelt und die einzelnen Galoppsprünge verkürzt werden. Dabei muss die Taktreinheit gewahrt werden.

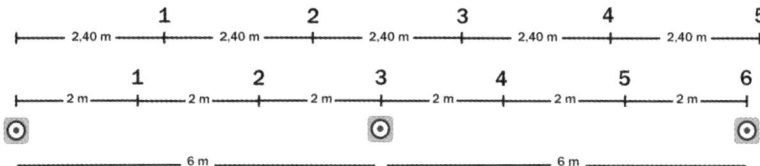

Um effektiv an der Galoppsprungverkürzung arbeiten zu können, zählt der Reiter, am besten laut, die Galoppsprünge zwischen den Pylonen. Taktgeber ist der führende Vorderfuß. Wie auch später im Parcours sollte das beabsichtigte Tempo bereits einige Galoppsprünge vor der ersten Pylone erreicht sein. Eine zusätzliche Pylone als Markierung dafür aufzustellen, hilft dabei.

Verursacht ein Lope-Over in der 2 m-Distanz keine Probleme mehr, sollte man mit dem Training für den Mindestabstand von 1,80 m beginnen und ihn später häufiger in das Training einbeziehen. Liegt dann die Turnierdistanz bei 2 m, ist es einfacher, das Tempo ein wenig zu erhöhen, als es zu verkürzen.

Sollte es problematisch sein, während der Galoppsprungverkürzung die Taktreinheit zu bewahren, ist es unbedingt erforderlich zu entsprechenden gymnastizierenden Übungen zurückzukehren, bevor das Training für das Lope-Over fortgesetzt wird.

Ein Reiter, bei dessen Pferd die Galoppsprunglänge aufgrund seiner Größe weitgehend den vorgegeben Abständen entspricht, wird sich natürlich im Training leichter tun, als die Reiter größerer Tiere. Kleinere Pferde werden ebenfalls an der Sprunglänge arbeiten müssen, allerdings gilt es hier, weiter auszugreifen, ohne dabei flacher zu werden. Ziel ist es, später diese Galoppsprungveränderungen am langen Zügel durchführen zu können.

Der folgenden Übung liegt wiederum ein Abstand von 2 m zugrunde, da sich damit generell in allen drei Gangarten gut arbeiten lässt, insbesondere bei Kombinationen, die in verschiedenen Gangarten durchritten werden können. Als Einstiegshindernis für das Lope-Over bieten sich sowohl das Viereck als anschließend auch das folgende Hindernis an.

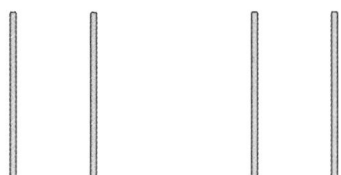

Die mittlere Stange wurde ausgespart und sollte so behandelt werden, als sei sie vorhanden. Das Pferd soll tempomäßig wie vorher weiterlaufen und die Länge der Galoppsprünge beibehalten. Mit dieser Übung lernen Reiter und Pferd, besser zu taxieren.

Auch diese Übung lässt sich am Einfachsten durchführen, wenn der Reiter wieder laut auf das führende Vorderbein zählt. Erst wenn sich diese Kombination problemlos reiten lässt, sollte man die fehlende Stange einlegen.

Reiten auf Kreislinien

Lope-Over enthalten häufig gebogene Linien, denen man folgen muss, um das Hindernis fehlerfrei zu bewältigen. Daher sollte man vorher überlegen, wo man auf einer Kreislinie reitet, um zu wissen, wie man seine Galoppsprünge einteilt. Folgendes Beispiel zeigt deutlich, welche Auswirkungen es hat, wenn man einen Meter weiter außen oder einen Meter weiter innen reitet.

Die Stangen sind 4 m lang, der Abstand zum Mittelpunkt beträgt 1 m.

	Kreis-durchmesser	Radius	direkte Linie	zu reitende Linie
Linie 1	10 m	5,0 m	ca. 7,0 m	ca. 7,9 m
Linie 2	9 m	4,5 m	ca. 6,4 m	ca. 7,0 m
Linie 3	8 m	4,0 m	ca. 5,7 m	ca. 6,3 m

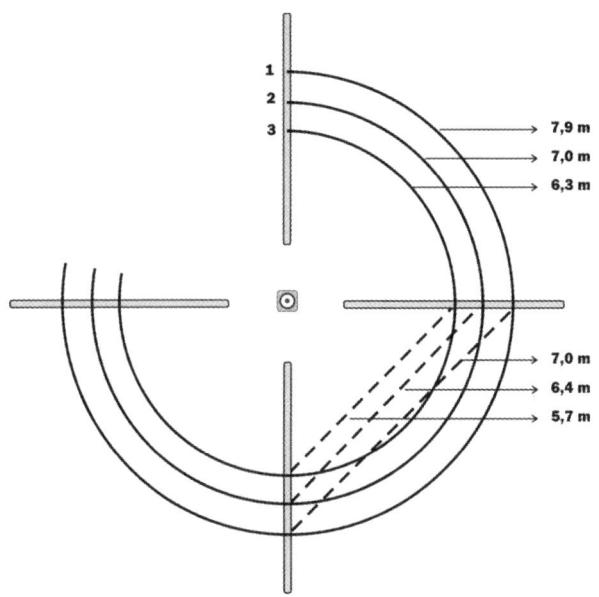

Bereits beim Training sollte man auf ein gleichmäßiges Tempo und eine gleichmäßige Linie achten. Wird das Pferd langsamer oder schneller stimmt der Abstand zwischen den Stangen nicht mehr. Reitet man einen Bogen kleiner, kann das Pferd langsamer werden. Sollte das Pferd auseinanderfallen, muss das Pferd durch Reiten von Volten erst wieder entsprechend versammelt werden, bevor man das Training an diesem Hindernis fortführen kann.

Nicht nur beim Training ist es wichtig, sich ausschließlich auf die nächste Stange zu konzentrieren anstatt auf das ganze Hindernis. Jedes Landing sollte bewusst wahrgenommen werden.

Im Gegensatz zu geraden Stangen-Hindernissen sollte man bei gebogenen bei einer Parcoursbegehung auf der gekrümmten Ideal-Linie laufen, die man später zu reiten beabsichtigt. Nur so erfährt man, wie viele Galoppsprünge welcher Länge voraussichtlich benötigt werden, um fehlerfrei durch das Hindernis zu kommen.

Eine Herausforderung ist diese Variante des Karussells. Aus sechs gleich-langen Stangen gelegt, wird die Kreislinie durch einen 2-m-Abstand unter-brochen.

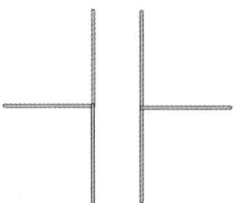

In Abbildung 1 wird die kreisrunde Linie beibehalten. Das heißt auch die Zwillings-Stangen werden im Bogen überquert. In Abbildung 2 wird die Kreislinie durch die gradlinige Überquerung der beiden hintereinander lie-genden Stangen unterbrochen. Es gilt auszuprobieren, mit welcher Variante man besser zurechtkommt.

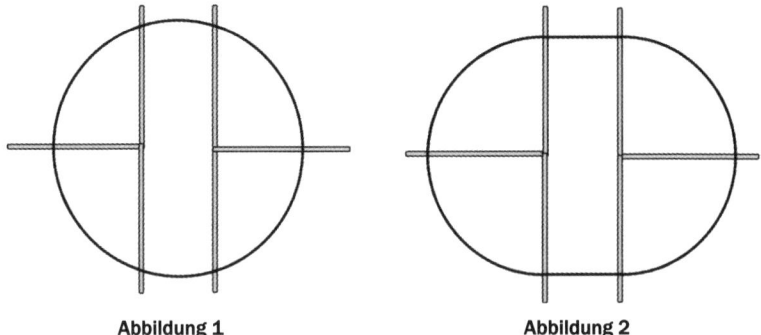

Abbildung 1   Abbildung 2

Lope-Over diagonal

Um diagonale Hindernisse problemlos bewältigen zu können, sollte man sich mit der Beziehung zwischen Anreitwinkel, dem Stangenabstand und der Sprunglänge des Pferdes beschäftigen.

Um diesen Zusammenhang verständlich zu machen, befinden sich im Folgenden mathematische Grafiken.

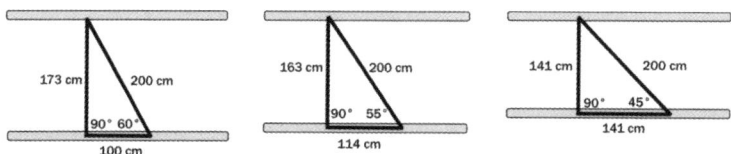

Es ist deutlich zu sehen, dass die Veränderung des Winkels eine Veränderung der Stangenabstände nach sich zieht. Je kleiner der Überreit-Winkel, umso enger müssen die zu überreitenden Stangen beieinander liegen, damit die angenommene Diagonale von 200 cm erhalten bleibt.

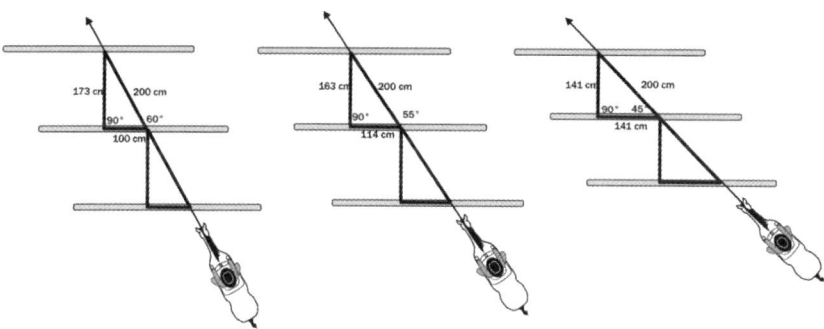

Das heißt nun nicht, dass man bei diagonalen Stangenüberquerungen jedes Mal komplizierte Dreiecksberechnungen anstellen muss. Es geht darum, sich im Training ein Gefühl dafür anzueignen, in welchem Winkel man die Stangen anreiten sollte, um sie möglichst problemlos überqueren zu können. Und sich darüber klar zu sein, dass die Sprungdistanz zwischen zwei Stangen vom gewählten Anreitwinkel abhängt. Durch stetes Üben entwickeln Reiter und Pferd ein Gefühl dafür, sodass die Stangen auch bei Abweichungen vom idealen Anreitwinkel später fehlerfrei überwunden werden können.

Im folgenden Hindernisaufbau erleichtern die Stangengassen den richtigen Anreitwinkel zu finden.

Am Sinnvollsten beginnt man das Training mit einem 60°-Winkel, da dieser leichter zu bewältigen ist als ein kleinerer. Wichtig ist, dass sich das Pferd genau parallel zu den begrenzenden Stangen bewegt, um genau durch den Mittelpunkt reiten zu können.

Zu Beginn des Trainings kann man die Übung auch im Trab reiten, da die Diagonaldistanz zwischen den Stangen zwei Meter beträgt.

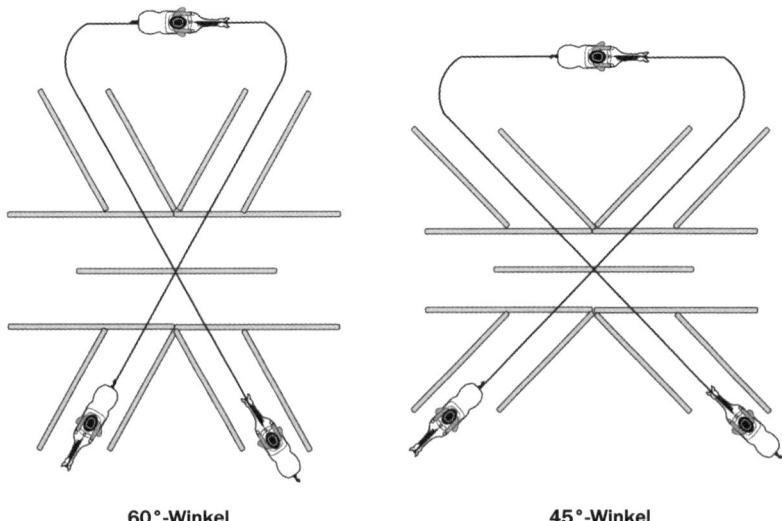

60°-Winkel   45°-Winkel

Zeigt das Training befriedigende Ergebnisse, entfernt man Stangen der beiden Ausgangsgassen. Wenn auch das den gewünschten Erfolg zeigt, können die übrigen Hilfsstangen beseitigt werden.

Ohne diese Hilfsstangen wird es schwieriger genau über die Mitte zu reiten. Man muss sich merken, wo man einreiten und die zweite Stange kreuzen will. Das gelingt mit gestreiften Stangen recht gut, da man sich an den Markierungen orientieren kann. Verfügt man zuhause nur über einfarbige Stangen, kann man, wie schon an anderer Stelle erwähnt, die relevanten Punkte mit einem andersfarbigen Klebestreifen markieren.

Um das Training abwechslungsreicher zu gestalten, sollte man diese diagonalen Lope-Over in verschiedenen Richtungen und unterschiedlichen Gangarten hintereinander reiten.

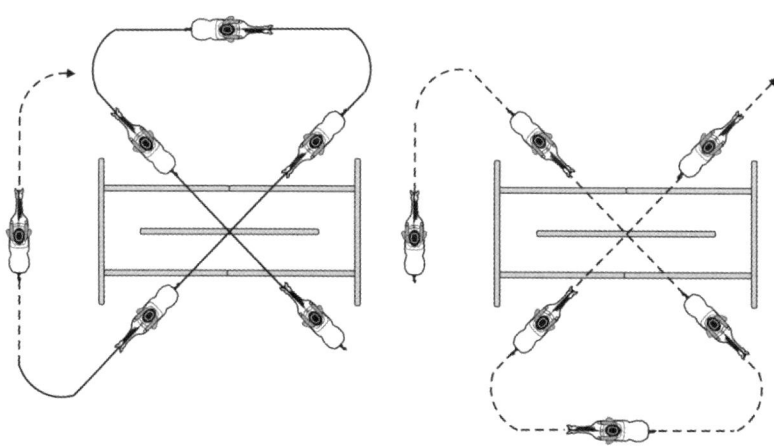

Stangen-Hindernisse für verschiedene Gangarten

Volten im Viereck

Sowohl das Viereck als auch das „W" oder andere Stangenanordnungen eignen sich für das Überreiten in Volten.

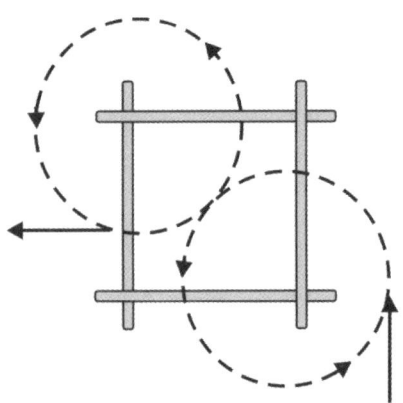

Man sollte diese Übung damit beginnen, dass man nur eine bzw. anderthalb Volten reitet und das Viereck dann wieder verlässt.

Klappt das sowohl auf der einen sowie auf der anderen Hand, wird der Schwierigkeitsgrad erhöht, indem man eine Acht reitet. Jetzt gilt es, nicht nur sauber auf den Voltenbögen zu bleiben ohne anzutackern, sondern es bleibt für das Umstellen in der Mitte des Stangenkreuzes nur wenig Zeit.

Stangen-„W"

Von links kommend eine Links-Volte über die ersten beiden Stangen, dann über die nächste Stange in die zweite Volte reiten und anschließend das Hindernis verlassen.

Da beide Volten auf der gleichen Hand geritten werden, sollte man abwechselnd von rechts oder links einreiten, um beide Seiten gleichmäßig zu trainieren.

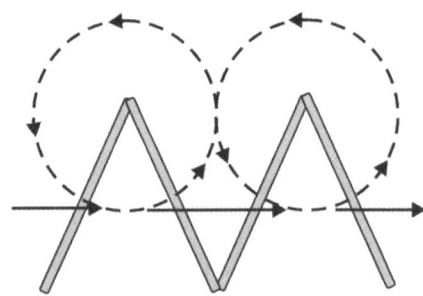

Stangen-Karussell

Das Karussell, auch Wagon Wheel genannt, ist eine gute Vorübung für den Fächer. Die Biegung des Pferdes muss wie bei allen Hindernissen mit runden Ideallinien daran angepasst von Anfang bis Ende aufrechterhalten werden. Diese Übung im Schritt beginnen. Mit zunehmenden Fortschritten kann sie später im Trab und Galopp geritten werden. Falls erforderlich muss dafür ein größerer Radius gewählt werden.

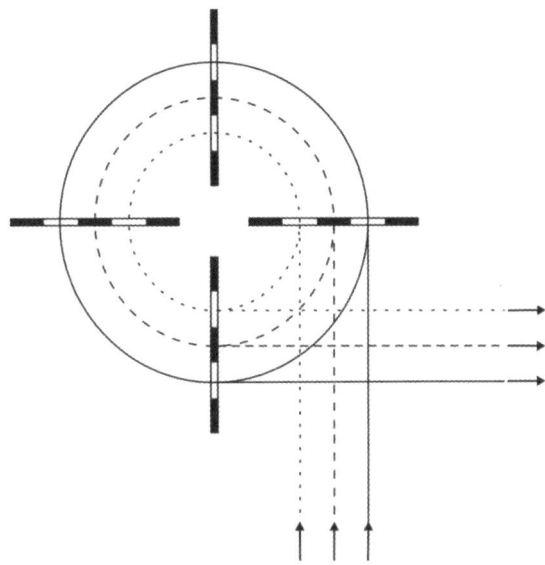

Optimal für diese Übungen sind 3 bis 4 m lange Stangen mit Streifen, so dass man sich an den Markierungen der Stangen orientieren kann. Sollten die Stangen kürzer sein, müssen sie entsprechend weit vom Mittelpunkt entfernt gelegt werden, je nach Gangart.

Diese Übung im Galopp zu reiten, verlangt hohes reiterliches Können. Der Reiter muss genau im Rhythmus sitzen und genau wissen, wie viele Galoppsprünge er zwischen den Stangen benötigt und wo er sie reiten muss. Passt der Abstand nicht, fällt das Pferd entweder aus der Gangart oder gerät in Kreuz- oder Außengalopp.

Stangen-Dreieck

Stangen-Dreiecke, die nicht nur in verschiedenen Gangarten, sondern auch auf verschiedene Weise geritten werden können, sind beliebte Bestandteile von Trail-Pattern. Natürlich entsprechend der Gangart mit differierenden Abständen.

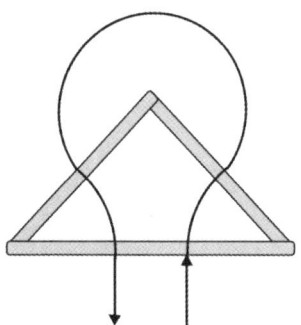

Diese Variante ist im Schritt und Trab relativ einfach zu bewältigen, da die Stangen im rechten Winkel passiert werden sollen. Im Galopp würden sie zwei fliegende Wechsel außerhalb des Dreiecks erfordern.

Der Richter sieht gerne, wenn der Reiter dem Pattern folgend das Hindernis symmetrisch meistert.

Das zweite Pattern erfordert schräges Anreiten der ersten und letzten Stange. Die anderen beiden werden im rechten Winkel überwunden.

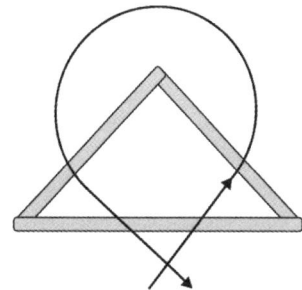
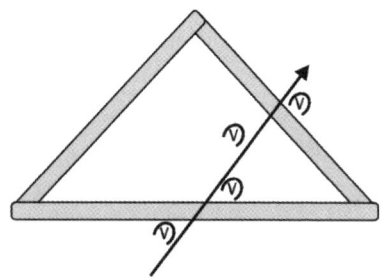

Da die Bewegungsrichtung hier rechts ist, tritt vorzugsweise der rechte Vorderfuß zuerst über die Stange.

106

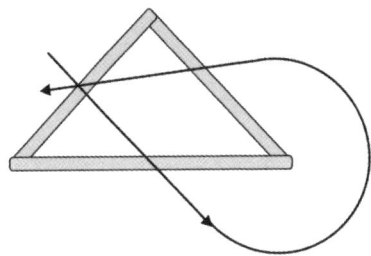

Diese Dreiecks-Variante zeigt, wie vielfältig ein einfaches Hindernis ohne Umbauten genutzt werden kann, um sich beim heimischen Training vorzubereiten.

Kombination aus mehreren Stangedreiecken

Legt man diese Kombination aus vier Stangen-Dreiecken in 2 m-Distanz, lässt sie sich allen Gangarten von allen Seiten her durchreiten.

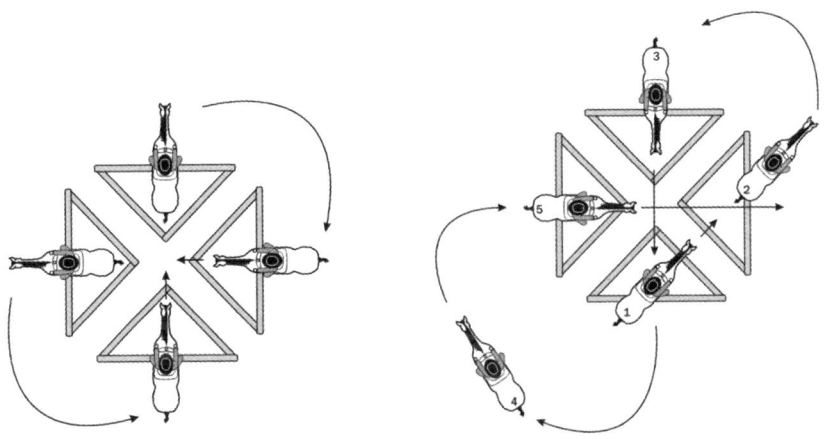

Die beiden aufgeführten Varianten die vier Dreiecke zu überwinden, stellen nur Beispiele der vielfältigen Möglichkeiten dar. Jeder Reiter wird mit ein wenig Phantasie auch andere Wege über die Logs finden.

Steuerungs-Hindernisse

Sidepass – Seitwärtsrichten

Jeder Trailreiter sollte die Abmessungen seines Pferdes am Boden kennen, bevor er mit dem Training beginnt, um in einem Hindernis realisieren zu können, wie viel Platz ihm bleibt. Dabei spielt nicht nur das Stockmaß eine Rolle, sondern auch die Länge des Rückens. Ein Pferd mit längerem Rücken wird ein größeres Bodenmaß haben, als ein Hochrechteckpferd mit gleichem Stockmaß. Um das sogenannte Bodenmaß zu ermitteln, misst man am Square stehenden Pferd von der Vorderkante der Vorderhufe bis zur Hinterkante der Hinterhufe. (→ Square)

Bodenmaß

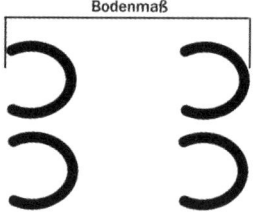

Die Maße zu kennen, hilft sich vorzustellen, wie viel Platz nach vorne und hinten beim Sidepass zwischen zwei Stangen, im Viereck beim Drehen oder anderen Hindernissen bleibt.

Da Pferde unterschiedliche Beinstellungen haben, insbesondere die Hinterhand steht teilweise rassebedingt mal mehr, mal weniger unter, ist es wichtig festzustellen, wo genau die Mitte zwischen den beiden Beinpaaren liegt. Denn der über eine Stange seitwärts richtende Reiter muss für die optimale Bewältigung des Hindernisses wissen, ob dabei die Stange unter seinem Mittelfuß, am Absatz oder dahinter liegen muss. Sind es gar zwei Stangen oder ein breiterer Gegenstand, zum Beispiel ein kleiner Strohballen, sind solche Kenntnisse unabdingbar.

Bei erfahrenen Pferden ist häufiger zu sehen, dass sie nicht nur beim Drehen im Viereck ihre Beine zusammenstellen können, um nicht anzustoßen, sondern beim Sidepass zwischen zwei Stangen ähnlich agieren.

Pferde sind Gewohnheitstiere und lernen schnell, dass eine Stange unter dem Bauch seitwärtsgehen bedeutet. Das kann Probleme verursachen, wenn im Parcours ein anderes Manöver gefordert wird. Ein Pferd, das das Warten nicht gelernt hat, wird schneller seitwärts über die Stange eilen, als der Reiter sich vorstellen kann.

Deshalb empfiehlt es sich im Training nicht nur eine Weile neben der Stange entspannt zu stehen, bevor die erste Hilfe gegeben wird, sondern gelegentlich von diesem Startpunkt wieder weg zu reiten, ohne das Hindernis zu bewältigen. Das gilt für alle Hindernisse.

Generell gilt auch in Steuerungs-Hindernissen, immer wieder auch mittendrin anhalten und das Pferd entspannen lassen, damit es lernt, dass es nicht um Schnelligkeit geht.

Beim korrekt ausgeführten Sidepass im Westernreitsport handelt es sich nicht um eine traversale Bewegungsrichtung, sondern um tatsächliches Seitwärtsgehen. Das Pferd soll dabei taktmäßig und flüssig im Schrittrhythmus die Beine koordiniert setzen bzw. überkreuzen. Das bedeutet, die Längsachse des Pferdes bleibt fast rechtwinklig zur Bewegungsrichtung. Nach rechts geritten ergibt sich folgende Fußfolge:

Fußfolge beim Sidepass

1. Der linke Vorderfuß kreuzt vor dem rechten Vorderfuß.
2. Der linke Hinterfuß kreuzt vor dem rechten Hinterfuß.
3. Der rechte Vorderfuß wird wieder rechts neben den linken Vorderfuß gestellt.
4. Der rechte Hinterfuß wird wieder rechts neben den linken Hinterfuß gestellt.

Phase zwei und drei werden wegen der Balance des Pferdes meist fast gleichzeitig ausgeführt.

Einen korrekt ausgeführten Sidepass über einer Stange zu erreichen, erfordert einige Übung, denn die Pferde können nicht sehen, wo genau sich die Stange unter ihrem Bauch befindet. Einige Pferde haben auch Angst vor der Stange unter ihrem Körper zwischen den Beinen. Um sie damit vertraut zu machen, hält man über einer auf dem Reitplatz liegen Stange an, lässt sie dort kurz stehen und reitet dann nach vorne heraus. Das muss so oft wiederholt werden, bis das Pferd über jeder Stange stehen kann, ohne Unruhe zu zeigen.

Das Pferd muss ebenfalls lernen, beim Sidepass das führende Bein soweit zurückzusetzen, dass das Folgebein problemlos übertreten kann. Anfänglich besteht die Gefahr, dass sich das Pferd die Hufe anschlägt oder gar auf den Kronrand tritt, was zu üblen Verletzungen führen kann. Tritt sich das Pferd anfangs selbst ständig auf die Füße, kann man die Vorhand etwas mehr führen lassen, jedoch so, dass die Seitwärtsbewegung erhalten bleibt. Wie bei jedem Hindernis sollte man mit kleinen Schritten beginnen. Zu Beginn der Übungen ist die Zuhilfenahme der Bande oder des Zauns recht nützlich. Dazu wird eine Stange parallel zur Bande gelegt, sodass die Stange zwischen Vor- und Hinterhand liegt, wenn das Pferd mit der Nase an der Wand steht. So wird verhindert, dass es nach vorne herausläuft, wenn man vorwärts treiben muss, weil das Pferd versucht, sich der Übung durch Rückwärtsgehen zu entziehen.

Die erste hier vorgestellte Übung setzt voraus, dass das Pferd den korrekten Sidepass ohne Stange bereits beherrscht. Dazu wird die Stange im rechten Winkel so angeritten, dass nur 2 bis 3 Seitwärtsschritte nötig sind, um das Stangenende zu erreichen. Die Vorhand steht dabei zwischen Bande und Stange.

Steht das Pferd nach dem Sidepass neben der Stange, sollte man anhalten und das Pferd loben. So wird verhindert, dass sich das Pferd, froh die Stange hinter sich gelassen zu haben, in irgendeine Richtung bewegt und dabei doch noch an die Stange anstößt. Es ist sinnvoll, anschließend nicht einfach nach links wegzureiten, sondern zum Beispiel rückwärts zu richten. Dadurch erzieht man das Pferd weitere Kommandos abzuwarten.

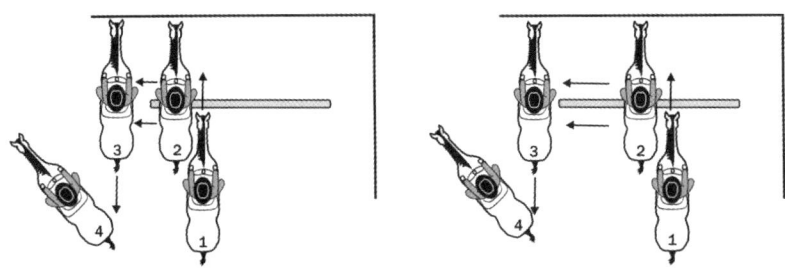

Im Verlauf des Trainings wird die Anzahl der Sidepass-Schritte langsam erhöht. Überfordert man das Pferd zu Beginn des Trainings mit einem zu langen Weg bis zum Ende der Stange, führt das häufig dazu, dass das Pferd versucht, nach hinten rauszuziehen und dabei mit der Vorderhand die Stange touchiert. Durch die schrittweise Entwicklung der Übung wird es mit der Zeit lernen, willig seitwärts über eine Stange zu gehen und ein Gefühl dafür entwickeln, wo sich die Stange unter seinem Körper befindet.

Eine gute Methode am Ende der Übung den „Ich-bin-fertig-und-kann-weggehen-Effekt" zu verhindern, ist im Training generell einen Meter weiter im Sidepass zu bleiben, als die Stange lang ist.

Das Einfädeln zum Sidepass über die ganze Stangenlänge kann mit Hilfe der Reithallenwand oder dem Reitplatzzaun erleichtert werden.

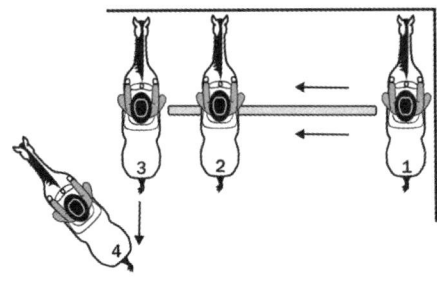

Schlussendlich folgt dann das Einfädeln in der Bahnmitte ohne helfende Wände.

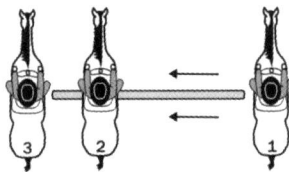

Während der Übung über die ganze Stangenlänge sollte man immer wieder anhalten, damit das Pferd nicht glaubt, den nächsten Schritt vorausnehmen zu dürfen. Anschließend kann man mit dem Sidepass fortfahren oder auch über die Stange gerade nach vorne herausreiten, damit das Pferd lernt auf Kommandos zu warten.

Pferde, die noch nicht soweit ausgebildet sind, dass sie einen 100%igen Sidepass gehen, können durch folgende Methode mit dem Seitengang über eine Stange vertraut gemacht werden.
Anfänglich beträgt der Winkel zur Stange nur etwa 45°. Erst in späteren Übungsstadien wird das Pferd nach und nach korrekt auf die 90° ausgerichtet. Dabei muss darauf geachtet werden, dass das Pferd in diesem Fall auf der rechten Seite „hohl" ist, da ihm so die Linksbewegung und das Übertreten leichter fällt. Auch in diesem Fall wird die Anzahl der verlangten Seitwärtsschritte nur langsam erhöht.

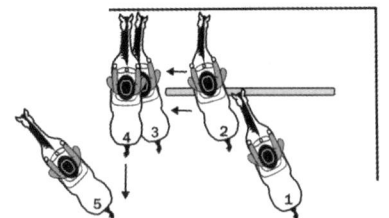 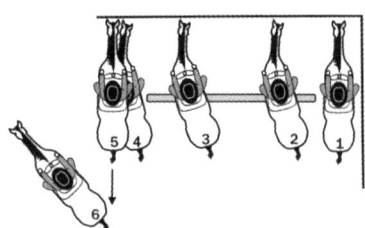

Auch diese Übung wird später mit einer freiliegenden Stange durchgeführt.

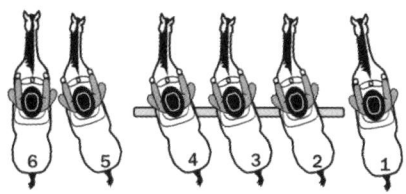

Sidepass im rechten Winkel um die Ecke

Je nach Bewegungsrichtung und Lage der Stangen kann beim Rückwärts-
richten um die Ecke eine Vor- oder Hinterhandwendung erforderlich sein.
Dabei richtet sich der Grad nach dem Winkel der Stangen zueinander.
Bei den folgenden beiden Übungen gilt es für den Reiter zu lernen, wie weit
er an die Ecke heranreiten muss und darf, um die Vor- oder Hinterhand
fehlerlos über den Stangenwinkel führen zu können.
Die erste Übung mit einer Bewegungsrichtung nach links erfordert eine
Hinterhandwendung von 90° nach links*, bei der die Vorhand um den
Stangenwinkel geführt wird.

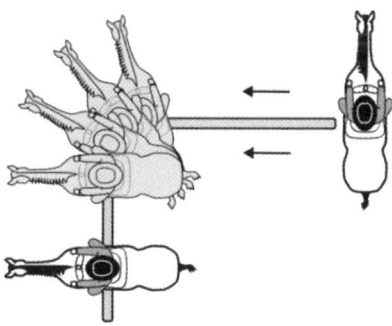

* *Bei Vor-, Mittel- und Hinterhandwendungen gibt die Bewegungsrichtung des Kopfes die
Gesamtbewegungsrichtung an.*

Die zweite Übung erfordert bei gleicher Bewegungsrichtung, eine Vorhand-wendung von 90° nach rechts. Diesmal wird die Hinterhand um den Stan-gewinkel geführt.

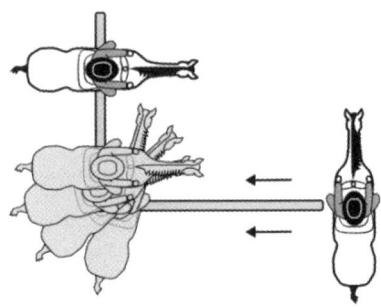

Sidepass über verschieden gewinkelte Stangen

Die Schwierigkeit im spitzwinkligen „V" liegt darin, dass das Pferd möglichst weit in den spitzen Winkel hineingeritten werden muss, um mit der Vor- oder Hinterhand um die Spitze herumlaufen zu können. Je breiter die Hufe umso größer wird jedoch der Abstand zur Spitze. sein.

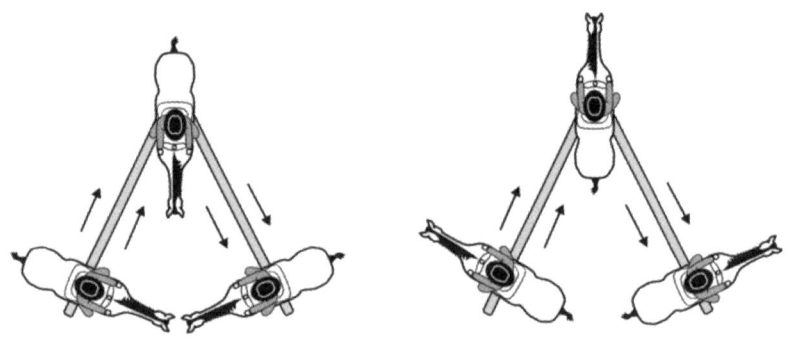

Für ein kurzes Pferd mit breiten Hufen kann ein solches Hindernis problematisch werden. Während phlegmatische Pferde in diesem Hindernis eher dazu neigen, alles „platt zu trampeln", stellt das „V" für sensible Pferde eine große Herausforderung dar. Das zentimetergenaue Setzen der Hufe kann sie nervös werden lassen, so dass sie beginnen aufgeregt hin- und her zu trippeln.

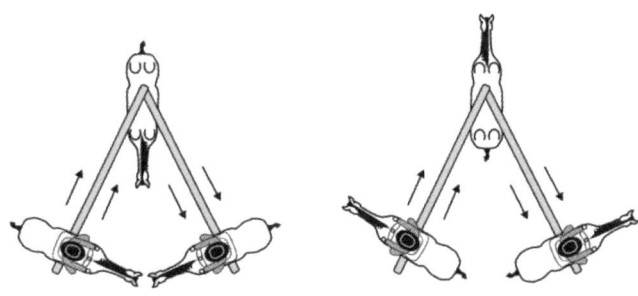

Das folgende Hindernis ist zwar nicht spitzwinkelig, verfügt jedoch über zwei Ecken.

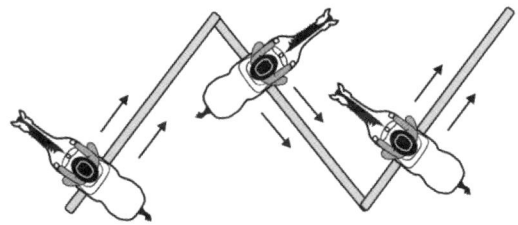

Sidepass „W"

Das „W" fordert nicht nur mit drei Ecken Reiter und Pferd heraus, sondern auch damit, dass je nach Bewegungsrichtung jeweils zwei Vor- und eine Hinterhandwendung oder umgekehrt gefragt sind.
Wichtig ist bei diesem Hindernis, insbesondere am Anfang, möglichst lange Stangen zu verwenden, damit nicht sofort nach einigen Seitwärtsschritten

wieder eine Vor- oder Hinterhandwendung ansteht.

Spätestens diese Übung fordert, dass das Pferd sich die Signale der verschiedenen Schenkellagen verinnerlicht hat: Schenkel am Gurt – seitwärts, Schenkel hinter dem Gurt – Bewegung der Hinterhand, Schenkel vor dem Gurt – Bewegung der Vorhand.

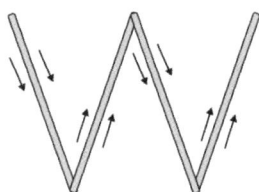

Es empfiehlt sich erst nach und nach das ganze Hindernis zu reiten und solange beim „V" zu bleiben, bis das Pferd genügend Vertrauen in sich selbst entwickelt hat.

Wichtig ist, dass das Pferd nach der Vor- oder Hinterhandbewegung wieder im 90°-Winkel zur jeweiligen Stange steht, bevor die Seitwärtsbewegung eingeleitet wird. Das Anhalten und Verharren nach der Wendung zeigt dem Pferd einmal mehr, dass es auf neue Befehle zu warten hat.

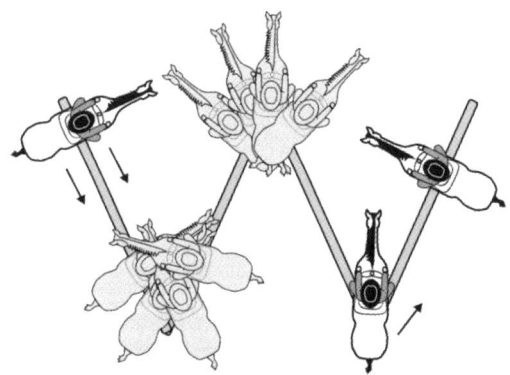

Sidepass mit Drehung

Dieses Sidepass-Hindernis verlangt eine Drehung in der Mitte, die unterschiedlich durchgeführt werden kann.

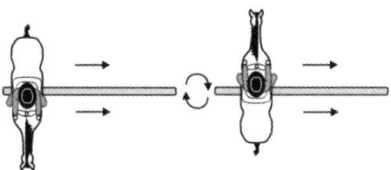

In der ersten Variante zieht der Reiter das Pferd nach vorne heraus und stellt es mit einer Hinterhandwendung parallel zu den Stangen. Er richtet soweit rückwärts, bis er mit der Vorhand die Lücke passieren kann. Das Pferd wird wieder rechtwinklig zu den Stangen ausgerichtet, bevor der Sidepass wieder aufgenommen wird.

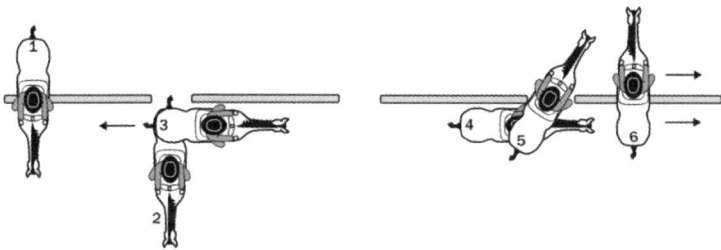

Bei der zweiten Variante wird das Pferd rückwärts aus der Lücke geritten, parallel zu den Stangen ausgerichtet und soweit vorgeritten, dass die Hinterhand in die Lücke eingefädelt werden kann. Nachdem das Pferd wieder im 90°-Winkel zur den Stangen steht, wird der Sidepass fortgesetzt. Zweifelsohne ist die erste Variante die einfachere.

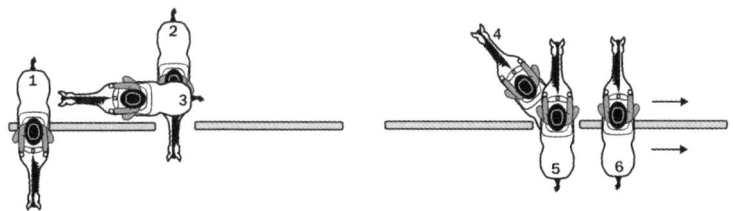

Sidepass über Eck mit Drehung

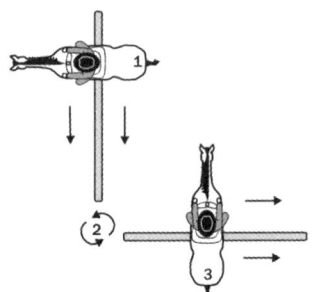

Diese Sidepass-Übung verlangt eine Drehung des Pferdes um 180° an der Lücke zwischen den beiden Stangen.

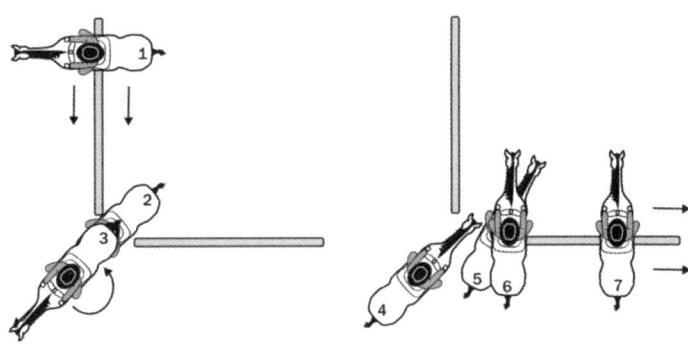

1. Sidepass nach links.
2. An der Lücke eine Hinterhandwendung von 45° nach links, bis das Pferd in der Lücke steht.
3. Vorwärts aus der Lücke reiten, bis sich die Hinterhand außerhalb der Stangen befindet. Das Pferd um 180° wenden.
4. Das Pferd wieder in die Lücke hineinreiten
5. Vorhandwendung nach links, bis das Pferd wieder rechtwinklig zur Stange steht.
6. Sidepass nach rechts

Als Variante wäre es möglich auch rückwärts aus der Lücke zu ziehen, um 180° zu wenden und das Pferd rückwärts wieder in die Lücke einzufädeln.

Sidepass „T"

Das „T" zählt sicherlich zu den schwierigeren Sidepass-Hindernissen. Der Abstand zwischen den Stangen des T-Stücks beträgt 50 bis 60 cm. Laut Regelbüchern ist die Bewegungsrichtung zu Beginn immer rechts. Das sollte man sich merken, falls die Zeichnung oder der Text die Bewegungsrichtung nicht ausdrücklich anders vorgeben.

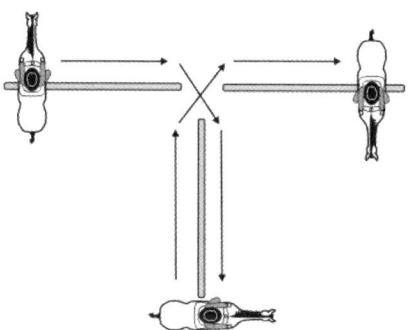

Die Schwierigkeit dieses Hindernisses besteht darin, dass die Distanz zwischen den Stangen im T-Stück sehr gering ist. Zur Richtungsänderung ist zum einen eine Hinterhand- und zum anderen eine Vorhandwendung erforderlich. Dabei müssen die jeweiligen Beinpaare zentimetergenau zwischen den Stangen durch um die Ecke gelotst werden.

„T" von rechts nach links geritten

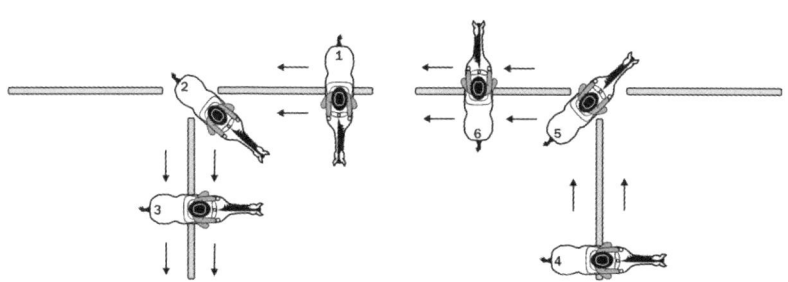

„T" von links nach rechts geritten

Diese Übung wird zwar nach links geritten, die anfängliche Bewegungsrichtung ist jedoch rechts.

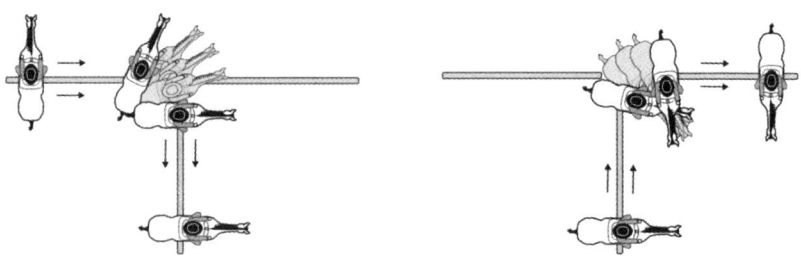

Sidepass zwischen zwei Stangen

Das Einfädeln zwischen zwei Stangen kann sich je nach Abmessung und Größe des Pferdes recht kniffling gestalten. Während die vordere Stange zu sehen ist, muss man die hintere eher erahnen. Die Turniermaße betragen 1,50 bis 2,00 m. Kennt man das Bodenmaß seines Pferdes, kann man sich vorstellen, wie viel Platz zwischen den Hufen und den Stangen bleibt. Beträgt das Bodenmaß des Pferdes 1,30 m, weiß man, dass bei einer Stangendistanz von 1,60 m vor und hinter den Hufen jeweils nur 15 cm bleiben. Da die Nähe der Vorhand zur Stange besser zu überschauen ist, versucht man hier, mit einem möglichst gleichbleibenden Stangenabstand von 10 cm zu reiten, um hinten mehr Platz zu haben.

Ideal ist es, wenn man dieses Hindernis so anreiten kann, dass es möglich ist, direkt neben der Öffnung zu stoppen. Da das im Parcours eher eine Hoffnung als Realität ist, sollte man bereits zuhause, das Anreiten aus ungünstigen Winkeln üben, bei denen man das Pferd erst drehen muss, um es dann genau auszurichten. Bei allen Hindernissen ist es wichtig, immer die ungünstigen Konstellationen mit in Betracht zu ziehen und zu trainieren.

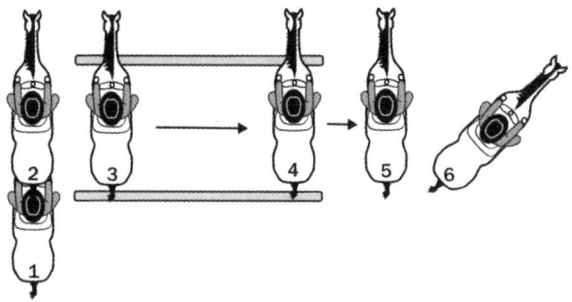

Wer in einem solchen Hindernis ohne Not schräg geht, kommt vielleicht ohne Penaltys durch, muss aber mit Einbußen beim Score rechnen. Ein extrem großes Pferd wird vielleicht nicht darum herumkommen; das wird der Richter sicherlich entsprechend zu werten wissen.

Sidepass zwischen zwei Stangen um die Ecke

Die eleganteste Lösung bei beiden Übungen ist, mit der Vor- bzw. Hinterhand knapp hinter den Stangen der ersten Passage zu stoppen und dann eine Vor- bzw. Hinterhandwendung vorzunehmen.

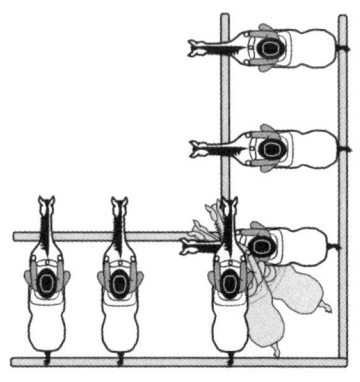
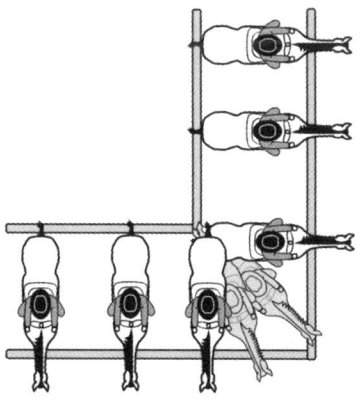

Sidepass zwischen zwei Stangen mit Drehung

Die 360°-Wendung sollte als Mittelhand-Wendung in einem Fluss geritten werden.

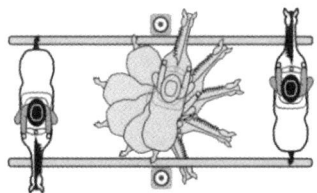

Sidepass zwischen zwei Stangen mit Drehung in der Ecke

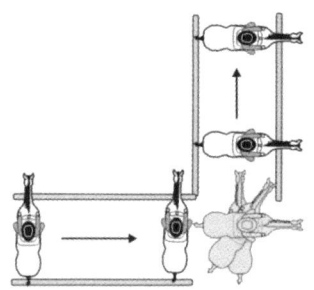

Die hier geforderte 90°-Wendung besitzt keinen allzu hohen Schwierigkeitsgrad, da die Stangen nicht geschlossen sind.
Das Problem besteht eher im erneuten Einfädeln.

Sidepass zwischen zwei Stangen mit Mittelstange

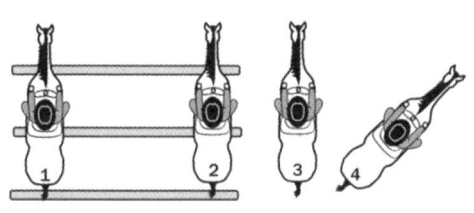

Es gilt zwar in diesem Hindernis auf drei Stangen zu achten, doch wenn die Mittelstange korrekt geritten wird, dürften weder die hintere noch die vordere Stange Schwierigkeiten bereiten.

Dazu muss der Reiter genau wissen, an welcher Position des Pferdes die Stange mittig zwischen den beiden Beinpaaren unter ihm liegen muss.

Sidepass zwischen zwei Stangen mit Mittelstange um die Ecke

Diese Übung wird ähnlich geritten, wie der Sidepass zwischen zwei Stangen mit Mittelstange. Doch hier gilt es, sich nach der 90°-Wendung über der Mittelstange wieder so einzufädeln, dass sie wieder mittig zwischen den beiden Beinpaaren platziert ist.

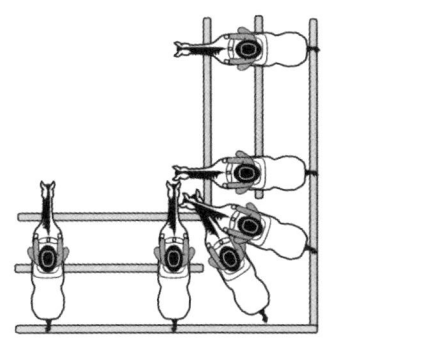 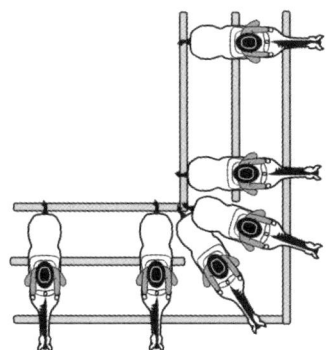

Zwei Stangen mit Mittelstange und Drehung

Generell ist diese Übung auf die gleiche Art und Weise zu reiten, wie die beiden Varianten von „Sidepass mit Drehung". Erschwerend ist hierbei, dass die beiden äußeren Stangen bei der Drehung das Vor- oder Rückwärts reiten begrenzen. Auch dieses Hindernis bietet zwei Möglichkeiten für die Drehung.

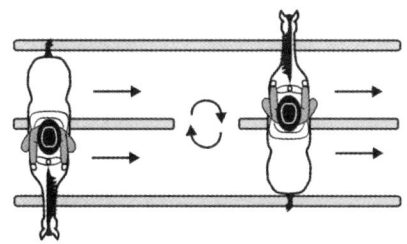

Der horizontale Abstand zwischen den beiden Mittelstangen ist in den Regelbüchern nicht festgeschrieben.

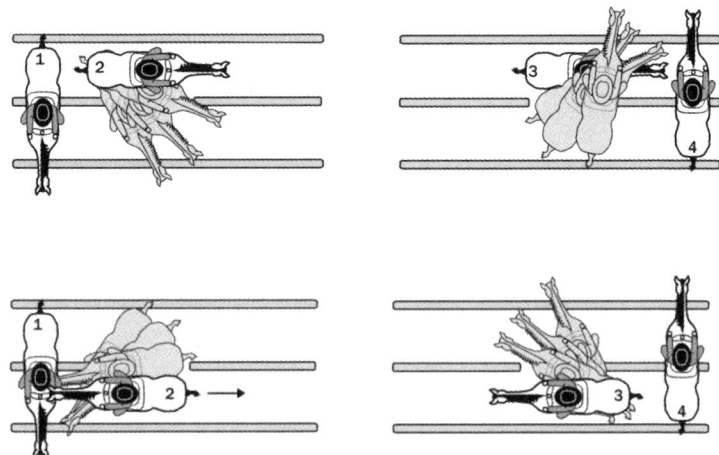

Sidepass mit Vor- oder Hinterhand zwischen Stangen

Der Sidepass mit der Vor- oder Hinterhand zwischen zwei Stangen ist eine recht diffizile Angelegenheit, die man nur mit Pferden angehen sollte, die bereits ausreichend mit der Stangenarbeit vertraut sind und in Engpässen nicht übermäßig nervös werden. Ist der Spielraum beim Sidepass über eine allein liegende Stange nach vorne und hinten recht groß, bleibt hier durch die Begrenzung nur wenig Spielraum für die Hufe. Im Turniersport beträgt der Abstand zwischen den Stangen 40 bis 60 cm.

Das absolut exakte Anreiten ist daher ein wichtiger Schlüssel, dieses Hindernis erfolgreich zu bewältigen. Am einfachsten ist es, wenn der Weg es gestattet, das Hindernis vorwärts anzureiten und direkt neben der Stangenöffnung mit der Vor- oder Hinterhand anzuhalten. In anderen Fällen muss das Pferd häufig gedreht werden, um in die richtige Position zu gelangen.

Die wichtigste Orientierungslinie beim Einfädeln der Vorderhand ist die vordere Stange.

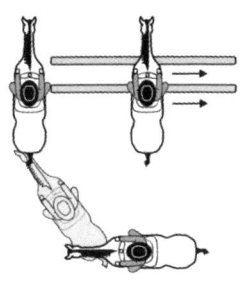

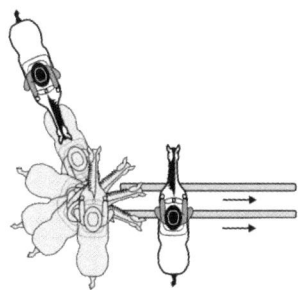

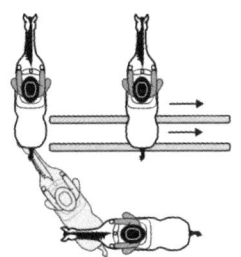

Noch schwieriger gestaltet sich das Einfädeln der Hinterhufe, da man fast nichts sehen kann. Deshalb sollte der Reiter wissen, wo genau sich die Hufe unter seinem Pferd befinden, wenn es alle Beine gleichmäßig belastet. Eher rassebedingt mehr untergestellt oder sogar etwas nach hinten ausgestellt?

Um für den Parcours gewappnet zu sein, empfiehlt es sich, auch bei diesem Hindernis, die verschiedenen Anreitmöglichkeiten bereits zuhause durchzuspielen.

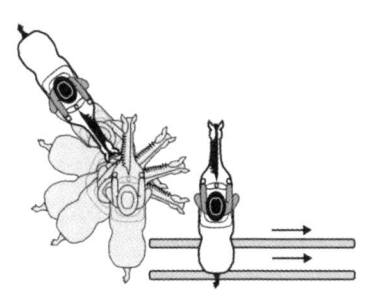

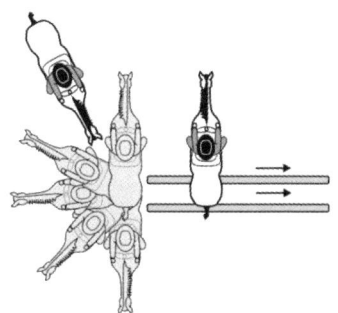

Um das Training abwechslungsreicher zu gestalten, kann man, sobald das Pferd beide Varianten beherrscht, zuerst mit der Vorhand zwischen den Stangen seitwärts nach rechts gehen und direkt anschließend mit der Hinterhand zwischen den Stangen nach links. Oder eine Volte reiten und in die entgegen gesetzte Richtung zurückzugehen.

Um in dieses Hindernis möglichst viel Ruhe hineinzubringen, ist es sinnvoll, gelegentlich beim Training nach zwei oder drei Schritten im Hindernis kurze Zeit zu verharren, um erst dann mit der Übung fortzufahren.

Gamaschen und Glocken können beim anfänglichen Sidepass-Training
Verletzungen vorbeugen!

Back-Up – Rückwärtsrichten

Das Back-Trough gehört zu den Pflicht-Hindernissen im Parcours und lässt durch seine vielen Variationsmöglichkeiten einen großen Ideen-Spielraum. Auch der Geländereiter profitiert von den erlernten Fertigkeiten, die dieses Hindernis erfordert, um aus unangenehmen Situationen unbeschadet wieder heraus zu kommen. So manch einer ist schon mal in eine schmale Sackgasse geraten, wohlmöglich noch durch Stacheldraht begrenzt, aus der er sich nur rückwärts wieder hinausmanövrieren konnte.

Im Parcours soll ein rückwärts zu bewältigendes Hindernis flüssig, aber nicht eilig in gleichbleibender Geschwindigkeit passiert werden. Das Anhalten – alle vier Beine stehen auf dem Boden – vor und im Hindernis empfiehlt sich nur dann, wenn es unumgänglich ist, um einen Fehler zu vermeiden. Stehenbleiben kann einen niedrigen Score nach sich ziehen, insbesondere dann, wenn es aufgrund der Schwierigkeit des Hindernisses nicht nötig wäre. Generell davon ausgenommen sind Stopps, die erforderlich sind, um das Pferd durch eine Drehung in eine neue Bewegungsrichtung zu bringen.

Grundvoraussetzungen, um einfache Back-Up-Hindernisse bewältigen zu können, sind: gerades Rückwärtsrichten und gute Kontrolle der Vor- und Hinterhand. Wie auch in anderen Steuerungs-Hindernissen kontrollieren maßgeblich die Hände über die Zügel die Vorderhand und die Schenkel die Hinterhand.

Rückwärtsrichten auf gebogener Linie, wie es auf höherem Turnierlevel erwünscht ist, verlangt nach einem sehr gut gymnastizierten Pferd. Bis dahin müssen die erforderlichen Richtungsänderungen durch Verschieben der Längsachse des Pferdes, also geschicktes manövrieren der Vor- und Hinterhand im Wechsel vorgenommen werden. Dazu sollte das Pferd auf jeden Fall das Kommando „Whoa" oder ein anderes Stimmkommando zum bedingungslosen Anhalten beherrschen. Das sind alles Fähigkeiten, die durch entsprechende Vorübungen erworben oder verfeinert werden sollten. Genau wie bei anderen Steuerungs-Hindernissen sollte ständiges rechts und links Heruntersehen, um festzustellen, wo sich die Stangen oder Pylonen und die Pferdebeine befinden, vermieden werden. Auch wenn es grundsätzlich erlaubt ist. Es genügt meist die eine Seite im Auge zu behalten, um den Abstand zur anderen Seite zu kennen.

Häufig ist zu beobachten, dass der Reiter dem Kopf folgend die Schulterhaltung massiv verändert und sich nach rechts oder links im Sattel neigt, was zu einer ungleichen Belastung der Sitzknochen führt. Bei einem sensiblen oder noch nicht sehr erfahrenen Pferd kann diese Gewichtsverlagerung das Tier erheblich irritieren, sodass es mit Vor- oder Hinterhand nach rechts oder links ausschwenkt. Lang trainierte Pferde sind hingegen meist in der Lage, solche Bewegungen von echten Hilfen unterscheiden zu können.

Der noch nicht so geübte Reiter wird sicherlich anfangs häufiger herunter sehen müssen, um herauszufinden, wieviel Platz ihm bleibt, um ein bestimmte Aktion durchzuführen oder das Pferd zu korrigieren. Deshalb sollte er selbst auch ausreichend gymnastiziert sein (→ Gymnastik für den Reiter), um das möglichst ohne Veränderung seiner Sitzhaltung und Schenkellage bewerkstelligen zu können. Wer das noch nicht beherrscht, sollte auf jeden Fall sein Pferd, bevor er hinunterschaut, anhalten.

Das Pferd soll prinzipiell im Back-Through keinen Schritt weiter rückwärtsgehen, als vom Reiter verlangt. Macht es einen unerlaubten Schritt, muss es energisch gestoppt werden. Gerade bei jungen und unerfahrenen Pferden ist in solchen Situationen das Durchgreifen wichtig, wenn sie beginnen die Führung zu übernehmen. Man kann nach dem Stopp bis zehn zählen und dann mit dem Hindernis fortfahren oder das Hindernis nach vorne vorwärts verlassen und erneut anreiten.

Bei einem erfahreneren Pferd besteht die Gefahr, dass es langsam zwei oder drei Schritte macht, um dann nach dem „Ich-weiß-was-ich- soll-Prinzip" wie eine Rakete rückwärts durch das Hindernis zu schießen. Am sinnvollsten ist es hier, das Pferd notfalls auch mit einem strafenden Knuff der Absätze sofort zu stoppen und das Hindernis vorwärts zu verlassen. Sobald sich das Pferd den Hilfen wieder zugänglich zeigt, kann das Hindernis erneut angeritten werden.

Keinesfalls sollte ein komplettes Manöver, das zwei- oder dreimal geklappt hat, immer wieder durchritten werden. Das führt zu Frustration oder Langeweile oder ängstigt ein sensibles Pferd sogar. Während man bei Trail-Neulingen eher bestimmte Abläufe durch Wiederholungen vertiefen muss, sollte man erfahrenen Pferden immer wieder neue Varianten anbieten, wie variable Kombi-Hindernisse, so dass das Pferd nie genau weiß, wohin der Weg führt.

Das Anhalten nach dem Rückwärtsrichten sollte im Parcours erst dann erfolgen, wenn das Pferd ganz aus dem Hindernis heraus ist und man problemlos abwenden kann, um sich dem nächsten Hindernis zuzuwenden. Wären dafür zusätzliche Tritte erforderlich, kann sich das im Score niederschlagen.

Bei einem Back-Up-Hindernis, das nicht das rückwärts Herausreiten verlangt, sondern eine andere Richtung vorgibt, darf die imaginäre End-Linie zwischen den Stangen nicht überschritten werden. Das führt zu hohen Penaltys.

Ob die Steuerung im Hindernis über Schenkel, Zügel oder beides gleichzeitig vorgenommen wird, hängt vom Pferd und seinem Ausbildungsstand ab. Um in einem Rückwärts-Hindernis und auch anderen Hindernissen generell eine gute Kontrolle über die Hinterhand zu haben, sollte im Trail beim Rückwärtsrichten auf einen Entlastungssitz verzichtet werden.

Rückwärtsrichten zwischen Stangen

Die Turniermaße sehen für eine Stangengasse das Mindestmaß von 70 cm (z. B. DQHA/AQHA), bzw. 100 cm (EWU) vor. Für unerfahrene Pferde müssen die Gassen zu Beginn des Trainings wesentlich breiter gelegt werden. Erst mit zunehmender Vertrautheit kann auf die Turniermaße hingearbeitet werden. Bewältigt das Pferd eine breite Gasse problemlos, beendet man das Training mit diesem Erfolgserlebnis. Erst jeweils beim nächsten Mal legt man die Stangengasse minimal enger, bis die erwünschten Maße erreicht sind.

Jedes Steuerungs-Hindernis verlangt nicht nur willige Mitarbeit vom Pferd, sondern vom Reiter jeden einzelnen Schritt des Pferdes exakt steuern zu können. Beim Back-Up durch Stangen oder Pylonen kommt erschwerend hinzu, dass das Pferd Gegenstände in bestimmten Bereichen hinter sich nur schlecht oder gar nicht sehen kann. Daher muss der Reiter versuchen, wie auch bei anderen Hindernissen, das Objekt mit den Augen des Pferdes

zu sehen. (→ Das Pferd und seine Sinne)

Anfangs „wedeln" unerfahrene Pferde häufig mit dem Hintern, wenn sie eingefädelt werden sollen. Sie wissen, dass sich etwas hinter ihnen befindet, können es aber gar nicht oder nur unscharf, bzw. zweidimensional erkennen. Das Pferd muss deshalb dieses Hindernis dem Reiter und seinen Hilfen vertrauend bewältigen. Macht man es dem Pferd am Anfang so leicht wie möglich, kann es das entsprechende Vertrauen aufbauen. Dazu gehören am Anfang großzügig gelegte Stangenabstände.

Wie in den folgenden Grafiken dargestellt, kann das Pferd durch einfache Steigerung der Anforderung optimal an das Rückwärtsrichten in einer Stangengasse gewöhnt werden. Im ersten Schritt wird die Gasse einfach nur nach vorne durchritten, damit sich das Pferd mit den rechts und links liegenden Stangen vertraut machen kann.

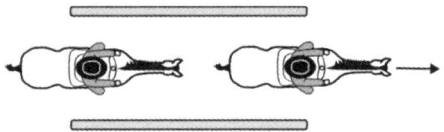

Im zweiten Schritt reitet man nur ein wenig in die Gasse hinein, damit der Weg rückwärts hinaus kurz ist. Außerdem stößt das Pferd, sollte es aus Unsicherheit ausschwenken, mit der Hinterhand nicht sofort an.

Das Pferd wird im Verlauf des Trainings immer weiter, bis hin zur imaginären Endlinie in die Gasse hinein- und wieder hinausgeritten.

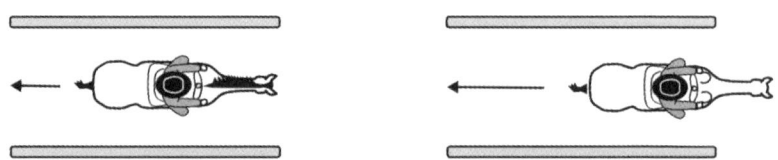

Schlussendlich verringert man den Stangenabstand und reitet das Pferd so nah wie möglich an die jetzt eingelegte quer liegende Endstange heran. Anschließend wird das Hindernis rückwärts wieder verlassen.

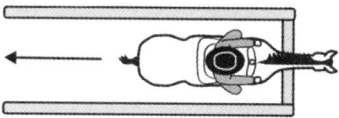

Sollte das Pferd zwischen den Stangen nicht gerade bleiben, muss es auf jeden Fall angehalten und korrigiert werden. Zu Beginn des Trainings sollte das Pferd alle drei Schritte angehalten werden. Dann lässt man es kurz stehen und fährt mit der Arbeit fort. So empfindet das Pferd das Anhalten nicht als Fehler, der es nervös machen könnte.
Es ist empfehlenswert, das Pferd auch nach der Bewältigung des Back-Through kurz stehen zu lassen, damit es nachdenken kann. Dadurch lernt es darauf zu warten, was es als nächstes tun soll.

Das Einfädeln in ein Back-Through

Wie auch bei anderen Hindernissen, ist das optimale Anreiten von großer Bedeutung. Um in die richtige Position für einen problemlosen Start in ein Back-Through-Hindernis zu gelangen, gibt es mehrere Möglichkeiten. Sie richten sich entweder nach dem Können des Pferdes, dann kann der Reiter bestimmen, wie er anreitet oder aber der Weg ist durch das Pattern vorgegeben. Der Reiter sollte, wenn er die Wahl hat, die Variante bevorzugen, die das Pferd flüssig ausführen kann. Trainiert werden sollten sicherheitshalber alle Möglichkeiten.
Nachdem das Pferd durch die Methode des vorwärts in die Gasse Hineinreitens mit dem Rückwärtsrichten vertraut gemacht wurde, sollte der Schwierigkeitsgrad erhöht und das Pferd in die Stangengasse rückwärts eingefädelt werden. Ein Vorgang, der dem Pferd anfangs unheimlich sein kann,

da es nach hinten nur begrenzte Sicht hat. Es hilft dem Pferd, Vertrauen aufzubauen, wenn es auch jetzt nur zwei oder drei Schritte rückwärtsgehen muss. Es wird danach angehalten, ausgiebig gelobt und wieder nach vorne herausgeritten. Diese Übung lehrt das Pferd, nicht selbständig weiter in das Hindernis hineingehen zu wollen, sondern auf die Hilfe des Reiters zu warten. Selbst wenn es nur wenige Schritte sind, sollte man darauf achten, dass das Pferd möglichst gerade rückwärtsgeht.

Besonders zu Beginn dieser Einfädelungs-Übung driften Pferde aus Unsicherheit gerne nach rechts oder links ab und stoßen an die Stange. In dem Fall sollte man nicht nur ruhig bleiben, sondern wieder zwei oder drei Schritte nach vorne reiten und erneut mit der Einfädel-Übung beginnen.

Vor dem Einfädeln muss das Pferd erst einmal in Position gebracht werden. Die im Folgenden gezeigten Beispiele lassen sich ebenfalls auf Back-Through-Hindernisse mit Pylonen anwenden. Wichtig ist bei allen Varianten, den jeweils passenden Abstand zum Hindernis zu wählen, damit die Hinterhand nach der Drehung möglichst nah an der Öffnung steht.

Das erste Beispiel zeigt eine Hinterhandwendung um 180°. Die Vorhand muss beim Stopp möglichst nah an der Öffnung stehen, aber genug Abstand zu den Stangen haben, um bei der Drehung nicht anzustoßen.

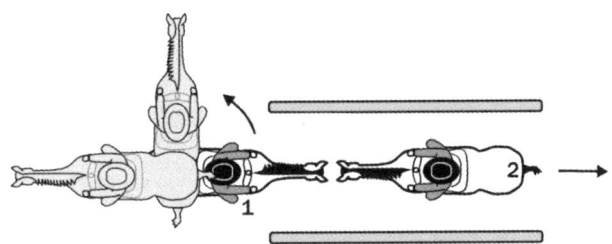

Wählt man dagegen eine Vorhandwendung um 180°, muss man sehr genau einschätzen, wieviel Platz benötigt wird, um die Stangen nicht mit der Hinterhand zu touchieren oder nach der Drehung zu weit weg von der Öffnung zu stehen. Dabei ist ebenfalls die Kenntnis des Bodenmaßes hilfreich.

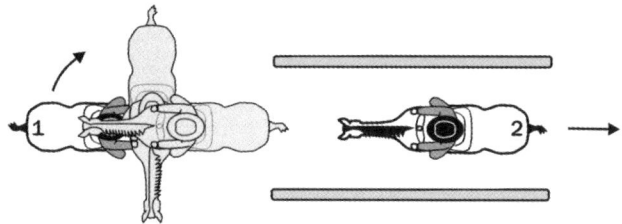

Eine weitere Möglichkeit ist eine Mittelhandwendung vor der Stangengasse.

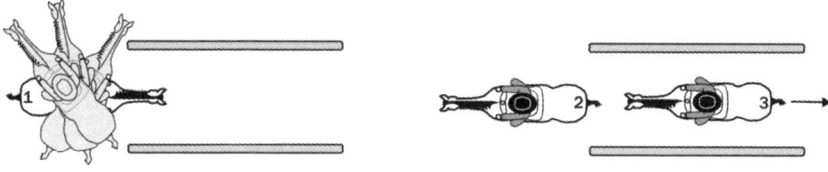

Bei der letzten Variante reitet man seitlich an die Öffnung der Stangengasse heran. Diese Möglichkeit sollte keinesfalls vernachlässigt werden, kann sie doch im Parcours in Verbindung mit einem Sidepass verlangt werden.

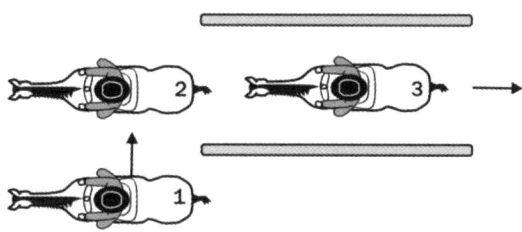

Das Stangen-„L" und seine Abwandlungen

Das „L" rückwärts nach rechts und links bewältigen zu können, ist ein Muss für jedes Trail-Pferd und eine Grundübung für alle Abwandlungen. Wie jedes andere Hindernis sollte es in beide Richtungen trainiert werden.

Nachdem das Pferd das Rückwärtsrichten zwischen zwei Stangen gelernt hat, kann es mittels einer Begrenzung, Wand oder Zaun, auf das „L" vorbereitet werden.

Um festzustellen, wie weit das Pferd bis zum Richtungswechsel rückwärts gerichtet werden kann, schaut der Reiter über seine innere Schulter auf Hinterhand und Wand. Später auf die querliegenden Stangen. Es sieht nicht nur unschön aus, wenn der Reiter in Hindernissen wechselseitig mal nach rechts und mal nach links schaut, sondern beeinträchtigt auch den ruhigen Sitz. Die Schultern des Reiters sollten beim rückwärts Herabsehen ihre Position nicht ändern, sondern ihren 90°-Winkel zur Achse des Pferdes beibehalten.

Die folgende Grundübung besteht aus vier Bewegungen: geradeaus rückwärtsrichten bis zur Wand – Hinterhand einschwenken – Vorderhand ausrichten und das Pferd parallel zur Wand stellen – geradeaus rückwärtsrichten neben der Wand.

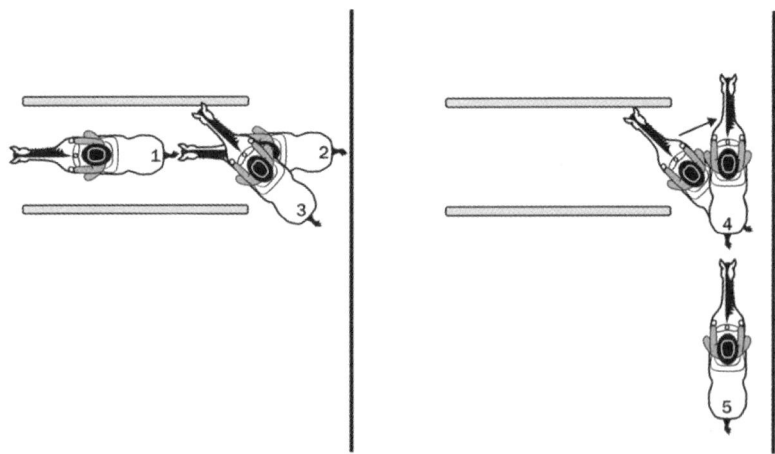

Ebenso wie für alle anderen Übungen gilt es hier, das Pferd nach erfolgreicher Bewältigung des Hindernisses kurz stehen zu lassen, damit es verinnerlichen kann, was es gemacht hat. Diese Pause nach der Arbeit zeigt ihm dazu, dass es alles richtig gemacht hat.
Im nächsten Schritt wird das Pferd mit dem rechtwinklig gelegten „L" vertraut gemacht.

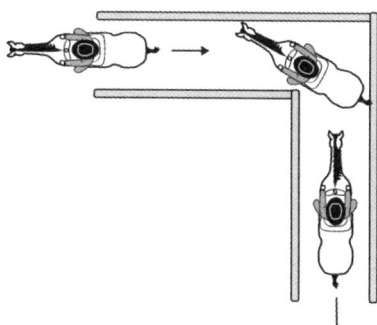

Wichtig ist in diesen Hindernissen am richtigen Punkt zu stoppen. Steht die Hinterhand zu nah an der Querstange, kann man durch leichtes vorlehnen des Oberkörpers das Pferd veranlassen einen Schritt wieder vorwärts zu gehen. Je enger das „L" oder verwandte Hindernisse gelegt sind, umso zentimetergenauer muss der Reiter das Pferd steuern. Eine Zügelhilfe ist häufig dezenter als eine Schenkelhilfe, insbesondere bei einem sensiblen Pferd.
Während des Rückwärtsrichtens muss bei jedem Schritt darauf geachtet werden, dass das Pferd möglichst mittig parallel zur Stange läuft. Ist die Ecke überwunden, darf man das Pferd keinesfalls vor lauter Freude darüber unkontrolliert rückwärts aus dem Hindernis herauslaufen lassen.
Wie jedes andere Hindernis auch, müssen auch diese Schritt für Schritt trainiert werden, um das Antizipieren zu verhindern. Nimmt das Pferd einen Rückwärtsschritt vorweg, hält man es an und reitet es wieder zwei/drei Schritte vorwärts, anstatt es nur anzuhalten. So lernt das Pferd auf Hilfen zu warten. Erst später wird das Ganze zu einer fließenden Bewegung wie sie im Parcours gewünscht wird, zusammengefügt.

In diesem Stangen-„V" gestaltet sich die Drehung etwas komplizierter, da der spitze Winkel den Drehbereich wesentlich mehr eingrenzt.

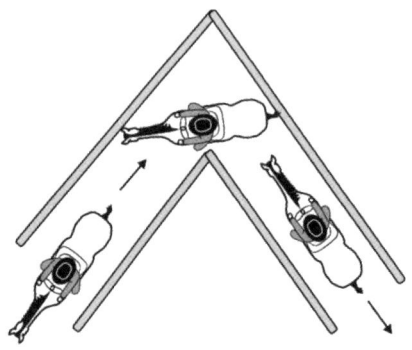

Das Stangen-„U"

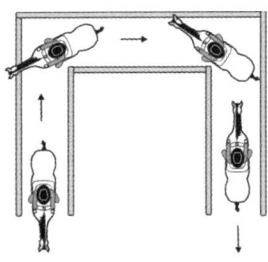

Die Methode beim Stangen-„U" ist zwar grundsätzlich die gleiche, wie beim „L", enthält jedoch zwei Winkel, die je nachdem wie die Stangen gelegt wurden differieren können.

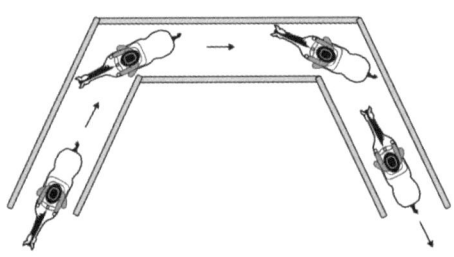

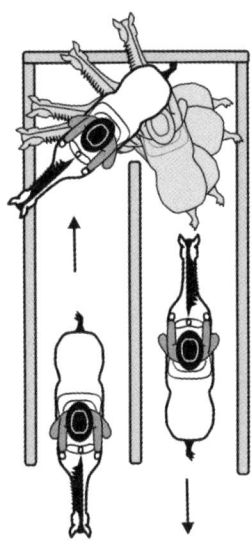

Die schwierigste Variante des „U" ist sicherlich diese, bei der auf engstem Raum eine 180°-Wendung durchgeführt werden muss. Schritt für Schritt müssen Vorhand und Hinterhand abwechselnd ausgerichtet werden, um weder an die außen liegende Stange noch an die querliegende Innenstange anzustoßen. Eine Übung, die man nur mit einem Pferd angehen sollte, das die leichteren „U"-Varianten bereits beherrscht.

Das Stangen-„Z"

Das „Z" enthält wie das „U" zwei Wendungen, die in verschiedenen Winkeln gelegt werden können. Das „Z", im stumpfen Winkel oder rechtwinklig gelegt, dürfte keine große Herausforderung sein, wenn das Pferd das rechtwinklig gelegte „L" und „U" gut bewältigen kann. Behutsam sollte man sich von einfachen Varianten zu den schwierigeren vortasten.

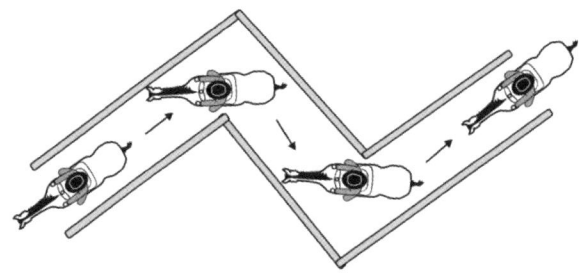

Dieses Beispiel verlangt zwei Richtungsänderungen mit eingegrenztem Drehbereich, wie sie im „V" enthalten sind.

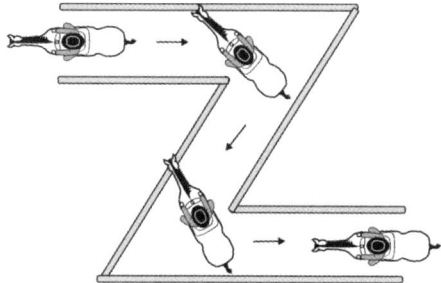

Im Training empfiehlt es sich häufiger die Winkel und Form des „L's" abzuwandeln und zu verändern, wenn das Pferd mit den verschiedenen Varianten vertraut ist. So wird immer wieder sein Interesse neu geweckt und das Vorwegnehmen der Schritte verhindert.

Back-Up zwischen Pylonen

Wesentlich schwieriger ist es rückwärts zwischen Pylonen zu reiten, als in Stangen-Hindernissen, da keine leitenden Linien vorhanden sind, sondern nur einzelne Orientierungspunkte. Die Anzahl der Pylonen variiert zwischen Drei und Sechs.

Zu Beginn des Trainings empfiehlt es sich mit drei Pylonen zu beginnen, bevor das Schlüsselloch mit seinen sechs Pylonen in Angriff genommen wird. Wie auch bei den Stangen ist es hilfreich, das Pylonen-Hindernis zuerst einmal vorwärts zu bewältigen, damit das Pferd sich damit vertraut machen kann. Die hintere Abgrenzungsstange kann vorerst mit großzügigem Abstand zur Pylone gelegt werden, bis das Pferd gelernt hat, die hintere Pylone in einem kleinen Kreis zu umrunden.

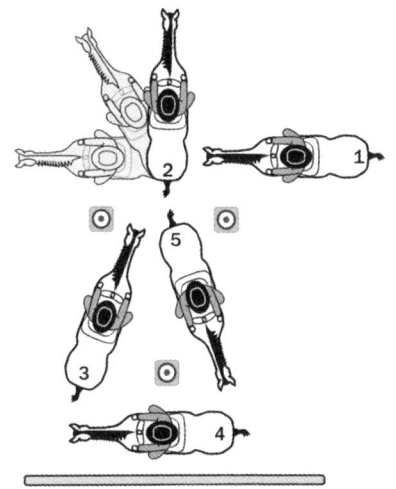

Das Hindernis wird so angeritten, dass die Hinterhand mittig vor den beiden Pylonen steht. Mit einer Hinterhandwendung positioniert der Reiter sein Pferd genau vor der Öffnung des Hindernisses. Schritt für Schritt wird das Pferd mit einer leichten Schrägstellung rückwärts gerichtet, bis es mit der Hinterhand kurz vor der Stange steht. Mittels einer Drehung auf der Hinterhand wird das Pferd parallel zur Stange gestellt und anschließend Rückwärts gerichtet.

Hat die Vorhand die Pylone passiert, wird mit einer Vorhandwendung die Hinterhand auf die beiden Ausgangspylonen ausgerichtet. Das Pferd wird, sobald es die Pylone ganz passiert hat, wieder gerade gestellt und rückwärts aus dem Hindernis herausgeführt.

Das Schlüsselloch

Das Schlüsselloch sieht für den, dem dieses Hindernis zum ersten Mal begegnet und sei es auch nur als Zuschauer, verwirrend aus, da es nur auf eine bestimmte Art und Weise geritten werden soll. Ob das Schlüsselloch jedoch von der rechten oder der linken Öffnung her begonnen wird, bestimmt auf einem Turnier das Pattern.

Der Reiter reitet das Hindernis so an, dass er mit der Hinterhand möglichst mittig vor den ersten beiden zu passierenden Pylonen steht. Nach einer Hinterhandwendung wird das Pferd Schritt für Schritt mit einer leichten Schrägstellung rückwärts gerichtet, so dass sich das Pferd automatisch zwischen den beiden dahinter stehenden Pylonen einfädeln kann.

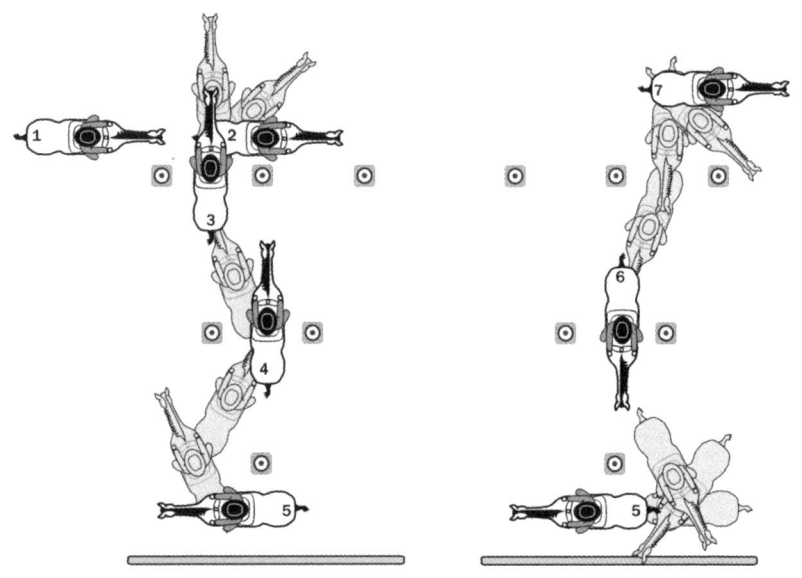

Erst wenn die Hinterhand die beiden Pylonen passiert hat, wird das Pferd wieder gerade gestellt und rückwärts gerichtet, bis sich die Vorhand zwischen dem Pylonenpaar befindet. Erst dann wird die Hinterhand auf den Kurs in Richtung der letzten Pylone gebracht und rückwärts gerichtet, bis das Pferd mit der Hinterhand kurz vor der Stange steht. Mittels einer Hinterhandwendung wird das Pferd parallel zur Stange gestellt und anschließend rückwärts gerichtet, bis die Vorhand die Pylone passiert hat. Nach einer Vorhandwendung wird das Pferd wieder auf die Mitte des Pylonenpaars ausgerichtet. Der Reiter verlässt das Hindernis durch die zweite Öffnung.

Zu frühe Richtungsänderungen in diesem Hindernis können dazu führen, dass die Pylonen unter dem Bauch des Pferdes verschwinden, was Penaltys nach sich zieht. Insbesondere beim Reiten um die letzte Pylone muss darauf geachtet werden, dass die Hinterhand nicht herumschwingt und die Pylone, auch für den Reiter unsichtbar, unter den Bauch des Pferdes gerät.

Ein fortgeschrittenes Pferd-Reiter-Team kann die Umrundung der letzten Pylone in einer Kurve reiten, sollte jedoch dazu die im folgenden Kapitel aufgezeigten Übungen problemlos bewältigen können.

Back-Up zwischen Pylonen und Stangen

Eine ebenfalls häufiger verwendete Variante des Rückwärtsrichtens zwischen Pylonen ist die in Verbindung mit mehreren begrenzenden Stangen, ob nun rechtwinklig oder gerade gelegt.

Während das erste Beispiel durch reine Bewegung der Vor- oder Hinterhand zwischen den Rückwärtsphasen bewältigt werden kann, verlangt das zweite Beispiel, will man die Übung flüssig absolvieren, ein gebogenes Pferd.

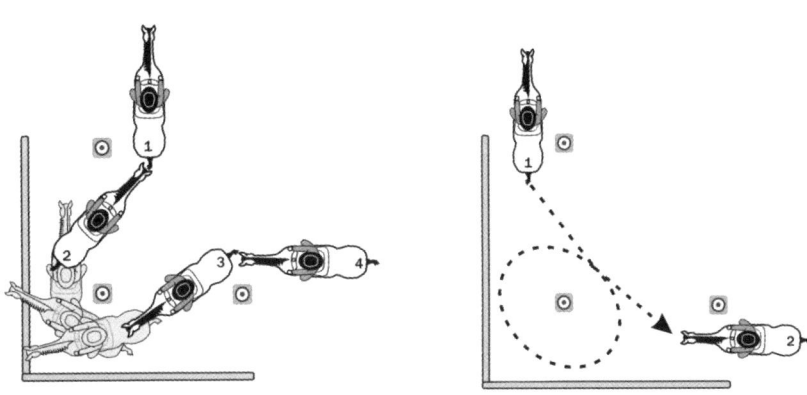

Eine solche Biegung erfordert ein hohes Maß an Gymnastizierung und Übung beim rückwärtigen Umreiten von Pylonen. Deshalb sollte man das Training dafür mit einer freistehenden Pylone beginnen.

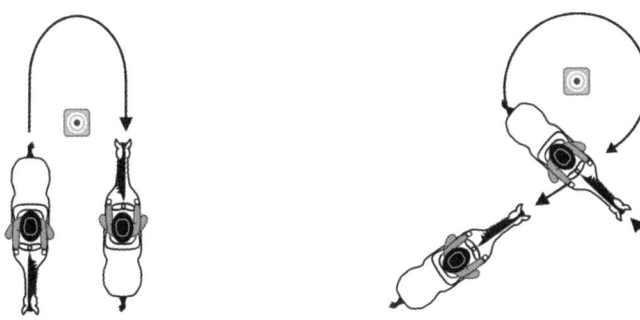

Das folgende Hindernis wird durch abwechselnde Verschiebung der Vor- und Hinterhand geritten oder durch das gebogene Rückwärtsreiten, wenn das Pferd so weit ausgebildet ist. Das ist jedoch keineswegs erforderlich. Werden die Richtungswechsel flüssig vorgenommen, reicht die wechselnde Verschiebung der Vor- und Hinterhand vollständig aus.

Anfangs sollten die Abstände sehr großzügig bemessen sein. Mindestens 1,50 m zwischen Pylone und Stange und 2 m zwischen den Pylonen. Erst nach und nach sollten die Abstände zwischen Pylonen und Stangen bis auf die Turniermaße verringert werden.

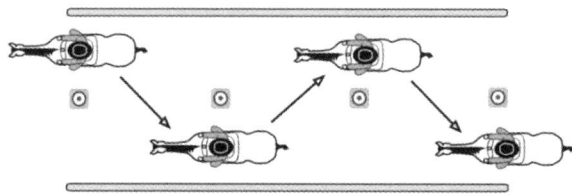

Wie schon bei den vorherigen Übungen wird das Pferd mittels Vor- und Hinterhandwendungen ausgerichtet, dazwischen gerade rückwärts geritten und anschließend wieder durch die Pylonen geführt.

Wichtig ist, dass die jeweilige Pylone weit genug passiert wird, bevor der Richtungswechsel vorgenommen wird. Sonst besteht die Gefahr, dass die Pylone unter dem Bauch des Pferdes verschwindet.

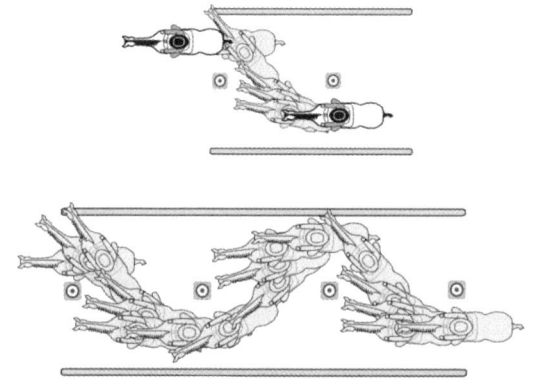

Sonstige Steuerungs-Hindernisse

Turn-Around-Box – Stangen-Quadrat

Das Viereck, kurz Box genannt, ist heute fast in jedem Trail-Parcours zu finden. Neben dem Durchreiten in verschiedenen Gangarten können auch Wendungen mit verschieden hohen Gradzahlen verlangt werden. Das Turniermaß für dieses Hindernis liegt zwischen 1,80 m bis 2,13 m. Zu Anfang des Trainings, insbesondere bei einem größeren Pferd, sollten die Maße äußerst großzügig verlängert werden. Es kann einige Zeit dauern, bis das Pferd in der Lage ist, fehlerfrei in einer Box mit Minimalgröße zu drehen. Wirklich routinierte Pferde schieben sogar von selbst die Beine zusammen, um nicht anzustoßen. Erst wenn das Pferd verstanden hat, was von ihm in der Box verlangt wird, kann begonnen werden, die Maße zu verringern. Im späteren täglichen Training empfiehlt sich eine 2-Meter-Distanz, da sie sich auch zum Durchreiten in allen Gangarten eignet.

Kaum ein anderes Hindernis hat sich in Bezug auf die erwünschte Wendung so sehr verändert wie die Box. Früher galt für die Box: einreiten – kurz anhalten – Mittelhand-Wendung – kurz anhalten – rausreiten. Die heute bevorzugte Ausführung bei einer 360°-Drehung ist eine Art Minivolte in schöner Innenstellung mit zügiger Bewältigung inklusive des Ein- und Ausritts. Inwieweit das tatsächlich ausführbar ist, hängt von den Abmessungen der jeweiligen Box, der Größe des Pferdes und seines Ausbildungsstandes ab.

Im Training sollte man auf jeden Fall solange am alten Prinzip festhalten, bis sich alles nach und nach zu einem reibungslosen Bewegungsablauf entwickelt hat. Es empfiehlt sich, nur dann die Minivolte zu zeigen, wenn man sie wirklich beherrscht und die Größe des Pferdes in Relation zur Boxgröße das gestattet.

Das Einreiten in die Box erfordert punktgenaues Anhalten. Das heißt, bevor ein Vorderfuß aus dem Viereck hinaustritt und sobald sich auch das letzte Hinterbein im Quadrat befindet. Kommt das „Whoa" zu früh, setzt das Pferd evtl. den Hinterfuß noch außen vor der Stange ab oder touchiert die Stange beim Absetzen.

Um ein sicheres Gefühl für diese Situation zu entwickeln, sollte das punktgenaue Anhalten in der Box trainiert werden. Das kann wieder durch Zählen erreicht werden, bis sich das entsprechende Gefühl dafür eingestellt hat. Dabei ist es hilfreich fünf Meter vor der Box eine Pylone als Startpunkt aufzustellen und ab dort beim Anreiten in Richtung Hindernis im Schritt-Takt „1-2-3-4" zu zählen. Nach zwei-oder dreimaligem Durchreiten der Box wird beim nächsten Anreiten bis zum Hindernis leise gezählt und ab dem ersten Auffußen in der Box laut: „1-2-3-4", dann wieder leise weiterzählen. Beim nächsten Mal wollen wir stoppen. Jetzt zählen wir in der Box: „1-2-3-Whoa". Die Reaktionszeit erfordert die „4" durch das „Whoa" zu ersetzen.

Noch schwieriger wird es, in der kleinen Box zu stoppen, wenn das Anreiten im Trab verlangt wird. Jetzt zählen wir in der Box: „1-2-1-Whoa". Jedes Vorderbein fußt in der Box zweimal auf.

Wichtig ist, dass das Pferd den Schwung bis zuletzt behält, sonst schlurt es evtl. mit der Hinterhand über die Stange oder fällt sogar aus der Gangart. Um das Vorwegnehmen des Stopps zu verhindern, sollte man nicht jedes Mal stoppen, sondern häufiger einfach durchreiten.

Die Mittelhandwendung

Die Mittelhandwendung in der Box eignet sich gut, um das Pferd mit der Drehung in begrenztem Bereich vertraut zu machen. Sie ist eine gute Übung, um in Gefahrensituationen, zum Beispiel im Gelände, das Pferd auf engstem Raum wenden zu können.

Drehungen auf minimaler Fläche verlangen eine Mittelhandwendung, auch Flaschendrehung genannt, bei der sich das Pferd um seine eigene Mitte dreht. Dabei bewegen sich Vor- und Hinterhand während des Drehens gleichzeitig. Bei einer reinen Vor- oder Hinterhandwendung wäre der Radius um den jeweiligen Drehpunkt in der Box zu groß und das Pferd würde über die Stangen hinaus treten.

Am einfachsten lässt sich diese Mittelhandwendung reiten, indem man sich vorstellt, auf einem Bürodrehstuhl zu sitzen und diesen entweder nach rechts oder links drehen zu wollen. Noch plastischer in der Vorstellung: eine Stange führt durch den Kopf des Reiters durch das Pferd in den Boden. Um diese Stange soll sich das Pferd drehen, ohne dass es die Möglichkeit hat, nach vorne oder hinten wegzutreten.

Bei der Drehung nach rechts liegt der linke Schenkel weiter vorn und beeinflusst die Vorhand, sich nach rechts zu bewegen. Der rechte Schenkel befindet sich etwas weiter hinten und hält die Hinterhand in Bewegung. Wichtig ist dabei, dass der Reiter wirklich aufgerichtet und gerade sitzt, trotzdem in die Bewegungsrichtung schaut und jederzeit Kontakt zum Pferdemaul hat, um zu verhindern, dass das Pferd sich in eine unerwünschte Richtung bewegt.

Anfangs empfiehlt es sich, um das Pferd nicht zu überfordern, mit einer viertel Drehung zu beginnen. Im Anschluss daran kann man nach ausgiebigem Loben entweder das Hindernis verlassen oder auch nach kurzer Denk- und Lobpause für das Pferd weiter drehen. Insbesondere sensiblere Pferde gewinnen so eher Vertrauen zu dem Hindernis, da sie durch das Lob wissen, dass sie nichts falsch machen.

Nach und nach kann eine stufenweise Steigerung des Drehwinkels bis zu einer flüssigen 360°-Wendung erfolgen. Die Umdrehung sollte mal nach rechts und mal nach links erfolgen, damit sich das Pferd nicht angewöhnt, die Übung ohne Zutun des Reiters nach dem „Ich-weiß-schon-was-kommt-Prinzip" in eine bestimmte Richtung auszuführen. Zudem kann die Box von allen Seiten angeritten werden.

Um eine Box fehlerfrei absolvieren zu können, sollte man die Relation der Box-Innenmaße zum Bodenmaß seines Pferdes kennen. Das hat nicht immer etwas mit Rahmengröße der Pferde zu tun. Pferde gleicher Höhe und Länge können durchaus ein unterschiedliches Bodenmaß haben, wenn ihre Hinterhand rassebedingt weiter untergestellt oder weiter ausgestellt ist. Die Westernpferderassen weisen meist eine etwas mehr untergestellte Hinterhand aus.

Die folgenden Grafiken zeigen den jeweiligen Drehradius bei verschieden großen Pferden, bzw. bei Pferden mit verschiedenem Bodenmaß.

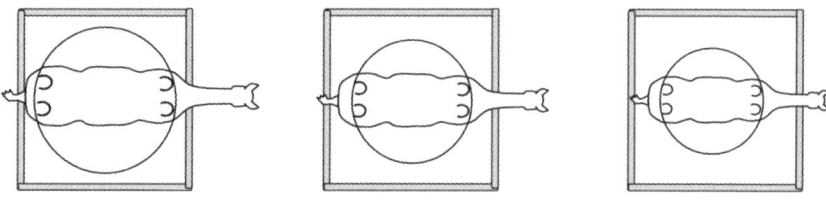

Für eine optimale Ausgangsposition zur Durchführung einer Mittelhandwendung ist es wichtig, mittig im Quadrat zu stehen, sowohl in Bezug auf die vordere und hintere Stange, als auch auf beide Seiten. Dazu teilt man das Quadrat in drei Sektionen ein.

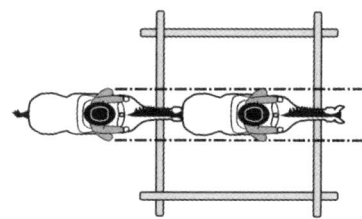

Aus der Mitte des Quadrats heraus wird nun die Mittelhandwendung ausgeführt. Entweder in einem dem Trainingstand des Pferdes angemessenen Winkel oder um 360°.

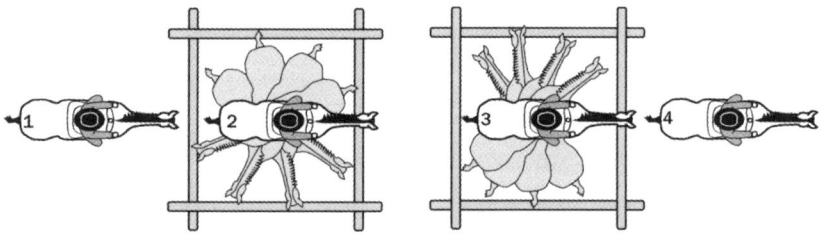

Ob die Drehung nach rechts oder links erfolgt, regelt das Pattern. Im Parcours wird das Hindernis anschließend in der vorgeschriebenen Richtung verlassen. Dazu sollte das Pferd ebenso Square (→ Square) stehen wie zu Beginn der Drehung. Damit beim Verlassen der Box kein Stangenfehler passiert, sollte das Pferd auf die unmittelbar vor seinen Füßen liegende Stange aufmerksam gemacht werden. Steht das Pferd zu nah an der Stange, muss es notgedrungen einen halben oder einen Schritt rückwärts gerichtet werden. Das wird zwar den Manöver-Score beeinträchtigen, doch Penaltys fürs Anstoßen bringen höhere Abzüge.

Zudem kann man sobald die beiden Vorderfüße draußen sind, den Po leicht heben, um die Hinterhand zu entlasten. Das wird allerdings nicht bei allen Verbänden gerne gesehen.

Die Box in höheren Leistungsklassen

In den hohen Leistungsklassen ist es heute erforderlich, um Pluspunkte herauszureiten, das gesamte Hindernis „wie aus einem Guss" zu absolvieren. Das heißt: direkt in die Drehung hineinreiten – drehen – direkt wieder rausreiten. Das Drehen soll am langen Zügel flüssig vonstattengehen, so schnell es ohne Fehler eben möglich ist.

Als Vorbereitung auf diese Art Minivolte ist die folgende Vorübung hilfreich. Zwei im rechten Winkel gelegte Stangen begrenzen das Pferd an zwei Seiten. Die als Mittelpunkt der Volte dienende Pylone wird bei fortschreitender Ausbildung immer näher an die Stangen herangerückt, sodass der Kreis zunehmend kleiner wird.

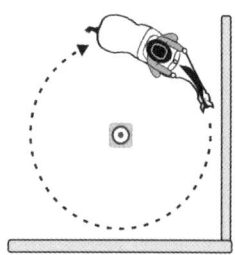 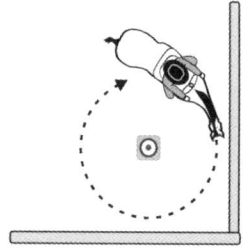 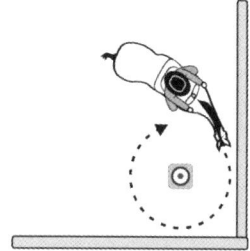

Klappt diese Übung gut, kann man mit dem Viereck fortfahren. Die Box sollte in diesem Stadium noch großzügig bemessen sein. Diese Übung und die Mittelhandwendung sollen jetzt zu einer Bewegung verschmelzen. Doch vorerst gilt es, in der Box einen optimalen Ausgangspunkt zu finden. Diesmal reiten wir in das linke Segment ein, wenn nach rechts gedreht werden soll.

Es ist nicht fehlerhaft, schräg über die erste Stange in die Box einzureiten, um eine optimale Ausgangsposition für die jeweilige Drehung nach rechts oder links zu erhalten. Die diagonale Überquerung der Stange ist jedoch schwieriger und birgt eine höhere Gefahr anzustoßen und Fehlerpunkte zu kassieren.

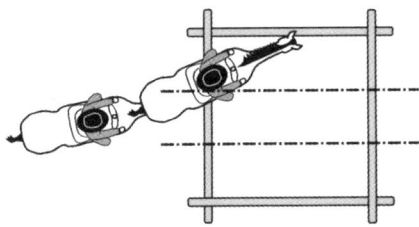

Man benötigt vier Schritte, um in die Box hineinzukommen, wobei sich der letzte oder die beiden letzten schon in der Biegungsphase befinden. Der kniffeligste Punkt ist der, wenn sich das letzte Hinterbein noch in der Luft befindet und das Pferd bereits in die enge Biegung gelenkt wird. Durch die stärkere Steuerung kann leicht die Gleichmäßigkeit verloren gehen.

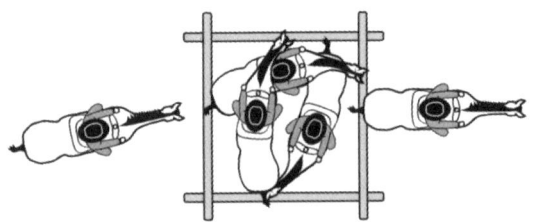

Das Pferd darf bei dieser Drehung nicht aus dem Fluss kommen. Alle Beine sollen sich gleichmäßig vorwärts bewegen. Der Reiter sollte den Kopf in die Bewegungsrichtung drehen und nicht auf die Stangen oder bereits auf den Ausgangspunkt schauen.

Verlangt das Pattern ein Einreiten im Trab, sollte man besser die Mitte der Box anvisieren und dann aus dem Stand in eine flüssige Bewegung kommen, um Fehler zu vermeiden. Das Gleiche gilt, wenn unmittelbar vor dem Viereck Stangen liegen. In dem Fall ist es sinnvoll der Ideallinie der Logs zu folgen.

Beim Training sollte man anfangs nicht mehr als eine Volte hintereinander reiten und auch die Bewegungsrichtung immer wieder ändern. Dazu empfiehlt es sich, nach der Volte in der Box gelegentlich anzuhalten, damit das Pferd sich nicht angewöhnt, alleine raus zu laufen. Zwischen den Übungen tut es dem Pferd gut, zur Auflockerung ein oder zwei Runden geradeausgestellt traben oder galoppieren zu dürfen.

Das schräge Hinausreiten, um auf ein weiter entferntes Hindernis, das rechts oder links vom Viereck liegt, zuzusteuern, ist nicht fehlerhaft, aber riskant. Sicherer wäre es, das Hindernis gerade zu verlassen und erst, wenn der letzte Fuß aus dem Hindernis raus ist, die Richtung zu ändern.

Wie man den Einritt und Ausritt auf dem Turnier handhabt, richtet sich hauptsächlich nach dem jeweiligen Pattern und dem Ausbildungsstand des Pferdes. Es macht wenig Sinn, Dinge die zuhause nicht klappen, auf dem Turnier auszuprobieren. Lieber an einem Hindernis vorsichtig reiten, als auf einen höheren Score zu spekulieren und dafür über Penaltys Punkte zu verlieren.

Lime Circle – Vor- und Hinterhand-Wendungen

Der sogenannte Lime Circle verlangt eine Vor- oder Hinterhandwendung. Dabei befinden sich die Vorderbeine bzw. die Hinterbeine in einem Kreis oder einem aus Stangen gelegten kleinen Quadrat oder Dreieck.

Früher wurden dafür Autoreifen benutzt. Aufgrund von dadurch verursachten Verletzungen wenn Pferde zurückzogen und mit den Beinen in den Reifen hängen blieben oder in Panik gerieten, werden sie nur noch selten verwendet und sind bei den meisten Verbänden verboten.

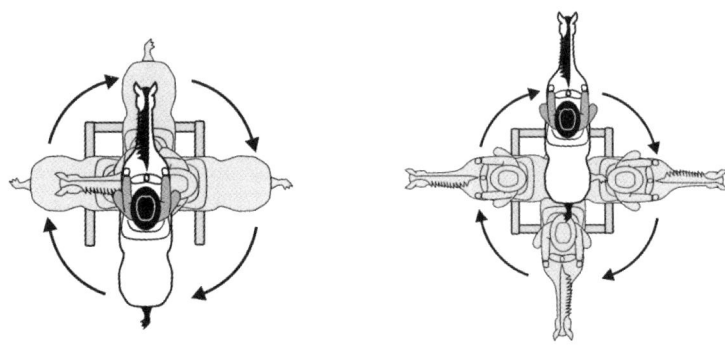

Je nach Größe des Vierecks oder Dreiecks bewegt sich die Vor- oder Hinterhand auf der gleichen Stelle oder falls erforderlich, einen Schritt nach vorne, hinten oder zur Seite, um das Hindernis ohne anzustoßen bewältigen zu können.

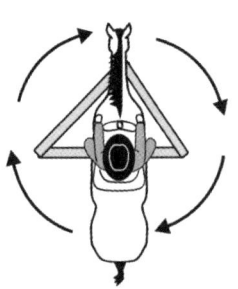
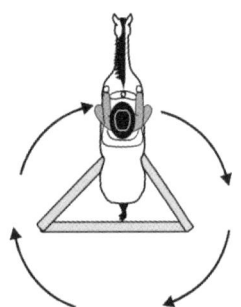

Sidepass-Back-Up-Kombinationen

Das Stangen-„U" bietet sich für interessante Kombinations-Übungen an. In den ersten beiden Fällen werden Back-Up und Sidepass mit erschwerender Mittelstange und im zweiten Fall noch einer zusätzlichen Drehung miteinander kombiniert.

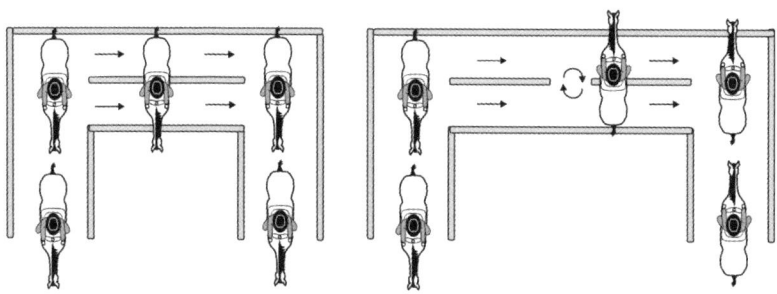

Bei der folgenden Übung wird das Hindernis vorwärts betreten. Die Erschwernis liegt in diesem Fall darin, dass es sich um ein Trot-In oder Lope-In handelt.

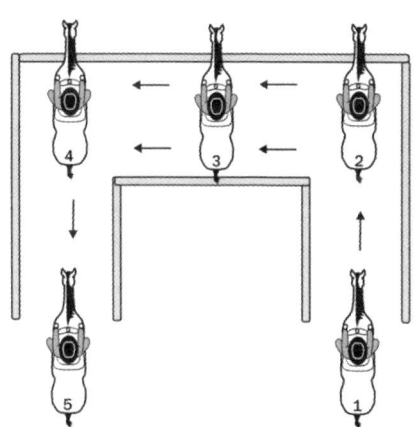

Das Hindernis wird im Trab oder Galopp betreten und erfordert präzises Anhalten vor der Querstange. Wer zu viel Schwung hat oder womöglich Sliding-Eisen unterm Pferd, könnte leicht über die Stange treten und hohe Penaltys kassieren. Wer zur früh stoppt, muss im Schritt nachbessern, um in eine passende Position zum Seitwärtsrichten zu gelangen. Letzteres führt zu einer schlechteren Bewertung im Manöver-Score.

Daher gilt es herauszufinden, wie lang der „Bremsweg" bei angemessenem Einrittempo ist.

In dieser Kombination, bei der das „U" in allen Gangarten über die Quer-stange betreten werden kann, gilt es vor der imaginären Stangen-Endlinie zu stoppen. Je höher das Tempo umso schwieriger.

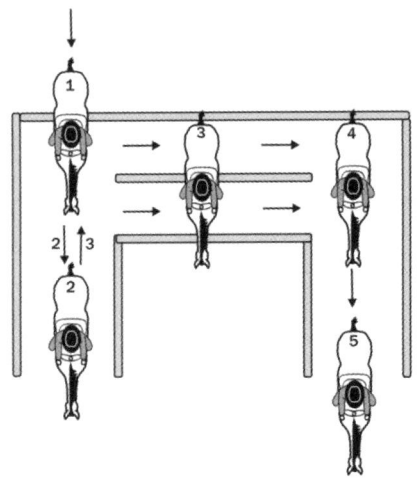

Das Tor

Das Tor gehört zwar zu den Steuerungs-Hindernissen, kann jedoch mit kaum einem anderen Hindernis im Parcours verglichen werden. Als klassisches Trail-Hindernis und Pflichthindernis bei allen Verbänden wird es aufgrund seiner Komplexität und Wichtigkeit im Parcours in einem eigenen Kapitel behandelt. Es stammt aus dem Alltag der Cowboys, die bei ihrer Arbeit vom Pferd aus, häufig Tore öffnen müssen, ohne Rinder dabei „entwischen" zu lassen.

Das Tor wird von vielen Reitern zu den schwierigsten Hindernissen gezählt, da nicht nur die Technik des Öffnens und Schließens des Tores ohne es loszulassen ausschlagegebend ist, sondern ebenso das „Wie". Am Tor zeigen sich Geduld und Gehorsam eines Pferdes sehr schnell. Die Durchlässigkeit des Pferdes ist gefragt, um alle notwenigen Manöver am Tor in flüssigen Bewegungen bewältigen zu können. Zudem darf keinem Tier einer imaginären Rinderherde die Möglichkeit gegeben werden, zwischen Pferd und Tor durchzuschlüpfen. Deshalb sollte der Reiter mit seinem Pferd immer die Lücke in der Toröffnung abdecken.

Das Pferd sollte am Tor stets so positioniert werden, dass der Reiter möglichst ohne sich aus dem Sattel zur Seite beugen zu müssen, den Torverschluss und den Torflügel händeln kann. Ein Reiter, der sich deutlich aus dem Sattel lehnen muss, um das Tor zu öffnen, vermittelt dem Richter den Eindruck, dass er nicht in der Lage ist, sein Pferd in die korrekte Position zu bringen. Ein Reiter der krampfhaft mit langen Arm das Tor festhält, um es nicht zu verlieren, wird ebenso kaum auf Pluspunkte hoffen können. Erwünscht ist ein Pferd, das zuverlässig reagiert, sich problemlos in Position reiten lässt und auch beim Schließen an den Hilfen bleibt und nicht vom Tor wegdrängt. Jeder Reiter sollte sich bewusst machen, nur wer das Pferd unter Kontrolle hat, hat auch das Tor unter Kontrolle.

Wo sich das Tor im Parcours befindet, am Anfang, am Ende oder in der Mitte ist nicht vorgeschrieben und richtet sich gelegentlich nach den örtlichen Gegebenheiten. Wie beispielsweise in einem fest angelegten Trail-Parcours, bei dem man sich selbst rein- oder rauslassen muss.

Es gibt insgesamt vier (acht) Varianten zur Bewältigung des Tores. Zwei Vorwärtsmöglichkeiten, zwei Rückwärtsmöglichkeiten, bei der jeweils einmal das Tor aufgezogen und einmal aufgedrückt wird. Berücksichtigt man die Tatsache, dass das Tor jeweils von rechts oder links angeritten wird, kommt man auf acht Möglichkeiten.

Wenn das Trail-Pattern nichts Näheres angibt, ist es dem Reiter überlassen, in welcher Variante er das Tor passiert. Manchmal ist lediglich die Richtung, zu der das Tor geöffnet werden soll, angegeben oder ob es vorwärts oder rückwärts bewältigt werden soll. Sind Vorwärts oder Rückwarts und zusätzlich Aufdrücken oder Aufschieben vorgeschrieben, gibt das eine bestimmte Torvariante vor.

Bei kleineren Turnieren in den Freizeitreiter- oder Einsteigerklassen schreibt das Pattern in der Regel nicht vor, welche Variante geritten werden soll. Deshalb kann der zukünftige Trailreiter getrost mit der einfachsten Vorwärtsversion im Training anfangen. Die nächste Variante sollte erst dann in das Trainingsprogramm aufgenommen werden, wenn die erste Variante verinnerlicht wurde.

Da jedes Tor anders zu handhaben ist, sollte man sich die Platzierung des Tors im Parcours genau ansehen, um vorher zu wissen, wie man es am geschicktesten anreitet, um es wie vorgeschrieben öffnen zu können. In modernen Parcours ist anstatt eines Tores mit einem schwingenden Torflügel heute häufiger ein Seil als Torverschluss zu finden.

Fehler, die zu Beginn des Tor-Trainings gemacht werden, können dazu führen, dass ein Pferd nie wieder an ein Tor herangeht oder versucht, dieses Hindernis möglichst eilig, wie ein aufgeschrecktes Huhn, zu bewältigen. Deshalb sollte beim Anfangstraining immer ein Helfer bereitstehen, der das Tor in Position hält, wenn der Reiter zur Korrektur beide Zügelhände benötigt.

Bei keinem anderen Hindernis gerät der Reiter so schnell in die Situation einer falschen Schwerpunktverlagerung, die in diesem Fall in der Regel dazu führt, dass sich das Pferd vom Tor weg, anstatt zum Tor hin, bewegt.

Und der Arm ward lang und länger,
und der Blick ward bang und bänger......

Daher muss nicht nur das Pferd ruhig und ausgeglichen sein, sondern der Reiter selbst muss in Balance sitzen und genau auf seine Gewichtshilfen und seine Beine achten. Das setzt voraus, seine Körperteile unabhängig voneinander bewegen zu können. (→ Gymnastik für den Reiter)

Am Tor werden Seit- und Rückwärtsgänge sowie Drehung um Vor- und Hinterhand verlangt. Erst wenn das im normalen Training kein Problem darstellt, kann mit Tor-Übungen begonnen werden.

Ebenso sollte das „Whoa" oder ein anderes Kommando zum bedingungslosen Anhalten dem Pferd vertraut sein. Denn am Tor ist es wie bei allen anderen Hindernissen von großer Wichtigkeit, das Pferd jederzeit anhalten zu können, um Fehler zu vermeiden. Auch das Stillstehen am langen Zügel zum Öffnen und Schließen des Tores will geübt sein.

Es ist sinnvoll sich die Bewegungsabläufe der einzelnen Varianten am Tor erst einmal „trocken" mit Stangen und Pylonen zu verinnerlichen. Alle Bewegungen sollten dabei zuerst mit beidhändiger Zügelführung geübt werden, insbesondere bei jungen Pferden, die noch im Snaffle-Bit oder mit Bosal geritten werden. Erst wenn das problemlos klappt, wird im nächsten Schritt die Übung mit der am Tor unabdingbaren einhändigen Zügelführung wiederholt. Die Zügel werden dazu in eine Hand genommen und zwar in der Länge, dass der Reiter falls erforderlich, gute Einwirkungsmöglichkeiten über den Zügel hat. Pferde, die nach dem „Ich-weiß-schon-was-kommt-Prinzip" agieren, müssen unbedingt sofort korrigiert werden.

Der Torflügel beschreibt mit seinem beweglichen Ende einen Halbkreis. Das wirkt auf manche Pferde beängstigend. Sie fühlen sich vom Tor verfolgt oder bedroht und springen zur Seite oder hasten durch die Torlücke, weil sie sich in der Gasse fürchten. Die entsprechende Gelassenheit und Akzeptanz muss man durch vertrauensbildende Wiederholungen erarbeiten, indem man, falls erforderlich jeden Part des Tores einzeln übt. Anfangs ist es absolut unerheblich, wie groß die Torlücke zum Durchreiten ist. Das Verkleinern und Abdecken ergibt sich erst mit fortgeschrittenem Training.

Selbst auf hochklassigen Turnieren ist immer wieder zu beobachten, dass Reiter bei der Wendung um den Torflügel mit dem Knie dahinter hängen bleiben und der Bewegungsfluss dadurch unterbrochen wird. Deshalb sollte der Reiter von Anfang an danach trachten, genau zu wissen, wie weit er am Flügel vorreiten muss, um das zu verhindern.

Ist das Pferd mit dem heimischen Tor vertraut, sollte man es durch interessante Accessoires verändern, um das Pferd zuhause auf fremde Tore vorzubereiten. Das kann eine um den Torflügel gewickelte Plastikplane sein, eine bunte Decke, Luftballons am Torflügel oder was immer dafür zur Hand ist.

Das Tor verlangt einhändiges Reiten, da die zweite Hand zur Bedienung des Tores benötigt wird. Dabei ist nicht die einhändige Zügelführung, wie sie das Bit erfordert, gemeint. Die Zügelbrücke wird am Tor lediglich mit einer Hand gehalten, bzw. beim Bosal die beiden Mecate-Zügel in einer Faust.

Einhändige Zügelführung kann aufgrund des Patterns einen Handwechsel erfordern. Deshalb ist dieser am Tor bei allen Verbänden erlaubt. Zum Handwechsel gehört bei einigen Verbänden das Herüberlegen der Zügelenden auf die andere Halsseite. Nach dem Tor muss zurückgewechselt werden, wobei nicht vergessen werden darf, die Zügelenden wieder auf die korrekte Halsseite zu legen.

Anreiten des Tores

Der Anreitweg ist auch beim Tor ein wichtiges Element, denn er entscheidet mit darüber, ob das Pferd punktgenau neben der Toröffnung platziert werden kann. Idealerweise wird das Tor so angesteuert, dass das Pferd aus dem Bewegungsfluss heraus parallel zum Tor gleich an der Stelle angehalten werden kann, von der aus das Tor problemlos ohne große Verrenkungen zu bedienen ist oder zusätzlich Schritte des Pferdes erforderlich wären. Gelegentlich gibt das Pattern vor, von wo aus das Tor, wie anzureiten ist. Ist das Anreiten im Trab vorschrieben, sollte man möglichst auf den Punkt so anhalten, dass man sich in der richtigen Position zum Öffnen befindet, ohne große Korrekturen vornehmen zu müssen.

Unerfahrene Pferde haben zu Beginn manchmal Angst, sich dem Tor zu nähern und parallel daneben zu stellen. Es gibt mehrere Methoden, das Pferd daran zu gewöhnen und muss jeweils individuell gehandhabt werden. Falls es der Platz erlaubt, kann man versuchen, möglichst oft nah am Tor ohne anzuhalten, vorbeizureiten. Wird das Pferd bereits unruhig, wenn es sich dem Tor nähert, sollte man es dort anhalten, wo die Unruhe beginnt, es beruhigen und das Tor anschauen lassen. Danach reitet man einen Bogen und probiert, wenn möglich, näher an das Tor heran zu gelangen.

Ist es gelungen das Pferd an das Tor heranzureiten, aber das Pferd will dort nicht ruhig stehen bleiben, reitet man eine weitere Runde und versucht erneut, das Pferd ruhig neben das Tor zu stellen.

Es ist nicht ratsam, wenn es sich um ein besonders misstrauisches Tier handelt, zu versuchen solange an einem Tag zu üben, bis es klappt. Das könnte sich als kontraproduktiv erweisen. Besser ist es, sich jeden Tag dem Tor ein bisschen mehr zu nähern und das Training bereits nach kleinen Erfolgen zu beenden. Sinnvollerweise legt man diese Übung an den Schluss des täglichen Gesamttrainings.

Hat das Pferd seine Furcht vor dem Tor verloren und stellt sich neben das Tor, lässt man es dort ein wenig ruhig stehen und lobt es ausgiebig. Diese Übung sollte solange wiederholt werden, bis auch ein skeptisches Pferd in dem geschlossenen Tor keine Gefahr mehr sieht.

Stehen am Tor

Als Nächstes muss das Pferd lernen, am Tor ruhig stehen zu bleiben, wenn der Reiter den Torriegel öffnet. Gelegentlich gibt es im Parcours Tore, bei deren Bedienung der Reiter hinab- oder hochgreifen muss oder deren Verschlüsse etwas schwergängig sind. Dabei kann sich die Sitzposition im Sattel ändern, sodass das Pferd das als Aufforderung zur Bewegung auffassen könnte.

Deshalb muss diese Situation trainiert werden. Man stellt das Pferd neben das Tor und bewegt sich im Sattel hin und her. Verändert das Pferd seine Position, wird es korrigiert und an den alten Platz zurückgestellt. Um das Pferd an den Riegel und seine Geräusche zu gewöhnen, legt man die Hand auf das Tor und rüttelt ein wenig daran. Ist das Pferd damit vertraut, öffnet man den Torriegel und schließt ihn wieder. Erschrickt sich das Pferd und weicht aus, wird diese Übung von Anfang an solange wiederholt, bis es sich an das Geräusch gewöhnt hat.

Wie viel Zeit das einzelne Pferd für die Akzeptanz der Vorgänge am Tor benötigt, hängt von seiner Nervenstärke und Willigkeit zur Mitarbeit ab. Sensible Pferde sollte man sehr behutsam mit dem Tor vertraut machen.

Öffnen des Tores

Das Pferd muss lernen, in dieser Phase erstmal regungslos stehen zu bleiben und willig auf die Hilfe zum Durchreiten des Tores zu warten. Es soll sich erst dann bewegen, wenn ein deutliches Signal des Reiters erfolgt.

Vor dem Öffnen werden die Zügel in eine Hand genommen oder die Zügelhand gewechselt und so abgelängt, wie es zur Kontrolle des Pferdes beim Durchreiten erforderlich ist.

Weniger erfahrene Reiter neigen dabei dazu, die Zügel zu stark zu verkürzen, damit das Pferd nicht wegläuft. Gerade das animiert viele Pferde, zu glauben, es ginge jetzt los. Erfolgsversprechender ist nicht nur durch das verbale Kommando zum Anhalten das Stehenbleiben zu fordern, sondern gleichzeitig durch Senken der Zügelhand auf den Mähnenkamm ein Signal zum Stehenbleiben zu geben, während der Torriegel geöffnet wird.

Das leichte Anheben der Hand, verbunden mit einer entsprechenden Hilfe heißt, es geht weiter. Das Pferd verbindet im Laufe des Trainings die Gewichtsveränderung im Zügel mit den geforderten Handlungen. Liegt am Anfang des Trainings die Hand noch auf dem Mähnenkamm auf, muss sie im Lauf des Trainings so minimiert werden, dass die Hand leicht über dem Mähnenkamm schwebt. Denn das Berühren des Pferdes während einer Prüfung ist verboten und zieht Penaltys nach sich.

Versucht das Pferd sich beim Öffnen zu bewegen, wird der Torriegel wieder geschlossen, das Pferd an den alten Platz zurückgestellt und der Riegel erst nach kurzer „Denkpause" des Pferdes wieder geöffnet.

Durch das Tor gehen

Während des Durchgehens sollte alles im Fluss bleiben und nicht unnötig angehalten werden. Hat man das Tor einmal angefasst, darf es nicht wieder losgelassen werden. Es ist jedoch erlaubt, die Hand auf dem Tor vor oder zurück gleiten zu lassen. Dabei darf keinesfalls der Eindruck entstehen, man habe die Kontrolle über das Tor verloren.

Einige Pferde fürchten sich zu Beginn des Trainings zwischen Pfosten und Torflügel durchzugehen. Deshalb sollte man zunächst das Tor wesentlich weiter öffnen, als es zum Durchgehen erforderlich wäre, bis das entsprechende Vertrauen aufgebaut ist. Geht das Pferd in die Passage, hält man es in dieser Position an, damit es sich überzeugen kann, dass keine Gefahr droht.

Es kann anfangs ebenso passieren, dass das Pferd, erleichtert darüber die beängstigende Situation zwischen Pfosten und Torflügel fast bewältigt zu haben, versucht, den Willen des Reiters ignorierend, in Richtung freie Sicht zu eilen. Hält der Reiter in dieser Situation das Tor krampfhaft fest, anstatt es loszulassen und sein Pferd zu korrigieren, ist es sehr wahrscheinlich, dass das Pferd durch die Gewichtsverlagerung noch mehr vom Tor wegdriftet, das sich dabei immer weiter öffnet. Lässt der Reiter den Torflügel in dieser Situation nicht los, könnte er seinem Pferd auch das Tor auf die Hinterhand ziehen. Das zählt sicherlich nicht zu den vertrauensbildenden Maßnahmen bei der Bewältigung des Tores. Ein Helfer, der das Tor hält, kann Abhilfe schaffen.

Auch wenn die Übungen später im kompletten Ablauf erklärt werden, muss gerade das Tor Schritt für Schritt geübt und das Pferd immer wieder angehalten werden, damit es lernt, auf den Reiter zur hören. Einige Pferde drängeln beim Durchgehen nach rechts oder links, so dass sie am Tor anstoßen. In dem Fall sollte man, wenn das Tor nicht selbständig schwingt oder ein Helfer es in Position hält, loslassen und komplett neu anreiten.

Erst wenn alles problemlos klappt, kann das Ziel, den Abstand zwischen Pfosten, Tor und Pferd so minimal wie möglich zu halten, in Angriff genommen werden.

Tor schließen

Hat man das Tor geschlossen, bleibt man wieder stehen, damit das Pferd lernt auf neue Kommandos zu warten. Denn im Parcours heißt es an dieser Stelle: durchatmen und dann das nächste Hindernis anvisieren.

Zum Wegreiten sollte man beim heimischen Training, wenn die Möglichkeit gegeben ist, immer verschiedene Wege wählen.

Mit etwas Geduld und den notwenigen Wiederholungen werden auch sensible Pferde zumindest das eigene Tor gelassen absolvieren. Pferde, die nach dem „Ich-weiß-schon-was-kommt-Prinzip" arbeiten, müssen unbedingt korrigiert werden. Es empfiehlt sich generell, die Tor-Übung abzubrechen und das Tor in Ruhe neu anzureiten, wenn das Pferd beginnt zu antizipieren.

Um der Routine vorzubeugen, sollte das Procedere im Rahmen der Möglichkeiten laufend verändert werden. Beherrscht das Pferd jedoch erst eine einzige Torvariante, ist der Rahmen dafür etwas begrenzter.

Man kann das Tor anreiten, den Verschluss öffnen, wieder schließen und wegreiten. So lernt das Pferd, nicht nach eigenem Gutdünken zu handeln, sondern auf die Befehle des Reiters zu warten.

Eine weitere Möglichkeit ist, die Übung soweit auszuführen, bis das Pferd zwischen Torpfosten und Torflügel steht. Von dort aus rückwärts wieder herausreiten, das Tor schließen und eine große Volte reiten, bevor das Tor neu angeritten wird.

Tor vorwärts aufdrücken

Als erste Torvariante empfiehlt sich, das vorwärts gerittene Aufdrücken des Tores, da ein unerfahrenes Pferd einem Tor, das sich zu ihm hin öffnet, eher ausweicht. Wie bereits vorher angemerkt, ist es sinnvoll sich die Bewegungsabläufe dafür mit beidhändiger Zügelführung erst einmal „trocken" mit Stangen und Pylonen zu verinnerlichen.

Vorübung mit Pylonen

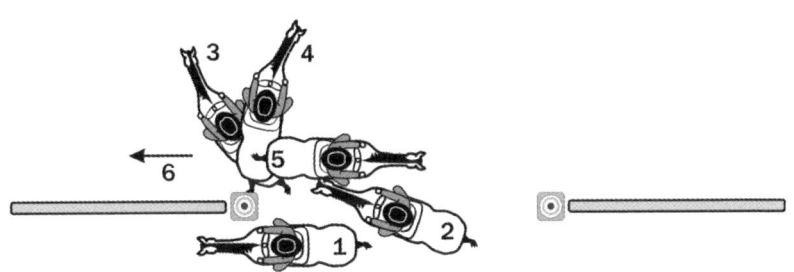

Parallel zum imaginären Tor anreiten und etwa auf Kniehöhe an der Pylone stoppen. Anschließend soweit rückwärts richten, wie es erforderlich wäre, um den Kopf des Pferdes problemlos am Torpfosten vorbeidrehen zu können, wenn das Pferd auf die Toröffnung einschwenkt. Das Pferd drehen, durch das imaginäre Tor reiten und das Pferd parallel zum Tor ausrichten. Anschließend rückwärts richten und wieder auf Kniehöhe stoppen, so dass ein Tor leicht geschlossen werden könnte.

Tor Phase 1

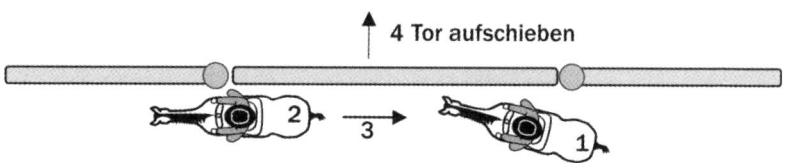

Bei den ersten Übungen am Tor empfiehlt es sich, einen Helfer hinzuzuziehen, der das Tor immer in Position hält. So kann der Reiter, falls erforderlich, wieder beide Hände an die Zügel nehmen, um das Pferd anzuhalten oder eine notwendige Richtungskorrektur vorzunehmen.

Das Pferd wird am Tor so angehalten, dass sich die Öffnung zwischen Torpfosten und Torflügel auf Höhe des Reiterbeines befindet und der Riegel problemlos geöffnet werden kann. Das Pferd wird soweit rückwärts gerichtet, wie es erforderlich ist, um den Kopf des Pferdes problemlos am Torpfosten vorbeizudrehen, wenn das Pferd auf die Toröffnung einschwenkt. Dabei gleitet die Hand auf dem Torflügel nach hinten. Jetzt wird das Tor aufgeschoben.

Tor Phase 2

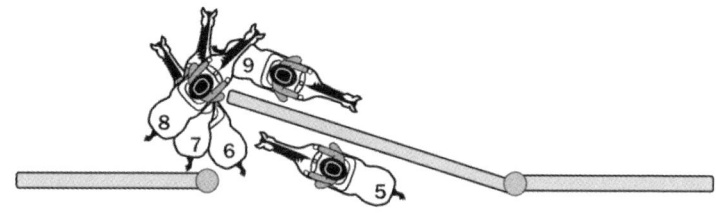

Die Toröffnung wird passiert. Während der Drehung um das Ende des Türflügels sollte sich das Reiterbein stets auf dessen Höhe befinden. Nur so kann sich das Pferd später mit einer Drehung in optimaler Position bewegen.

Es kann anfangs vorkommen, dass sich das Pferd weigert „gegen" das Tor zu gehen. Es wird jedoch schnell lernen, dass der Torflügel nachgibt.

Zu Beginn des Trainings führt der Reiter das Pferd um das Ende des Türflügels herum, ohne dass die Toröffnung dabei abgedeckt ist und bringt den Torflügel anschließend im Sidepass in die Ausgangsposition. Im fortgeschrittenen Training deckt der Reiter die Lücke ab und bewegt sich seitwärts-rückwärts, während er gleichzeitig den Torflügel in die Ausgangsposition bringt.

Tor Phase 3

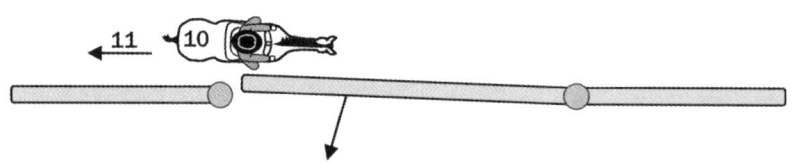

Befindet sich der Torriegel nicht in bequemer Armreichweite, muss noch einige Schritte rückwärts gerichtet werden, um das Hindernis problemlos beenden zu können.

Tor vorwärts aufziehen

Die zweite Torvariante, die ebenfalls vorwärts geritten wird, birgt anfänglich die Schwierigkeit, dass ein unerfahrenes Pferd versuchen wird, dem entgegenkommenden Torflügel auszuweichen. Der Reiter hat in dieser Situation das Problem das Pferd beim Rückwärtslaufen zu stoppen. Er sollte in dem Fall darauf achten, dass der schwingende Torflügel beim Loslassen nicht gegen das Pferd stößt.

Vorübung mit Pylonen

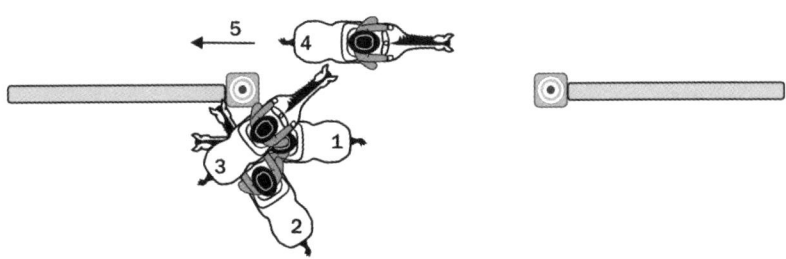

Parallel zum imaginären Tor anreiten und etwa auf Kniehöhe an der Pylone stoppen. Das Pferd so drehen, dass es die imaginäre Torgasse passieren kann. Das Pferd parallel zum Tor ausrichten, rückwärts richten und wieder auf Kniehöhe stoppen, so dass ein Tor leicht geschlossen werden könnte.

Tor Phase 1

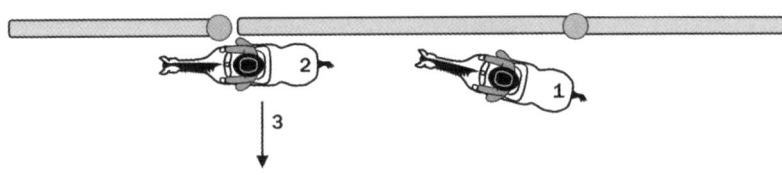

Der Reiter reitet das Tor so an, dass er parallel zum Torflügel steht. Beim Stopp befindet sich das Reiterknie etwa in Höhe der Toröffnung. Die genaue Position hängt von der Art des Torverschlusses ab. Das Tor sollte möglichst problemlos, ohne große Verbeugungen zu öffnen sein.

Tor Phase 2

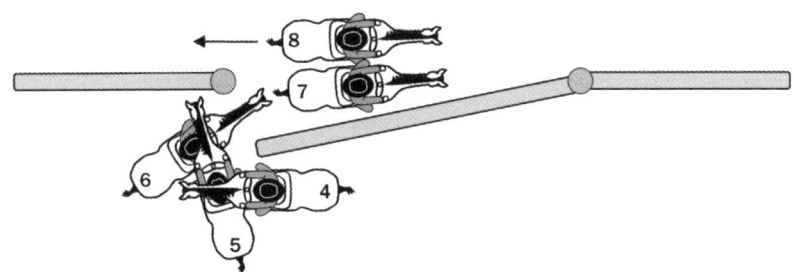

Der Reiter öffnet das Tor und zieht es auf, während er gleichzeitig um die Ecke durch die Toröffnung reitet. Wichtig ist es, das Tor weit genug zu öffnen, damit das Pferd sich nicht eingezwängt fühlt. Später wird das Tor nur so weit geöffnet, dass sowohl das Pferd, als auch die Reiterbeine durchpassen, aber kein imaginäres Rind oder gar eine ganze Rinderherde neben dem Pferd durchlaufen könnte. In diesem Stadium des Trainings spielt das jedoch eine absolut untergeordnete Rolle und kann später kultiviert werden.

Vor der Biegung um das Tor muss der Reiter soweit vorreiten, dass er mit dem Knie nicht an dem Torflügel hängenbleibt. Das könnte zu bösen Prellungen führen. Das nächste Ziel im Focus des Reiters ist die Richtung zum zweiten Torpfosten. Dadurch bleibt das Pferd parallel zum Torflügel.

Ist das Pferd soweit vorgegangen, dass die Hinterhand problemlos die Öffnung passieren kann, wird es seitwärts gerichtet und dabei der Torflügel herangezogen. Das parallel zum Tor stehende Pferd wird rückwärts gerichtet, bis der Torriegel mühelos geschlossen werden kann.

Zu Beginn des Trainings drehen viele Pferde ihr Hinterteil vom Torflügel weg, wenn der Reiter es schließt. Eine absolut natürliche Reaktion, dass das Pferd dem auf es zukommenden Gegenstand ausweichen will. Nur durch Übung und positive Erfahrung wird man das Pferd überzeugen können, dass es sich davor nicht zu fürchten braucht.

Tor rückwärts aufdrücken

Generell werden die Rückwärts-Varianten ähnlich trainiert wie die Vorwärts-Varianten, da sie die gleichen Grundelemente enthalten. Lediglich die Bewegungsrichtungen ändern sich.

Vorübung mit Pylonen

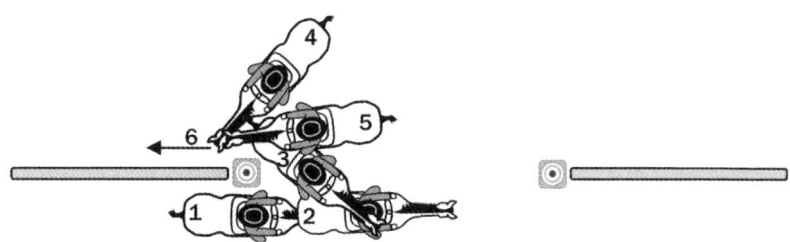

Tor Phase 1

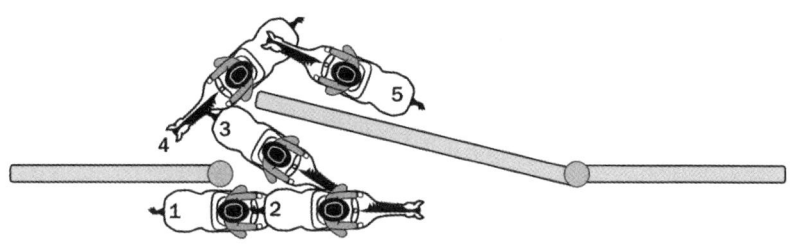

Tor Phase 2

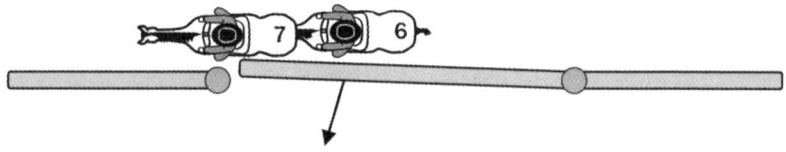

Tor rückwärts aufziehen

Vorübung mit Pylonen

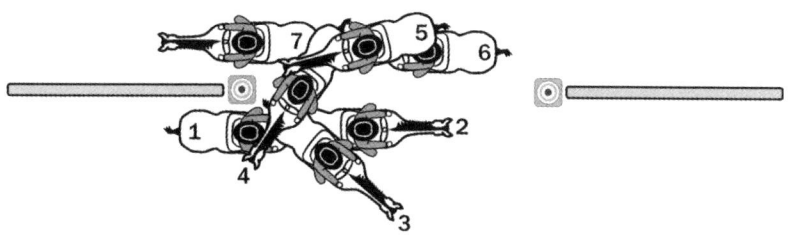

Tor Phase 1

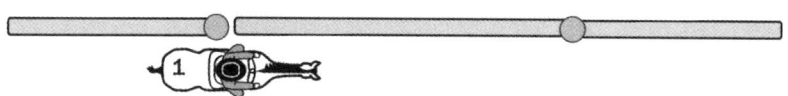

Tor Phase 2

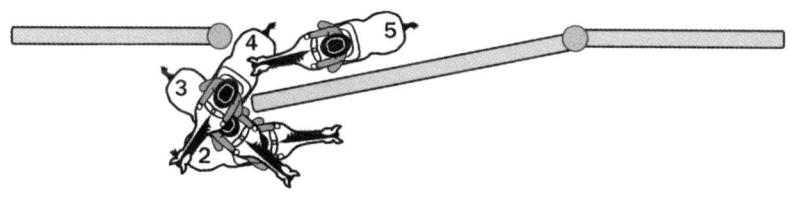

Tor Phase 3

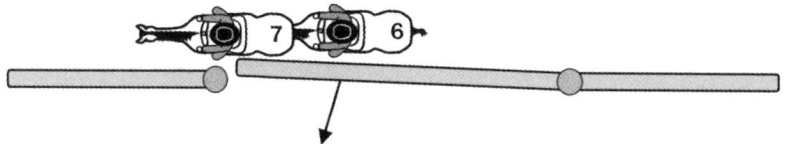

Rope-Gate – Seil-Tor

Seit einigen Jahren trifft man, hauptsächlich auf großen Turnieren, im Trail-Parcours immer öfter auf Seil-Tore, anstatt auf ein Holz- oder Metall-Tor. Rope-Gates sind einfacher aufzubauen und zu transportieren, da sie nur aus zwei Torpfosten, meist Hindernispfosten eines Springparcours, und dem Seil bestehen. Dabei war sicherlich die verringerte Unfallgefahr ein Aspekt für diese aus dem Land der Millionenklagen kommende Neuerung.

Zur Freude der Richter verringern Rope-Gates die Zeit, die ein Reiter benötigt, um dieses Hindernis zu bewältigen, sodass sich die Gesamtzeit für einen Parcours verkürzt. Bei hohen Teilnehmerzahlen sicherlich entlastend. Um ein Rope-Gate flüssig zu reiten, sollte man nicht mehr als 23 Sekunden benötigen, sagt der König der Parcours-Designer, Tim Kimura.

Auch wenn das Seil flexibel ist, sollte das Rope-Gate keinesfalls lässig geritten werden. Es fordert einen genauso präzisen Ablauf wie ein festes Tor. Der grobe Bewegungsablauf ähnelt dem eines „richtigen" Tores, muss jedoch wegen des „hängenden Torflügels" gut bedacht sein. Beim Schließen sollte man Sorgfalt walten lassen, damit die Schlaufe wirklich überliegt und nicht plötzlich nach einem erfolgreich bewältigten Rope-Gate runterfällt.

Wer die Möglichkeit hat, sollte sich zuhause ein solches Tor aufbauen und daran trainieren. Ein Seil und zwei Hindernispfosten oder der Weidezaun und ein Pfosten genügen.

Vorübung mit Pylonen

Diese Übung hilft dabei, sich den genauen Bewegungsablauf vorzustellen und die erforderliche Biegung zu trainieren.

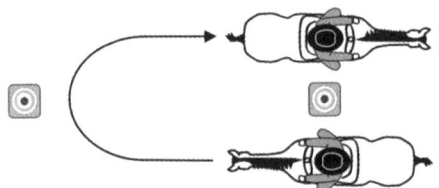

Es gilt parallel zum Rope möglichst nahe an den Torpfosten heran zu reiten, um ohne große Seitwärtsneigung die Torschlaufe abnehmen zu können. Der Reiter sollte genau dorthin schauen, wo er optimal stoppen will und den Focus auf die Schlinge am Tor richten und nicht auf das Seil neben sich. Je mehr der Reiter auf das Rope starrt, umso eher wird sich das Pferd mit dem Hintern frühzeitig wegdrehen.

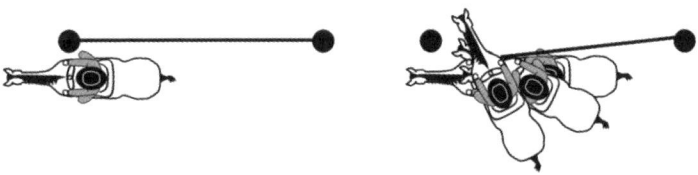

Nach dem Abnehmen der Torschlaufe wird das Pferd drei Schritte in einem etwa 45°-Winkel rückwärts gerichtet. Auch im Rope-Tor erweist es sich als nützlich anfangs zu zählen, bis sich alle Schritte verinnerlicht haben.

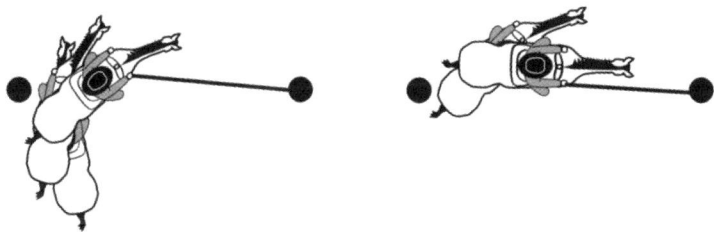

Das Tor wird in 1-2-3 Schritten passiert. Dabei wird das Pferd gedreht, sodass es anschließend parallel zum Tor steht.

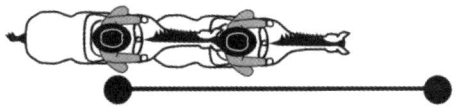

Jetzt muss nur noch soweit gerade rückwärts gerichtet werden, dass die Torschlaufe problemlos wieder eingehängt werden kann.

Rope-Gate mit Stange am Boden

Einen erhöhten Schwierigkeitsgrad stellt eine Stange unterhalb des Tores oder Strickes dar. Sie muss beim Passieren des Tores überritten werden.

Vorübung mit Pylonen

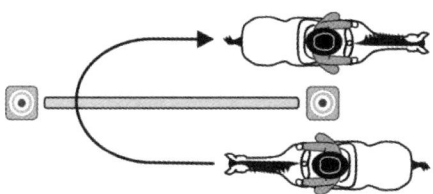

Das gebogen über die Bodenstange gehen erfordert Übung. Deshalb ist auch in diesem Fall die „Trockenübung" mit Pylonen und der Bodenstange hilfreich.

Die effektivste Methode das Seil-Tor erfolgreich zu bewältigen ist, wie bereits in anderen Fällen erwähnt, die Schritte zu zählen. Das lässt sich leider in einer Grafik nicht ganz so darstellen, wie es geritten wird. Daher ist nur die Stange abgebildet und das Rope fehlt.

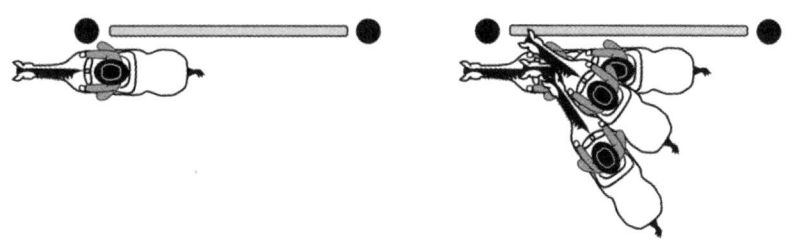

Man reitet parallel zum Rope möglichst nahe an den Torpfosten heran. Nach dem Abnehmen der Seilschlaufe richtet man drei Schritte rückwärts und schwenkt dann zwei Schritte (1-2-3-4-5 laut zählen) in einen 45°-Winkel ein. Jetzt sollte man am optimalen Ausgangspunkt zum korrekten Überreiten der Stange stehen. Wichtig ist, dem Pferd genügend Zügel zu lassen, damit es die Stange, die manchmal etwas erhöht sein kann, sieht.

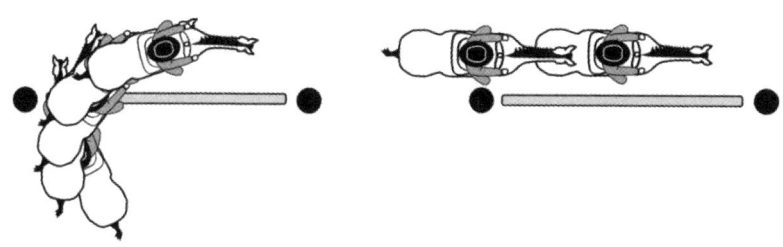

Nun geht es fünf Schritte vorwärts (1-2-3-4-5 laut zählen) durch das Tor. Wichtig ist darauf zu achten, dass das Pferd mit dem inneren Bein zuerst über die Stange tritt (→ Slalom über Stangen).
Durch seitliches eindrehen der Schulter, nachdem der letzte Fuß die Stange passiert hat, sollte das Pferd parallel zum Tor stehen. Nun muss nur noch rückwärts gerichtet werden, bis das Tor problemlos zu schließen ist.
Bei dem Rope-Gate mit Stange ist gerades Rückwärtsrichten besonders wichtig, um nicht an die Stange anzuschlagen.

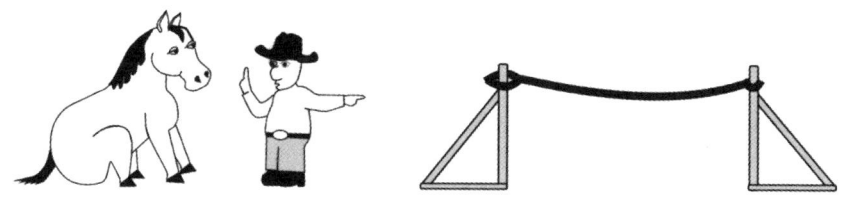

Die Brücke

Die Brücke ist ein Hindernis, das nicht nur dem Turnierreiter im Parcours begegnet, sondern auch dem Geländereiter in der freien Natur. Autobahnbrücken, Flussbrücken, über die eine Straße führt, schmale gewölbte Betonbrücken (eigentlich eher für Fußgänger oder Fahrradfahrer gedacht) bis hin zu geländerlosen Holzbrücken in Wald und Flur, die über kleine Bäche führen.

Die Brücke gehört nicht zu den Pflicht-Hindernissen, ist aber im Parcours recht häufig anzutreffen und kann sich verschiedenartig darstellen. Ein einfaches Holzbrett mit oder ohne Geländer, mit Erhöhung in der Mitte und hochlaufenden Schrägen an beiden Enden, manchmal auch mit einer Plastikplane darunter oder einer Querstange in der Mitte. In einem Natur-Trail kann sich unter der Brücke sogar ein größeres Loch oder ein kleiner Teich befinden.

Die Brücke entspricht typischen Situationen bei einem Trailritt und sollte deshalb nicht vernachlässigt werden.

In der freien Natur ohne Reiter würde ein Pferd eine Möglichkeit suchen, ein Hindernis, das ihm nicht recht geheuer erscheint, zu umgehen. Hätte es dort keine Wahl, würde es zögernd beginnen, sich damit zu befassen. Das Pferd würde versuchen, das Objekt aus verschiedenen Blickwinkeln heraus zu beäugen und vorsichtig beobachtend, ob es sich bewegt, einen Fuß darauf setzen, den es dann vielleicht erst einmal wieder zurückzieht. Nach neuerlichem Zögern folgt dem ersten Fuß der zweite. Dann mutig geworden alle vier Füße, um dann möglichst schnell, das kann auch heißen im Galopp oder mit einem Sprung, das Hindernis hinter sich zu bringen.

Wichtig ist dem Pferd die Zeit zu geben, die es benötigt, um sich mit dem Hindernis bekannt zu machen. Überschreitet es dem Reiter vertrauend, diese Brücke, heißt das keinesfalls, dass es nach dieser einmaligen Erfahrung in Zukunft andere Brücken ohne zu zögern überqueren wird. Jede Brücke sieht anders aus und wird von jedem Pferd individuell beurteilt, nicht zu vergessen die unterschiedliche Sensibilität und somit Reaktion.

Das erfahrene Trail- und Geländepferd wird angesichts einer Brücke seinen Kopf senken, um sie scharf zu sehen und sich nicht von den Geräuschen, die die Hufe auf dem Untergrund verursachen, erschrecken lassen. Es wird in angemessenem, ruhigem Schritt mit gesenktem Kopf über die Brücke gehen, um nicht daneben zu treten oder zu stolpern.

Im Turniersport gibt es zwei grundsätzliche Bewertungskriterien: das Pferd geht über die Brücke oder das Pferde geht nicht über die Brücke. Eine dreimalige Verweigerung, das heißt dreimaliges erfolgloses Anreiten, führt zu einem 0-Score für den gesamten Ritt.

Beim Überschreiten die Brücke sind die Manier bei der Bewältigung und etwaige Fehler die Bewertungskriterien. Dazu gehört, wie an jedem Hindernis, das von vorn angeritten wird, die tiefe Kopfhaltung, um das Hindernis taxieren zu können und das gelassene fehlerfreie Überwinden am losen Zügel.

Die Mindestbreite einer Brücke im Turniersport, die ausschließlich im Schritt passiert wird, beträgt bei allen Verbänden 0,90 m. In der Länge differieren die Angaben der Verbände von 1,80 m bei der AQHA bis 2,50 m bei der EWU. Ob mit oder ohne Geländer, ob erhöht oder nicht, bleibt dem jeweiligen Parcours-Verantwortlichen überlassen. Bei den Verbänden sind nicht alle Arten von Brücken zugelassen, die einen verbandsfreien Natur-Trail erst reizvoll machen können. Je schmaler die Brücke, umso wichtiger ist das mittige Reiten auf der Ideallinie. Diese Linie beginnt im Training etwa fünf Meter vor der Brücke und endet fünf Meter dahinter.

Das Pferd soll weder über die Brücke schleichen noch eilen, sondern die Füße bei gleichbleibendem Tempo mit Bedacht setzen. Das heißt: gleichbleibende Geschwindigkeit, gleichbleibende Schrittlänge und insgesamt Gleichmäßigkeit beim Überqueren. Als Vorübung reitet man einige Runden in dem Schritttempo, das beim Überschreiten der Brücke beibehalten werden soll. Es kann hilfreich sein fünf Meter vor und fünf Meter hinter dem Hindernis Pylonen aufzustellen und die Schritte laut mitzuzählen, um sich den Takt bewusst zu machen.

Das Pferd sollte sich der Brücke vorsichtig, aber bereitwillig nähern und durch das Senken seines Kopfes zeigen, dass es das Hindernis prüft. Nur wenn das Pferd aufmerksam ist und schaut, wo es hintritt, kann es sicher über eine Brücke gehen.

Pferde, die viele Trails gehen, können das Interesse an der Brücke verlieren. Insbesondere wenn alle gleich aussehen und nur aus einem leicht erhöhten Brett bestehen. Pferde, die durch ein verbales Kommando veranlasst werden können, den Kopf vor dem Hindernis zu senken, haben es leichter mit einem guten Score für die Manier.

Es macht keinen Sinn zu versuchen, ein Pferd mit Gewalt über eine Brücke oder ein ähnliches Hindernis bringen zu wollen. Es soll lernen über eine Brücke zu gehen, um später auch andere problemlos bewältigen zu können. Dabei gilt es das Vertrauen des Pferdes langsam und mit viel Geduld aufzubauen. An Hindernissen wie der Brücke darf niemals unter Zeitdruck gearbeitet werden. Ist die Zeit limitiert, ist es besser für diesen Tag darauf zu verzichten.

Der Reiter selbst sollte ruhig und gelassen an die Aufgabe heran gehen. Ist er selbst nervös oder unruhig, wird sich das auf das Pferd übertragen. Das Pferd kann nicht unterscheiden, ob der Reiter Furcht vor der Brücke hat oder Furcht davor, dass das Pferd nicht rüber geht. Es fühlt nur die Angst und das sagt ihm, dass es besser ist, die Brücke nicht zu überqueren. Rutscht dem Reiter im Parcours angesichts einer andersartigen Brücke „das Herz in die Hose", weil er befürchtet, das Pferd könne verweigern, spürt das Pferd dies. Das allein kann schon das Pferd veranlassen vor dem

Hindernis zu scheuen. Das gilt für alle Hindernisse, deshalb sollte man diesen alten Reiterspruch beherzigen:

> *Wirf Dein Herz voraus und das Pferd*
> *wird ihm folgen.*

Egal wie schwierig ein Hindernis erscheinen mag, das Pferd wird es eher überwinden, wenn der Reiter sich sicher ist, es schaffen zu können. Es wird verweigern oder vorbeilaufen, wenn der Reiter zögert oder zaudert. Die intuitive Übertragung dieser Emotionen leitet das Verhalten des Pferdes.

Gerade an der Brücke und ähnlichen Hindernissen muss man den verschiedenen Pferdtypen Rechnung tragen. Es gibt Tiere mit stoischer Gelassenheit, die vor nichts erschrecken und einfach drüber laufen, allerdings häufig ohne genau hinzusehen. Andere freuen sich über die Abwechslung zur Stangenarbeit und überwinden das neue Hindernis nach genauem Hinschauen ohne Probleme. Das sensible, ängstliche Pferd muss Vertrauen gewinnen und der „Null-Bock-Typ" versucht einmal mehr sein Repertoire auszuspielen.

Ein wenig erfahrenes Pferd neigt eher dazu, ein ihm unbekanntes Hindernis zu verweigern. Strafen würden nichts bewirken, insbesondere wenn das Pferd sich fürchtet. Es bleibt entweder stehen oder versucht zur Seite auszuweichen. Begrenzt der Reiter es dabei mit Zügel und Schenkel, führt das häufig zu nervösem hin- und hertanzen vor dem Hindernis. Besser ist es, dem Pferd zu helfen, sich mit dem Hindernis vertraut zu machen und zur Gewöhnung im Vorfeld häufiger daran vorbei oder herum zu reiten.

Das Überschreiten einer Brücke verlangt Vertrauen vom Pferd zu seinem

Reiter und umgekehrt. Deshalb empfiehlt es sich, mit einem einfachen am Boden liegenden Brett ohne Geländer mit entsprechend großzügigen Abmessungen zu beginnen. Auf einer Brücke mit Geländer könnte sich das Pferd beengt fühlen.

Beim Anreiten sollte das Pferd zwischen den Zügeln Schritt für Schritt genau auf die Brücke zugehen, ohne dass ihm erlaubt wird, nach rechts oder links zu schauen. Am Hindernis angekommen darf es das unbekannte Objekt ausgiebig beschnobern.

Der nächste Lernschritt konzentriert sich darauf, das Pferd mit den fremdartigen oder unsicher erscheinenden Bodenverhältnissen vertraut zu machen und es zu überzeugen, nach ausgiebigem Ansehen, den ersten Fuß auf das unbekannte Objekt zu setzen. Das sollte mit viel Lob honoriert werden.

Pferde erschrecken häufig über das Geräusch ihrer Hufe auf dem Holzuntergrund und treten dann zurück. Man sollte Geduld walten lassen und das Pferd ermutigen es erneut zu versuchen, damit es sich daran gewöhnen kann. Anfangs treten Pferde, wenn sie noch etwas nervös sind, gelegentlich neben das Brett am Boden. Das sollte nicht zu wichtig genommen werden, sondern in Ruhe ein neuer Versuch gestartet werden.

Sobald das Pferd dieses Brett flüssig mittig überschreiten kann, hält man das Pferd auf der Brücke an. Klappt auch das problemlos, kann man das Pferd einige Schritte gerade rückwärts richten. Ziel ist, das Pferd überall vor der Brücke, auf der Brücke und hinter der Brücke problemlos ohne Stress-Symptome anhalten, rückwärts richten und wieder vorwärts reiten zu können.

Ein Pferd ist in der Regel bemüht ein unangenehmes Hindernis so schnell wie möglich hinter sich bringen. Unsichere Pferde neigen dazu, sobald sie festen Boden unter dem ersten Vorderhuf spüren, anzutraben oder gar wegzuspringen. Um dem vorausschauend entgegen zu wirken, sollte man in Hab-Acht-Stellung sein, so dass man das Pferd sofort anhalten kann, um es dort einen Moment stehen zu lassen.

Man kann dem generell vorbeugen, indem man, sobald sich das Pferd an die Brücke gewöhnt hat, sie Schritt für Schritt reitet und öfter mal anhält. Auch, wenn sich erst die Vorderhand auf der Brücke befindet oder nur noch die Hinterhand. Dort lässt man es etwa 10 Sekunden oder länger stehen, bevor man weiter reitet. Das fördert das kontrollierte Reiten über Brücken und ähnliche Hindernisse.

Driftet ein Pferd beim Verlassen der Brücke nach rechts oder links ab, reitet man in die entgegengesetzte Richtung. Generell sollte man, um dem entgegen zu wirken, im Training immer fünf Meter weiter geradeaus reiten. Denn im Parcours kann sich durchaus kurz dahinter ein neues Hindernis anschließen, das gerades Anreiten erfordert.

Hilfestellungen für das Pferd

1. Einigen Pferden fällt es leichter sich mit der Brücke anzufreunden, wenn sie quer liegt, da ihnen die kurze Strecke überschaubarer scheint. Aber Vorsicht! Das Pferd könnte versuchen, darüber zu springen. Sobald das Pferd die Brücke quer problemlos überwindet, folgt die Überquerung der Länge nach.
2. Um es dem Pferd zu erleichtern, auf die Brettmitte zuzusteuern, kann man Stangen trichterförmig in Richtung Brücke legen.
3. Man kann die Brücke an eine Wand legen, so dass das Pferd nur zu einer Seite ausweichen kann.
4. Verweigert das Pferd die Brücke, weil es sich fürchtet, kann man ein anderes Pferd vorweg gehen lassen.
5. Und für den Notfall: Pellets auf die Brücke legen und das Pferd damit allein lassen. Um an die Pellets zu kommen, muss sich das Pferd zur Bücke begeben und wird dabei feststellen, dass von ihr keine Gefahr ausgeht.

Das sensible, nervöse Pferd

Ein sensibles oder nervöses Pferd sollte man anfangs nur soweit an die Brücke heranreiten, wie es möglich ist, ohne dass es sich sträubt. Dort lässt man es einen Moment stehen, damit es sich mit der Situation vertraut machen kann. Sollte es an diesem Tag nicht möglich sein stressfrei näher an die Brücke heran zu kommen, setzt man das Training am nächsten Tag fort. Dabei sollte das Hindernis einfach in das normale Training eingefügt und Schritt für Schritt versucht werden, näher an die Brücke heranzukommen, ohne das Pferd zu puschen. Jeden Tag ein wenig mehr.

Das widersetzliche Pferd

Es gibt auch den Pferdetyp, der durch fortdauernden Ungehorsam und unangenehme Widersetzlichkeiten, wie bocken, durchgehen und schnelles rückwärtslaufen, seinen Reiter zur Aufgabe zwingen will. Das darf keinesfalls mit Angst vor einem Hindernis verwechselt werden. Hat das Pferd einmal gelernt, dass das klappt, überträgt sich dieses Verhalten auf andere Hindernisse und im schlimmsten Fall auf das Verladen in den Hänger.

Daher darf das Tages-Training in einem solchen Fall keinesfalls einfach beendet werden. Kommt es zu den oben angeführten Widersetzlichkeiten, folgt auf dem Fuße anstrengende Arbeit: kleine Trabvolten oder Galoppieren auf Zirkeln. Anschließend kehrt man zu dem Hindernis zurück und versucht Schritt für Schritt am Hindernis weiter zu arbeiten, bis ein Fortschritt zu erkennen ist. Erst dann geht es in Richtung Stall oder Weide.

Widersetzt sich das Pferd jedoch weiterhin, widerholt man den Vorgang und lässt es solange galoppieren, bis es erschöpft ist. Das Pferd muss lernen, dass Ungehorsam zu schwerer Arbeit führt und es zwischen zwei Übeln wählen kann: harte Arbeit oder ruhig im Schritt über die Brücke gehen. Zeit und Geduld lösen die meisten Probleme dieser Art nachhaltig.

Korrektur-Tipps

1. Das Pferd läuft schneller als es soll auf die Brücke zu:
   Vor der Brücke anhalten und zum Ausgangspunkt rückwärts richten.
2. Das Pferd wird auf der Brücke schneller:
   Anhalten und einige Sekunden stehen bleiben. Anschließend in ruhigem Tempo weiter reiten.
3. Das Pferd eilt von der Brücke herunter:
   Hinter der Brücke anhalten und bis zur Brücke rückwärts richten, wenn der Abstand schon groß genug ist. Oder falls möglich, das Pferd anhalten, wenn die Vorderbeine schon auf dem Boden, jedoch die Hinterbeine sich noch auf der Brücke befinden. In dieser Stellung kurz verharren. Anschließend ruhig weiter reiten.
4. Das Pferd trabt an, sobald es sicheren Boden unter den Füßen hat:
   Das Pferd anhalten und bis zur Brücke rückwärts richten.

Selbst wenn das Pferd zuhause die Brücke gelassen überschreitet, kann es beim Üben auf einem anderen Platz wieder ängstlich reagieren, vor allem, wenn sich die Brücke wesentlich von der heimischen unterscheidet.

Man sollte deshalb zuhause den Stressfaktor etwas erhöhen, indem man eine Plastikplane unter das Brett legt, die Brücke mit Pylonen säumt, Tonnen danebenstellt, auf diese etwas draufsetzt oder einen riesigen weißen Fleck auf das Brett aufmalt. Vor oder hinter die Brücke gelegte Stangen oder ein Viereck zum Drehen verändern das Bild der Brücke ebenfalls.

Im Parcours findet man häufiger Brücken, die mit Stangen oder einem Viereck davor kombiniert sind. Bei Stangen vor oder hinter der Brücke muss man darauf achten, dass das Pferd in den vorhandenen Zwischenraum tritt. Beim Zugehen auf die Brücke ist der Focus des Pferdes bereits auf diese gerichtet, so dass es aus Bequemlichkeit den letzten Zwischenraum auslassen oder übersehen kann. Das Gleiche kann am Ende der Brücke insbesondere dann passieren, wenn das Pferd beim Runtergehen das Tempo erhöht.

Kombi-Parcours auf kleinstem Raum

Kombinations-Hindernisse helfen das Pferd zu schulen, erlernte Hindernisse nicht wie Zirkuskunststücke abzuspulen, sondern mitarbeitend auf die Hilfen des Reiters zu warten. Zudem verfeinert das Üben von Hindernissen in möglichst abwechslungsreicher Form das Zusammenspiel von Reiter und Pferd.

Nicht jeder Reiter verfügt über genügend Raum, um neben dem normalen Übungsterrain noch einen großen Parcours aufzubauen. Hier erweisen sich Kombi-Hindernisse als nützlich. Insbesondere, wenn man sie durch kreative Ideen immer wieder anders reiten kann, so dass das Pferd nie im Voraus weiß, was als nächstes kommt.

Die hier vorgestellten Kombinationen sollen dazu anregen, selbst erfinderisch tätig zu werden, um die Aufmerksamkeit des Pferdes durch abwechslungsreiches Training zu erhalten.

Kombi-Hindernis 1

Diese Kombination dient hauptsächlich dem Training von Grundelementen eines Trail-Parcours. Sie beansprucht ca. 16 – 18 m² zuzüglich des Platzes, um die Hindernisteile anzureiten. Ist kein Holzbrett für die Brücke vorhanden, kann auch dicke Teichfolie entsprechender Größe den Zweck erfüllen. Die Ränder sollten dann aus Sicherheitsgründen mit Stangen abgegrenzt werden, damit das Pferd die Folie mit den Hufen nicht anheben kann.

Kombi-Hindernis 2

Hindernis 2 benötigt zwar selbst mehr Platz, lässt sich aber durchaus mit seinen etwa 6 x 6 Metern innerhalb eines Zirkels auf dem Reitplatz auslegen. Rundherum wird etwas Raum benötigt, um in der jeweiligen Gangart anreiten zu können. Diese Hindernis-Kombination kann durch Veränderung der Reihenfolge in der die einzelnen Elemente geritten werden, für das Pferd „neu" und damit interessant gestaltet werden.

Kombi-Hindernis 1

Variante A

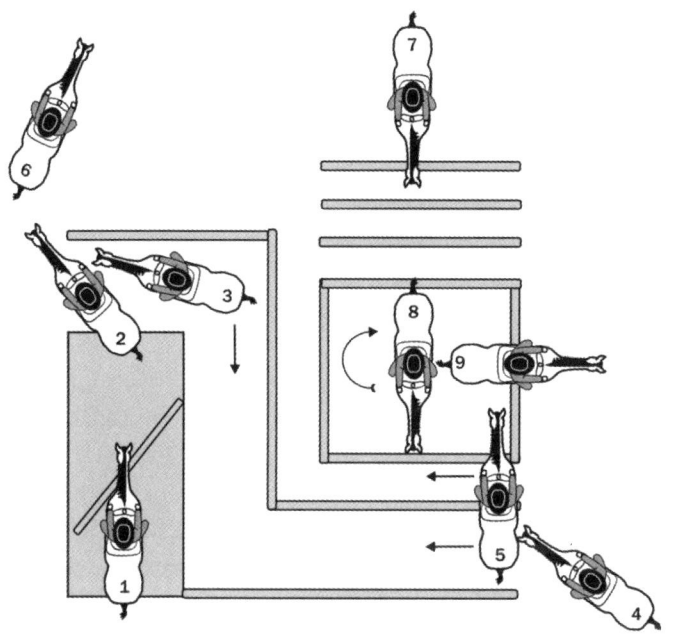

1. Über die Brücke reiten.
2. In das „Z" einfädeln.
3. Rückwärts durch das „Z"
4. Zum Sidepass.
5. Seitwärts nach links über die Stange.
6. Zu den Stangen reiten.
7. Im Schritt über die Stangen.
8. Im Stangenviereck eine ¾ Drehung nach rechts.
9. Das Hindernis verlassen.

Variante B

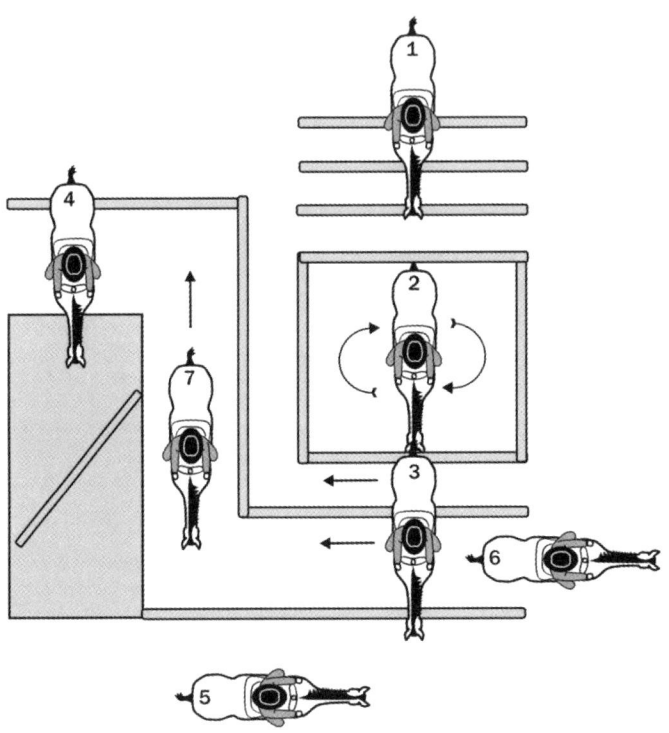

1. Über die Stangen in das Viereck reiten.
2. Im Viereck 360°-Wendung nach rechts.
3. Aus dem Viereck reiten, mit der Vorhand über die Stange treten und nach rechts seitwärts richten.
4. Gegenüber der Brücke stoppen, über die Stange treten und über die Brücke reiten.
5. Zum nächsten Hindernis reiten.
6. Zum Rückwärtsrichten einfädeln.
7. Durch das „Z" rückwärtsrichten.

Variante C

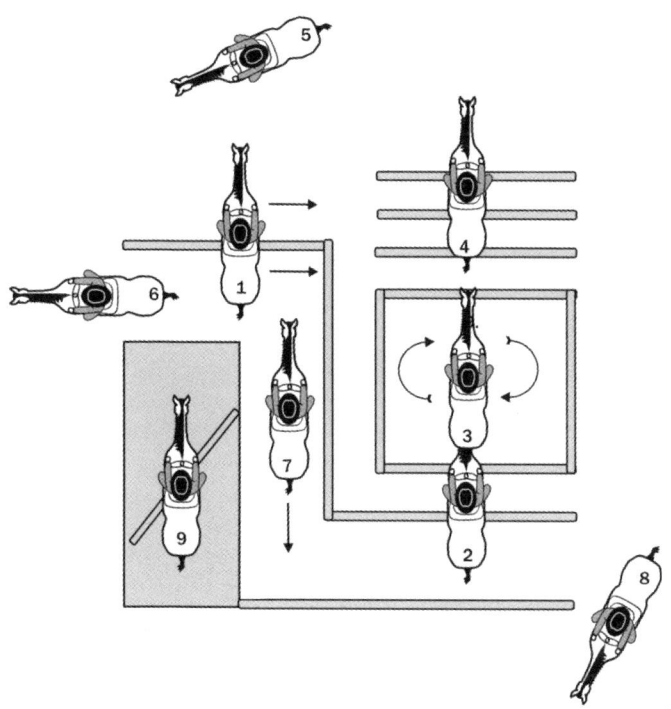

1. Seitwärtsrichten nach rechts über das Stangen-„Z".
2. Gegenüber vom Viereck anhalten und über die Stangen in das Viereck reiten.
3. Im Viereck und nach rechts um 360° drehen.
4. Über die Stangen reiten.
5. Zum nächsten Hindernisteil reiten.
6. Zum Rückwärtsrichten einfädeln.
7. Durch das „Z" rückwärtsrichten.
8. Zur Brücke reiten.
9. Über die Brücke und die Stange des „Z" reiten.

Variante D

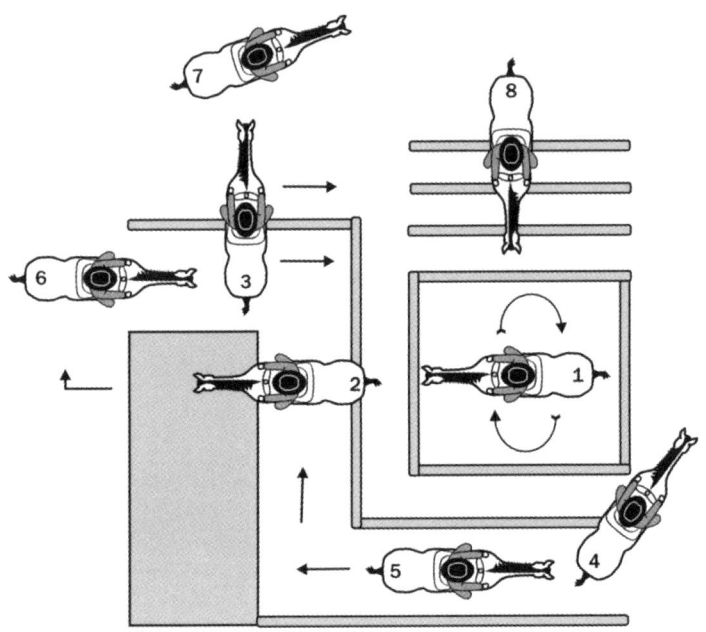

1. Von rechts in das Stangenviereck reiten und um 360° drehen.
2. Über die Stangen und quer über die Brücke reiten.
3. Zum Anfang des „Z" reiten und seitwärtsrichten nach rechts.
4. Zum Rückwärtsrichten einfädeln.
5. Rückwärtsrichten.
6. Rückwärts aus dem „Z" herausreiten
7. Zum nächsten Hindernis reiten.
8. Über alle 7 Stangen reiten.

Kombi-Hindernis 2

Dieser Kombi-Parcours lässt viele verschiedene Varianten des Durchreitens zu und kann durch Verlegen der Stangen und Pylonen aus den Quadraten 1 und 3 in andere Quadrate zudem problemlos verändert werden.

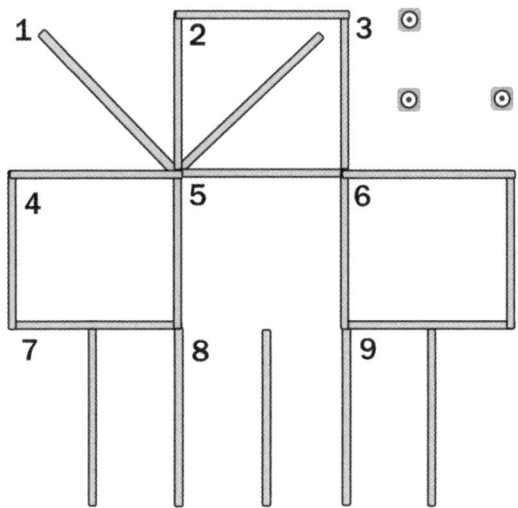

Parcours-Vorschlag:

1. Im Jog durch 7 – 8 – 9 und in einem Bogen zu Quadrat 6 reiten.
2. In Quadrat 6 einreiten – 360°-Wendung nach rechts.
3. In 5 einreiten und von dort Sidepass nach links über die Stange in 8.
4. Sidepass nach rechts zurück.
5. In 4 einreiten und eine 270°-Wendung nach links.
6. Im Walk über den Fächer durch 1 + 2.
7. In 5 das Pferd um 180° drehen.
8. Rückwärts an der einen Seite der Stange in 8 vorbei.
9. Außerhalb der 8 nach links abwenden und angaloppieren.
10. Durch 6 – 5 – 4 und außerherum nach rechts bis 3 galoppieren.
11. In Quadrat 3 Auswahl einer Rückwärtsvariante. (➔ Back-Up zwischen Pylonen und Stangen)

Schreck-Hindernisse

Im Trail-Parcours kann man mit jedem Gegenstand konfrontiert werden, der auf Trail-Ritten vorkommt oder benötigt wird. Dazu gehören Satteltaschen, die übers Pferd gelegt werden müssen; Regenmäntel, die an- und ausgezogen werden müssen; Briefkästen aus denen Post zu holen ist; Karten zum Auffalten und vieles mehr. Dazu Hindernisse wie Flattertor, Planen und anderes.

Für den einen sind Planen, Flatterbänder, Klappersäcke und ähnliches ein Alptraum, andere bewältigen sie problemlos ohne jedes Anzeichen von Stress trotz ungewohnter Umgebung, fremder Pferde und Zuschauern. Sensible Pferde reagieren auf eine veränderte Atmosphäre wesentlich stärker und neigen generell eher zu Schreckreaktionen als die etwas gemütlicheren Tiere. Das macht es im Parcours nicht immer einfach genau dort zu stoppen, wo man mit einem Handgriff einen aufzunehmenden Gegenstand erreichen und händeln kann.

Je mehr Vertrauen ein Pferd zu seinem Reiter hat, umso eher wird es sich überzeugen lassen, ein beängstigend wirkendes Hindernis anzugehen. Fluchttiere brauchen Führung. Das zeigt sich nirgendwo deutlicher als an sogenannten Schreck-Hindernissen, die heute bei den großen Zucht- und Leistungsverbänden in der Regel nur noch in eingeschränkter Form im Parcours zu finden sind. Lediglich der Ranch-Horse-Trail macht dabei einige Ausnahmen. Die Veranstalter freier Turniere wie Playdays oder Old-Time-Trails nutzen ebenso wie die Anbieter von Natur- oder Extreme-Trails gerne rustikale Hindernisse, so wie sie früher üblich waren und auch bei einem Ausritt vorkommen können.

Ob es sich um vermeintlich pferdefressende Monster handelt oder um ein vertrauensforderndes Steuerungs-Hindernis, ein wichtiger Faktor für die Gelassenheit des Pferdes ist und bleibt ihm die Angst vor einzelnen Hindernissen zu nehmen. Dabei dürfen seine natürlichen Verhaltensweisen und seine in den Genen verankerten Ängste nicht außer Acht gelassen werden.

Dazu gehört auch seine Furcht vor allem was über ihm schwebt, es könnte schließlich ein Raubtier auf dem Felsen über ihm sein. Auch alles was es rechts und links begrenzt, macht ihm Angst, da so die Fluchtmöglichkeit eingeschränkt ist. Ebenso plötzlich auftauchende Objekte, die es nicht zuordnen kann. Oder solche, die es falsch zuordnet. Wie zum Beispiel ein schwarzer Wasserschlauch mit gelbem Zick-Zack-Muster, der sich wegen des durchfließenden Wassers zudem noch etwas bewegt. Jedes Pferd, das im Südwesten der USA auf einer Ranch aufgewachsen ist, wird das als höchste Gefahr ansehen und die Flucht ergreifen. Man muss das Tier erst lehren, dass es sich nicht um ein gefährliches Reptil, sondern um ein harmloses Stück Plastik handelt.

Bereits ein normaler Ausritt kann das Pferd in unserem dichtbesiedelten Land mit nicht gerade vertrauenserweckenden Situationen konfrontieren. Ein Müllwagen, eine Erntemaschine, Lastwagen mit flatternden Planen, ballspielende Kinder und vieles mehr. Es ist leider nicht einfach, solche Situationen zu trainieren, weil sie zu vielfältig und auch nicht immer herbeizuführen sind. Ein Pferd, das sich durch das Training von Schreck-Hindernissen ein „dickes Fell" zugelegt hat, wird wesentlich gelassener auf furchterregende Umweltreize reagieren.

Im Prinzip verfährt man beim Schreck-Training immer nach dem gleichen Muster. Ein eingezäunter Platz oder ein Round-Pen, auf dem das Pferd nicht allzu weit weglaufen kann, sind ideal. Dort konfrontiert man das Pferd mit den Schreck-Gespenstern. Ob man das nun vom Boden aus in Angriff nimmt oder im Sattel, hängt von der jeweiligen Situation ab.

Jedes Schreck-Training, bei dem der Reiter (Leittier) seine Entschlossenheit zeigt, wird das Pferd lehren, nicht nur seine Angst zu überwinden, sondern auch sich an der Stärke seines Leittieres zu orientieren. Mit Schreck-Gegenständen sollte man generell in Sichtweite des Pferdes genauso umgehen wie mit jedem anderen auch. Dabei lernt das Pferd durch Beobachtung, dass der Mensch dieses Objekt und das Geräusch, das es verursacht, nicht als gefährlich einstuft. Selbst wenn es einige Zeit dauern kann, bis ein Pferd sich mit erschreckenden Gegenständen anfreunden kann, die dafür aufgebrachte Geduld wird sich auf jeden Fall lohnen.

Desensibilisierung

Die Arbeit mit einer Plane ist ein wichtiger Bestandteil bei der Ausbildung eines Trail-Pferdes. Nicht nur um sie zu überschreiten, sondern sie kann generell für das Scheu-Training genutzt werden, um dem Pferd die Angst vor flatternden, knisternden Gegenständen zu nehmen. Das sogenannte „Aussacken" fördert die Gelassenheit des Pferdes gegenüber unbekannten Reizen enorm.

Das Training wird langsam aufgebaut und führt durch Wiederholungen und Verstärken der Reize dazu, dass das Pferd diesen gegenüber allmählich abstumpft, da es sie als ungefährlich eingestuft hat.

Das Training wird in einem eingezäunten Bereich an der Hand mit langem Führstrick durchgeführt. Man beginnt das Training damit, das Pferd mit einer Decke am ganzen Körper zu berühren und sie dem Pferd, wenn es das zulässt, später auch über den Kopf zieht. Eine Decke ist weich und knistert nicht. Sie wird erst nach und nach ausgebreitet, denn je kleiner der Gegenstand, umso geringer die Furcht. Trotzdem wird jedes Pferd entsprechend seinem Temperament und seiner positiven oder negativen Lebenserfahrung unterschiedlich darauf reagieren.

Erst wenn das Pferd die Decke akzeptiert hat, sollte man mit einem knisternden Gegenstand, einer Plane oder einer großen Plastiktüte, fortfahren. Die Prozedur ist die gleiche wie bei der Decke und darf von keinerlei Ungeduld begleitet werden. Auch hier gilt: Es dauert solange wie es dauert.

Wichtig ist es bei diesen Übungen eine Position seitlich vom Pferd zu wählen, die verhindert, dass man bei einer Abwehrreaktion leicht umgerannt oder geschlagen werden kann.

Die Plane als Überreit-Hindernis

Es gibt mehrere Methoden das Pferd mit der Plane, die es überschreiten soll, vertraut zu machen. Generell muss die Plane so fixiert sein, dass das Pferd sie möglichst nicht mit dem Huf hochheben kann, wenn es mit schlurfenden Füßen drauftritt. Sie sollte so breit sein, dass das Pferd nicht so leicht nach rechts oder links daneben ausweichen kann. Das Lernziel ist, auf einen völlig unbekannten Boden zu treten. Denn liegt die Plane auf weichem Sand, gibt sie unter den Hufen des Pferdes unregelmäßig nach.

Das Pferd soll sich am langen Zügel mit dem Hindernis vertraut machen können. Trotzdem muss der Reiter jederzeit bereit sein die Zügel sofort aufzunehmen, wenn das Pferd, um möglichst schnell über die Plane zu kommen, nach vorne oder in eine andere Richtung davon stürmt.

Senkt das Pferd den Kopf, um die Plane zu untersuchen und zu beriechen und tritt dabei zaghaft mit dem ersten Fuß auf die Plane, muss es dafür mit viel Lob bedacht werden. Auch durch Kraulen am Hals mit einem Finger. Das hilft notfalls selbst im Parcours, um das Pferd zu beruhigen. Natürlich nur auf der dem Richter abgewandten Seite, wenn man die Zügelhand gesenkt hat, um das Pferd ausgiebig gucken zu lassen.

Nimmt es den Fuß zurück, einfach ruhig bleiben und ein oder zwei Schritte zurücktreten lassen. Dort kurz stehen lassen und versuchen erneut anzureiten. So wird das Pferd bei jedem Versuch ein wenig weiter auf die Plane zugehen, bis es genug Mut und Vertrauen hat, um immer noch misstrauisch die Plane zu überqueren. Das Pferd kann darüber staksen oder versuchen in zwei großen Sätzen die Plane zu überspringen. Andere Pferde galoppieren an, um in heilloser Flucht über die Plane eilend, möglichst schnell auf die andere Seite zu kommen oder nach dem ersten Galoppsprung nach rechts oder links ausweichend die Plane zu verlassen. Es gilt weiter zu arbeiten, bis das Pferd langsamer und ruhiger, mit jedem Mal sicherer die Plane überwindet. Legt man die Plane auf den Hufschlag des Reitplatzes, bleibt nur eine Richtung zum Ausweichen und ist besser vorhersehbar.

Häufig lässt sich die Prozedur verkürzen, indem ein anderes Pferd vorausgeht. Es ist natürlich auch möglich, das Pferd zuerst vom Boden aus an einem langen Halfterstrick mit der Plane vertraut zu machen. Der Ablauf gestaltet sich ähnlich wie unter dem Sattel. Das Pferd wird schnobern, schnauben, zurückweichen, stehenbleiben und das Objekt mit einem Vorderhuf scharrend untersuchen, um irgendwann vertrauensvoll dem Mensch folgend über die Plane zu schreiten. Dabei ist Vorsicht geboten, denn das Pferd könnte in einer Panikreaktion den Menschen umrennen.

Man kann das Pferd auch vorab an eine Plane gewöhnen. Dazu legt man sie in einem windstillen Bereich auf einem eingezäunten, nicht zu großen Platz aus und lässt das Pferd frei laufen. Man gönnt dem Pferd viel Zeit sich selbst mit dem furchterregenden Objekt zu beschäftigen. Das Auslegen einer Möhre am Rand und einer etwas mehr in der Mitte können hilfreich sein. Irgendwann wird das Pferd, zumal es von Natur aus neugierig ist, gänzlich seine Angst verlieren und auf der Plane herumtrampeln.

Welche Methode man wählt und welche schneller fruchtet, hängt vom jeweiligen Pferdetyp ab.

Flattertor

Das Flattertor besteht aus einem Balken, an dem Bänder jeglicher Art, unter dem ein Pferd durchgehen soll, herunterhängen. Die Streifen können bis 50 cm über dem Boden lang sein. Häufig werden breite Absperrbänder verwendet. Je breiter die Bänder und je dichter sie aneinander liegen, umso undurchsichtiger wird der Vorhang. Das Pferd sieht quasi eine undurchdringliche Wand vor sich und muss lernen, dass es durch diese Mauer gehen kann. Das gilt für einen windgeschützten Bereich. Befindet sich das Flattertor im windigen Außenbereich, sieht sich das Pferd mit knatternden, züngelnden, langen undefinierbaren Objekten konfrontiert. Daher ist es sinnvoll bei den ersten Begegnungen mit dem Flattertor auf Windstille zu achten.

Um das Pferd zu ermutigen das Hindernis anzugehen, kann man anfangs alle Bänder mit einer Schnur an den Pfosten rechts und links befestigen. So entsteht ein Tor, durch welches das Pferd durchschauen kann. Nach und nach lockert man die Schnur, sodass das Tor immer schmaler wird. Das führt letztendlich auch dazu, dass die Bänder das Pferd am ganzen Körper beim Durchschreiten berühren. Anfangs veranlasst das die Pferde, möglichst schnell hindurchzueilen. Zur Gewöhnung sollte das Pferd mitten unter dem Vorhang angehalten werden und kurze Zeit dort verharren.

Stellt das Durchgehen bis hier kein Problem mehr da, wird der Flattervorhang ganz heruntergelassen. Das Pferd muss jetzt lernen, sich mit der Nase voraus einen Weg durch die Bänder zu bahnen und trotz der Berührungen am ganzen Körper vertrauensvoll in angemessenem Tempo unter den Flatterbändern durchzugehen.

Ein erfahrenes Pferd, das vorweg geht, um dem Youngster die Ungefährlichkeit des Hindernisses zu demonstrieren, kann anfangs hilfreich sein. Dabei ist auf einen entsprechenden Sicherheitsabstand zwischen den beiden Pferden zu achten. Das junge Pferd könnte, falls es einen mutigen Satz durch das Flattertor macht, dem Vorderpferd in die Hinterbeine springen, wenn der Abstand zu gering ist.

Wer in seinem Stall die Möglichkeit hat, kann das Flattertor in einem Bereich aufhängen, den die Pferde täglich passieren müssen. Zum Beispiel auf dem Weg vom Stall zur Weide oder zu einem Futterplatz. Ein Pferd, das solchermaßen damit vertraut gemacht wird, erfährt generell eine Desensibilisierung gegenüber leichten Berührungen mit flatternden Gegenständen.

Sonstige Schreck-Hindernisse

Will man ein Pferd an ungewohnte Objekte, die man im Sattel sitzend transportieren, anziehen oder ausbreiten möchte, heranführen, sollte man mit kleinen, weniger furchterregenden Gegenständen beginnen.

Das kann ein kleines Handtuch sein; ein Buch, das man aufklappt; ein Cap das man aufsetzt und mit dem man herumwedelt. Pferde, die das oben angeführte Desensibilisierungs-Training absolviert haben, werden sich sehr schnell an neue Objekte gewöhnen. (→ Desensibilisierung)

Das Pferd sollte wieder vom Boden aus damit vertraut gemacht werden und die Gegenstände ansehen und beschnobern können. Stellt das kein Problem dar, berührt man das Pferd damit und arbeitet sich vom Hals bis zum Schweif vor. Duldet das Pferd das, kann man bei Tüchern oder Caps, das Objekt auch über den Kopf gleiten lassen. Das muss mit viel Lob für das richtige Verhalten verbunden sein.

Erst wenn das Pferd einen Gegenstand akzeptiert, darf es mit einem vollkommen neuen konfrontiert werden. Vorzugsweise erst am nächsten Tag, denn Zeit darf keine Rolle für solides Training spielen. Dabei zuerst den Gegenstand vom vorherigen Training nochmals einsetzen, um die Akzeptanz zu festigen. Der Vertrauensaufbau vom Boden aus sollte ebenfalls für Hindernisteile wie Tonnen und ähnliches gelten.

Im Parcours gilt sich generell angemessene Zeit bei Schreck-Hindernissen zu lassen, denn das Pferd soll nicht das Gefühl bekommen, man befände sich auf der Flucht.

Slicker – Regenmantel

Wenn das Pferd das Auffalten und wedeln mit dem Slicker vom Boden aus akzeptiert, sollte man für diesen Tag das Training beenden und erst am nächsten die Übung im Sattel durchführen.

Dazu wird der Slicker irgendwo in der Reitbahn an einem Hindernis-Ständer oder am Zaun aufgehängt. Man reitet zum Slicker und stellt sich ruhig daneben. Im nächsten Schritt fasst man den Slicker an, bewegt ihn und raschelt damit. Bleibt das Pferd dabei ruhig, nimmt man den Slicker ab und holt ihn aufs Pferd herüber und legt ihn vor sich auf den Sattel und versucht eine Runde damit zu reiten. Anschließend hängt man den Slicker wieder auf und beendet das Training. Im Verlauf der nächsten Tage faltet man den Slicker auf, zieht ihn an und wieder aus.

Hat man eine sogenannte „coole Socke" unterm Sattel, kann die gesamte Prozedur natürlich entsprechend abgekürzt werden.

Transportieren von Gegenständen

Das Transportieren eines Gegenstandes gehört insbesondere bei Freizeitreiter-Trails zu den beliebten Hindernissen. Ein Eimer, Korb, Stofftier, Holzstück, eine Fahne oder auch ein Sack mit klapperndem Inhalt müssen von einem Ort zum nächsten gebracht werden.

Zeigt das Pferd im Parcours heftige Abwehrreaktionen beim Aufnehmen des Gegenstandes oder auf dem Ritt zum Zielpunkt, ist es besser den Gegenstand fallen zu lassen und fünf Penaltys in Kauf zu nehmen, als ein Durchgehen (Verlassen des Weges = 0-Score für den ganzen Ritt) oder sonstigen Ungehorsam zu provozieren. Wer sein Pferd gut kennt, sollte dessen Reaktionen abschätzen können und darauf entsprechend reagieren.

Tonnen

Nicht zu vergessen ist, dass bei vielen Schreck-Hindernissen Tonnen eine wichtige Rolle spielen. Auf ihnen liegen Gegenstände, die herübergehoben oder transportiert werden sollen. Da sie selbst schon ein Pferd in Unruhe versetzen können, sollte man, wo immer möglich, mit Tonnen arbeiten und durch ein verschiedenes „Kleid" verändern. Wer Probleme hat direkt an die Tonne heranzukommen, kann einen Gegenstand von dort gar nicht erst aufnehmen.

Manchmal muss ein Gegenstand von Tonne A zu Tonne B transportiert werden. Dabei kann es sich um den berüchtigten Klappersack, eine im Wind wehende Fahne oder auch nur um einen Korb handeln. In anderen Fällen muss ein Gegenstand von einer Tonne rechts vom Pferd auf eine Tonne links vom Pferd über den Hals des Pferdes gehoben werden.

Einige Pferde fürchten sich anfangs zwischen die beiden Tonnen zu treten, weil sie sich beengt fühlen. Das kann geübt werden, indem man erst nach und nach beim Training den Abstand der beiden Tonnen verringert.

Beim Transportieren oder Umsetzen eines Gegenstands ist es nicht erlaubt, den Gegenstand mit der einen Hand aufzunehmen und mit der anderen abzusetzen. Es sei denn, ein Handwechsel wird ausdrücklich verlangt.

Klappersack oder Rappelsack

Ein Klappersack findet verschiedene Verwendungsmöglichkeiten. Er kann transportiert, umgesetzt oder an einem Seil gezogen werden. Er besteht aus einem Sack oder einer Plastiktüte, die mit leeren Dosen gefüllt ist, die bei Bewegung unterschiedliche Geräusche erzeugen. Das erfordert ein abgeklärtes Pferd mit viel Vertrauen zum Reiter und zu sich selbst.

Soll der Klappersack von Tonne A auf Tonne B herübergehoben werden, ist es als erstes erforderlich, dass das Pferd selbstsicher auf den Punkt genau zwischen den beiden Tonnen anhält. Beim Aufnehmen schüttelt man den Sack etwas, sodass das Pferd weiß, was gleich kommen wird und der Richter sieht, dass das Pferd keine Probleme hat. Erst dann wird der Sack herübergehoben und scheppernd auf der anderen Tonne wieder abgelegt.

Man sollte ihn jedoch dabei nicht zu schwungvoll und lässig auf die Tonne werfen. Es ist schon manchem Reiter zum Verhängnis geworden, dass er so die Scheufestigkeit seines Pferdes demonstrieren wollte, der Sack von der Tonne fiel und er fünf Penaltys kassierte.

Soll der Klappersack zu einer entfernteren Tonne transportiert werden, sollte man ihn kurz etwas schütteln, um das Pferd damit vertraut zu machen, bevor man ihn endgültig aufnimmt. Der Richter wird es positiv vermerken, wenn das Pferd bei den scheppernden Geräuschen gelassen steht. Ist man sich seines Pferdes noch nicht ganz sicher, den Sack vorsichtig aufnehmen und ihn während des Transportes nicht zu weit von sich strecken, damit das Pferd ihn aus seinem seitlichen Blickwinkel, der ihm nur ein schemenhaftes Bild vermittelt, nicht sehen kann. Besser ist, ihn im toten Winkel des Pferdeblicks zu transportieren.

Übungen mit dem Klappersack beginnen auf dem Boden. Man lässt das Pferd in einem nicht allzu großen, eingezäunten Bereich laufen und zieht den Rappelsack innerhalb dieses Bereichs an ein Seil angebunden hinter sich her. Man kann den Klappersack auch in der Hand tragen und sich damit klappernd fortbewegen oder ihn auf eine Tonne legen und damit rappeln. Was man sich einfallen lässt, um das Pferd damit bekannt zu machen, bleibt der Phantasie jedes einzelnen überlassen. Es gilt die Neugier des Pferdes an dem unbekannten Gegenstand, mit dem sein Leittier furchtlos umgeht, zu wecken. Lässt man das Tier danach allein damit, siegt häufig die Neugier und das Pferd nähert sich dem Objekt, um es zu beschnobern und zu erforschen. Diese Neugier kann man durchaus mit einer auf den Rappelsack gelegten Möhre unterstützen.

Hat das Pferd den Klappersack ausreichend in Augenschein genommen, führt man es an den auf der Tonne liegenden Klappersack heran. Der Führzügel sollte dabei lang genug sein, dass man ihn bei einem Zurückweichen nicht loslassen muss. Behutsam macht man das Tier damit vertraut, dass der Klappersack zwar Geräusche abgibt, aber keine Gefahr von ihm ausgeht. Dieses Training wird solange fortgesetzt, bis das Pferd ruhig steht, wenn man Sack klappernd anhebt und wieder auf die Tonne fallen lässt.

Im nächsten Schritt sollte das Pferd lernen, dass der Klappersack ihm folgt. Dazu führt man das Pferd und zieht mit der anderen Hand ein Seil mit dem Rappelsack hinter sich her. Die anfangs recht große Distanz zwischen Pferd und Rappelsack verringert man nach und nach, bis der Sack fast neben dem Pferd über die Erde geschleift wird. Will man die Übung vom Sattel aus fortsetzen, sollte ein Helfer anfangs den Sack bewegen und Geräusche erzeugen, um die Reaktionen des Pferdes auszuloten. Anschließend kann er das Pferd mit dem Sack umkreisen und ihn vor dem Pferd herziehen. Der Reiter folgt dem Sack, bis das Pferd die Angst verloren hat. (→ Gegenstand ziehen)

Trotz aller Vorbereitung sollte man jedoch darauf gefasst sein, dass das Pferd bei den ersten Versuchen den Sack hinter ihm herzuziehen in Panik davonstürmt. Sollte dieser Fall eintreten, kehrt man zu der Übung an der Hand und der Hilfe durch eine zweite Person zurück.

Regenschirme

Regenschirme können, auch ohne dass sie mit einem Hindernis im Parcours in Verbindung zu stehen, ein Übel sein. Es beginnt zu regnen und wie von Geisterhand klappen plötzlich die Regenschirme der Zuschauer am Rande des Parcours auf. Der Trailreiter ist dem nicht ganz so direkt ausgesetzt wie die Reiter von Gruppen-Prüfungen auf dem Hufschlag.

Doch der Regeschirm eignet sich ebenfalls als Teil eines Trail-Hindernisses. Er muss aufgenommen und geöffnet werden, um dann den Reiter vor imaginärem Regen schützend, an einen anderen Platz gebracht, wieder geschlossen und abgelegt zu werden.

Um das zu trainieren öffnet und schließt man einen Schirm, auch plötzlich aufspringende Automatikschirme, in der Nähe des Pferdes solange, bis es sich daran gewöhnt hat. Anschließend geht man mit Schirm und Pferd spazieren, um später das Ganze vom Sattel aus zu praktizieren.

Gymnastikball

Der Gymnastikball ist nicht nur ein Objekt, das sich vielfältig verwenden lässt, sondern auch ein Gegenstand, an den sich ein Pferd erst gewöhnen muss. Auf einem Playday könnte man ihn im Parcours über den Weg rollen lassen oder verlangen, dass das Pferd ihn in ein Tor schiebt.

Um das Pferd damit vertraut zu machen, kann man es mit dem Ball allein auf dem Platz oder im Round-Pen lassen, bis es sich ihm selbst nähert und beginnt den Ball zu beschnobern und zu bewegen. Gemeinsam mit dem Pferd auf dem Reitplatz zu „spielen", bis es sich daran gewöhnt hat, heißt die andere Variante.

Natürlich können Bälle aller Größen eingesetzt werden. Jedoch könnten kleinere leicht vom Pferd zertreten werden, es beim Platzen erschrecken und so sein Misstrauen gegenüber ähnliche Gegenständen hervorrufen.

Und was es sonst noch gibt

Der Rest der Schreck-Hindernisse ist ein Sammelsurium der Phantasie der Parcours-Gestalter, bei denen örtliche Gegebenheiten häufig Pate stehen. Einige wenige sollen hier noch erwähnt werden, aber nicht alle sind zuhause trainierbar.

Luftballons können in mehreren Varianten verwendet werden. Festgebunden sich im Wind bewegend, im Wind durcheinanderwirbelnd in einem Kaninchengatter oder gar ein einzelner beim Ground-Tying, der zerstochen werden muss, ohne dass das Pferd davonläuft.

Eingezäunte Schafe oder Ziegen und selbst ein krächzender Papagei auf einer Stange, der sicherlich einen Raubvogel mimen sollte, wurden schon im Parcours gesichtet.

Tonbänder im Gebüsch versteckt, die ungewohnte Geräusche produzierten, haben schon manches Pferd aus der Fassung gebracht. Je mehr Geräusche das Pferd kennt, umso gelassener wird es damit umgehen können. Das lässt sich einfach zuhause trainieren, indem man extreme Geräusche aufnimmt und sie gelegentlich und für das Pferd unerwartet beim Training abspielt.

Weitere Hindernisse

In diesem Kapitel sind die Hindernisse zu finden, die sich keiner bestimmten Hindernisart zuordnen lassen.

Dazu gehören auch **Sprünge**, die bei einigen Verbänden bis zu einer Höhe von 45 cm zugelassen sind. Oder das **Abnehmen des Zaumzeugs**, um lediglich mit einem Zügel um den Hals das nächste Hindernis zu absolvieren.

Ground-Tying

Ground-Tying ist weniger ein Hindernis, sondern eine Spezialaufgabe aus der Arbeit der Cowboys. Während es bei einigen Verbänden zu den unerlaubten Hindernissen zählt, ist es beim Ranch-Trail Pflicht und wird bei verbandsfreien oder anderen Spezial-Trails gerne verwendet.

Für den Cowboy in der Open Range war und ist es unabdingbar, jederzeit absteigen zu können, auch wenn kein Baum oder Strauch in der Nähe ist, um beispielsweise einem verletzten Tier helfen zu können.

Wäre dem Cowboy das Pferd davongelaufen, während er ein krankes Kalb versorgte, hätte das früher einen stunden- oder tagelangen Fußmarsch zurück zur Ranch bedeutet. Heute genügt zwar ein Anruf mit dem Handy, um abgeholt zu werden, aber der jahrelange Spott der Kollegen der gesamten Region wäre ihm gewiss.

Ground-Tying heißt im Grunde „am Boden festbinden", bedeutet aber in diesem Zusammenhang nur die Zügel auf die Erde zu legen, als ob man das Pferd dort anbinden würde. Natürlich profitiert auch jeder Geländereiter davon, wenn er sein auf Ground-Tying trainiertes Pferd überall stehen lassen kann, ohne dass es wegläuft. Man sollte sich jedoch des Risikos bewusst sein, das man eingeht, wenn man ein Pferd in freiem Gelände ohne Absicherung abstellt.

Das Ground-Tying verlangt, dass das Pferd dort stehen bleibt, wo es hingestellt wurde, ohne sich zu bewegen, zu fressen oder zu scharren. Das gilt ebenso beim Ab- und Aufsteigen. Kein Fuß darf sich bewegen.

Der Reiter steigt vom Pferd und lässt entweder beide Zügel auf die Erde hängen oder nur einen, während der andere über den Hals gelegt oder lose um das Sattelhorn geschlungen wird, um das Pferd so „am Boden festzubinden". Bei einer Zäumung auf Hackamore wird nur das Führseil der Mecate auf den Boden gelegt. Bei der kalifornischen Zäumung mit Romal Reins wird ein Zügel vom Gebiss gelöst.

Gewöhnlich soll der Reiter nach dem Absteigen ruhig in einem großen Bogen sein Pferd umrunden. Das Pattern kann jedoch auch spezielle Aufgaben verlangen wie: an einen vorgeschriebenen Ort im Parcours gehen, um dort beispielsweise etwas aufzuheben, einen Nagel einzuschlagen, etwas zu trinken oder was immer den pfiffigen Parcours-Erbauern eingefallen ist. Beim Wiederaufsteigen muss das Pferd am losen Zügel ruhig stehen bleiben. Eine gute Voraussetzung dafür ist, dass das Pferd Square steht. Andere Beinstellungen begünstigen das Bewegen der Beine während des Ground-Tyings. Jeder Schritt, und sei er noch so klein, bedeutet im Parcours Punktabzüge.

Auf dem Turnier sollte man sich selbstbewusst präsentieren und zeigen, dass man seinem Pferd vertraut und sicher ist, dass es nicht wegläuft. Nachdem der Zügel, begleitet von einem leisen „Whoa", auf die Erde gelegt wurde, wendet man sich vom Pferd ab und widmet sich der gestellten Aufgabe. Ohne immer wieder zum Pferd zu schauen oder es mit einem erneuten „Whoa" zum Stehenbleiben aufzufordern. Das heißt allerdings nicht, dass man es nicht aus dem Augenwinkel heraus, unsichtbar für den Richter, beobachten kann, um notfalls eingreifen zu können. Als gute Manier gilt es, wenn das Pferd mit den Augen der Aktion seines Reiters folgt.

Zu den weiteren Aufgaben im Rahmen des Ground-Tyings kann das Ab- und Auftrensen des Pferdes gehören oder auch alle vier Hufe oder nur einzelne hochzuheben. Das Pferd soll das Gebiss willig hergeben oder annehmen, ohne dabei den Kopf hochzunehmen. Beim Hufaufnehmen wird gelassenes Stehen und gehorsames Füßegeben erwartet.

Grundvoraussetzung für das Ground-Tying-Training ist, nicht nur das bedingungslose Stehenbleiben bei dem Kommando „Whoa", sondern auch, dass das Pferd generell gelernt hat, stillzustehen. Beim Aufsteigen, beim Absteigen und wann immer der Reiter es verlangt. Es ist immer wieder zu beobachten, dass Reiter ein Problem damit haben, dass ihr Pferd beim Aufsteigen herumzappelt oder während er erst halb oben ist, bereits losläuft oder spätestens sobald er im Sattel sitzt.

Das Pferd muss schon alleine aus Sicherheitsgründen dazu erzogen werden prinzipiell beim Aufsteigen stehen zu bleiben und erst auf Kommando anzutreten. Bewegt sich das Pferd während des Aufsteigens, bricht man den Vorgang sofort ab und stellt das Pferd wieder an den alten Platz zurück. Nach einer kurzen „Denkpause" für das Pferd startet man einen neuen Versuch. Das Pferd soll dabei alle vier Beine gleichmäßig belasten, um durch das vorübergehend einseitige Reitergewicht nicht aus der Balance zu kommen und als Gegenmaßnahme einen kleinen Schritt zu gehen.

Man sollte niemals direkt nach dem Aufsteigen losreiten. Sitzt man im Sattel, bleibt man eine kurze Zeit stehen, um dann erst dem Pferd das Kommando zum Antreten zu geben. Bereits der kleinste unerlaubte Schritt muss korrigiert werden. Nur bei konsequentem Vorgehen erzielt man Ergebnisse.

Es gibt einige Methoden das Pferd mit dem Ground-Tying vertraut zu machen. Eine davon ist, einen Halfterstrick mit Snaps an beiden Enden am Gebiss zu befestigen. Dieser Halfterstrick wird zusammen mit dem Zügel nach unten geführt. Am Boden hat man einen Ring vorbereitet, in den man den Snap des Halfterstricks einschnappen lässt, begleitet von einem „Whoa". Dann entfernt sich der Reiter ein paar Schritte.

Will sich das Pferd bewegen, stellt es fest, dass es nicht weit kommt. Der Reiter muss es sofort an den alten Platz zurückstellen, begleitet von einem fordernden „Whoa". Diese Übung wird solange wiederholt, bis das Pferd begriffen hat, dass es sich nicht bewegen soll. Mit Lob sollte dabei nicht gespart werden.

Im Verlauf des Trainings entfernt sich der Reiter immer weiter oder sogar für einen Moment aus dem Sichtbereich des Pferdes. Manchmal ist ein ermahnendes „Whoa" erforderlich, wenn man mit Blick auf das Pferd befürchtet, es könne sich gleich bewegen. Ist man der Meinung sich auf das Pferd verlassen zu können, lässt man den Halfterstrick weg.

Das Absatteln des Pferdes ist ebenfalls eine gute Gelegenheit, das Ground-Tying zu trainieren. Sicherheitshalber anfangs auf einem eingezäunten Platz. Das Pferd findet es nach dem Ritt angenehm, wenn der Reiter den Sattel abnimmt, da es weiß, dass die Arbeit beendet ist und wird gerne stehen bleiben.

Die Zügel werden von einem „Whoa" begleitet, wieder auf den Boden gelegt. Der Sattel wird abgenommen und irgendwo abgelegt. Dann folgt das Pad. Schritt für Schritt werden die Phasen, in denen das Pferd alleine steht verlängert, bis der Sattel weggebracht werden kann, ohne dass das Pferd sich von der Stelle rührt. Nun gilt es die Situation zu verändern und unter anderen Voraussetzungen zu üben, bis das Pferd sicher beherrscht, was der Reiter von ihm erwartet.

Beim Training für das Ground-Tying kommen die stimmlichen Variationsmöglichkeiten ins Spiel. Das freundlich auffordernde „Whoa", wenn es mitarbeitet und das unangenehm scharfe und lautere, wenn es sich bewegt und korrigiert werden muss.

Wasser als Hindernis

Im Parcours kann das Pferd mit unterschiedlichen Formen von zu durchschreitendem Wasser konfrontiert werden. In fest angelegten Natur-Trails könnte das ein Bachlauf, ein schmaler Wassergaben oder ein Teich sein. In einer Arena ein nachempfundenes, künstliches, flaches Gewässer mit einem nur leicht erhöhten Rand.

Wasser ist dem Pferd zwar nicht unbekannt, trotzdem bereitet selbst das Durchqueren kleiner Pfützen häufig Probleme, von größeren Gewässern ganz zu schweigen. In der freien Natur würde jedes auf seine Sicherheit bedachte Pferd eher an einer Pfütze vorbei gehen als hindurch. Die Verweigerung basiert nur selten aus Abscheu gegenüber Wasser. Die Ursache liegt darin, dass das Pferd nicht durch das Wasser auf den Grund schauen und somit nicht einschätzen kann, dass das nur wenige Zentimeter tiefe Gewässer kein bodenloser Abgrund ist. Sein Urinstinkt warnt es vor der unsicheren Situation, die es nicht bewerten kann. In manchen Pferden ist dieser Instinkt noch tief verankert, bei anderen weniger.

Wichtig ist es aus einer Wasserdurchquerung keinen Kampf zu machen, sondern ruhig zu bleiben und es immer und immer wieder neu zu versuchen. Die Angst des Pferdes muss in Vertrauen umgesetzt werden. Es muss lernen, dass ihm nichts passiert, wenn von ihm verlangt wird, durch Pfützen, Bäche oder andere Gewässer zu gehen.

Den Umgang mit diesem Element lernt ein Pferd in freier Natur dem Leittier folgend in der Herde durch Nachahmung. Dieser Herdentrieb kann wertvolle Dienste leisten, wenn der Reiter sich diese natürlichen Verhaltensweisen zunutze macht. Das ängstliche, wasserscheue Pferd lässt man einem erfahrenen Pferd durch das Wasser folgen. Das Leitpferd muss dabei ohne zu zögern in das Nass treten und darf selbstverständlich kein Tier sein, das gegen Artgenossen ausschlägt, wenn man zu dicht aufreitet. Entschließt sich das unerfahrene Pferd plötzlich mit einem Satz hinterher zu springen, kann es dabei auf Tuchfühlung mit Kruppe oder Hinterhand seines Vorpferdes gehen.

Besteht keine Möglichkeit mit einem Führpferd zu arbeiten, geht man ähnlich vor wie bei der Brücke (➔ Brücke) und der Plane (➔ Plane). Mehrfach in der Nähe vorbeireiten und sich in Volten herantasten, ist ein guter Anfang. Dabei kann man dem Pferd die Nähe des Wassers angenehm machen. Je näher sich das Pferd heranreiten lässt, umso mehr lässt man es in Ruhe. Je weiter entfernt, umso anstrengendere Arbeit verlangt man von ihm. Das macht ihm die Nähe des Wassers angenehm. Ob man die hier vorgeschlagenen Methoden oder letztendlich noch eine andere wählt, hängt immer von den örtlichen Gegebenheiten und Möglichkeiten, aber vor allem von dem jeweiligen Pferdetyp ab.

Die Art und Weise, wie sich Pferde einmal am Wasser angekommen verhalten, ist sehr ähnlich. Mit gesenkten Kopf und manchmal abwehrend schräg gestellten Vorderbeinen versuchen sie am Wasser zu schnuppern. Vielleicht setzt das Pferd sogar schon einen Huf ins Wasser, um ihn dann sofort wieder herauszuziehen und ein paar Schritte rückwärts zu gehen. Es darf in diesem Stadium keinesfalls mehr zugelassen werden, dass sich das Pferd ganz von Hindernis abwendet. Je mehr es sich mit dem Hindernis beschäftigt, umso eher wird es versuchen, es zu bewältigen.

Setzt das Pferd den ersten Huf ins Wasser, sollte man keinen Druck ausüben, um es zum Weitergehen zu veranlassen, sondern es loben und lediglich ermutigen weiter zu gehen. Nach dem Beschnobern folgt häufig ein Platschen mit einem Vorderfuß, um Flüssigkeit und Boden zu ergründen, bevor der zweite Fuß folgt. Gelegentlich steckt es nach dem Schnuppern das Maul unter die Wasseroberfläche oder trinkt. Auch dabei den Zügel lang lassen und abwarten, ebenso wie bei weiterem Plantschen bei den ersten Durchquerungen.

An warmen Tagen kann es passieren, dass das Pferd so viel Vertrauen gefasst hat, dass es beschließt sich in dem kühlenden Nass zu wälzen. Sobald ein Einknicken der Vorderbeine spürbar wird, sofort den Zügel annehmen, den Kopf des Pferdes hochhalten und das Pferd aus dem Wasser treiben.

Pferde, die zuhause ohne zu zögern ihnen bekannte Gewässer durchqueren, können durchaus ein fremdes Nass im Parcours oder auch anderswo mit einer Vehemenz verweigern, als sei der sichere Tod darin verborgen. Wenn platzmäßig möglich hilft vielleicht folgende Methode, die wie aus dem Wilden Westen anmutet, allerdings durchaus im Turniersport schon mehrfach gesehen wurde. Das Pferd wird rückwärts ins Wasser geritten, dort gewendet und durch das Wasser auf der anderen Seite wieder heraus geritten. Das ist jedoch nur ratsam, wenn die Uferböschung nicht zu steil ist.

Wippe

Das Überreiten einer Wippe ist Vertrauenssache. Dem Training dafür geht das problemlose, selbstsichere und ruhige Überschreiten einer geländerlosen, flachen Brücke (→ Brücke) voraus. Je flacher die Wippe anfangs gelegt wird, umso schneller fasst das Pferd Vertrauen zu dem unsicher scheinenden Untergrund. Der Kippeffekt sollte erst dann gesteigert werden, wenn das Pferd die nötige Sicherheit gewonnen hat. Es gilt das Pferd sehr vorsichtig damit vertraut zu machen, dass die „Brücke" sich nach Überschreiten der Mitte bewegt. Dazu lässt man das Pferd langsam über die Wippe gehen und hält es kurz bevor die Wippe kippt, an. Mit einem kleinen Schritt leitet man den Kippeffekt ein. Selbst wenn das Pferd anfangs erschreckt von der Wippe springen sollte, wird es sich in der Regel schnell an den kippenden Boden gewöhnen.

Geht das Pferd wie selbstverständlich, ohne ein Anzeichen von Anspannung, über die Wippe, kann das Schaukeln in Angriff genommen werden. Zum Wippen muss das Pferd auf der Brücke still stehen können und jederzeit auf minimale Hilfen hin vor- und zurücktreten. Man stoppt das Pferd unmittelbar nach dem Kippen und lässt es einen Schritt rückwärts treten, sodass sich die Wippe zurückneigt. So lernt das Pferd, sich mit der Schaukelbewegung auseinanderzusetzen.

Vielen Pferden macht das Wippen Spaß. Mit entsprechender „Feinabstimmung" wippen Pferd und Reiter bald ausschließlich durch Gewichtsverlagerung. Mit etwas Übung gelingt es Pferden nach einiger Zeit zu wippen, ohne dazu ihre Beine zu bewegen. Sie verlagern ihr Gewicht selbstständig von der Vor- auf die Hinterhand.

Einen höheren Schwierigkeitsgrad stellt das Anreiten von der hohen Seite dar, bei dem das Pferd die Brücke erst heruntertreten muss. Dazu muss der erste Huf kontrolliert auf der Wippe abgesetzt werden, damit er nicht nur halb draufsteht und abrutscht. Das könnte sonst zu Verletzungen führen.

Tonnen-Hindernis

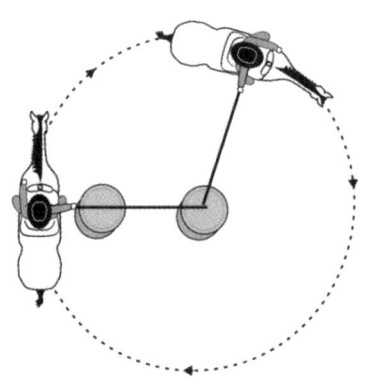

Beim Tonnen-Hindernis besteht die Schwierigkeit darin, das Pferd in Biegung auf dem Radius der Stange einhändig zu reiten. Das Pferd wir hauptsächlich über Schenkel- und Gewichtshilfen geritten, da der Zügel kaum etwas bewirken kann. Wichtig ist die Stange im rechten Winkel anzureiten. Beim Anreiten ist das Pferd noch gerade gestellt und wird erst nach dem ersten oder zweiten Schritt in die Biegung geritten.

Geht man zu früh in die Biegung, stimmt der Winkel nicht mehr und die Stange erscheint plötzlich zu lang, da das Pferd zu nah an die Tonne heranläuft. Reitet man zulange geradeaus, zieht man die Stange von der Tonne, sodass sie runterfällt. In beiden Fällen kommt man auf einen Zick-Zack-Kurs, der nur selten dazu führt, das Hindernis erfolgreich beenden zu können.

Stehen keine Tonnen zur Verfügung, kann man einen Besenstiel in eine Pylone stecken und ein Seil daran befestigen. Es gilt um die Pylone einhändig herumzureiten, ohne dass das Seil schlaff wird oder der Besenstiel umgerissen wird.

Gegenstand ziehen

Einen Gegenstand mit einem Rope ziehen zu können, gehört auch heutzutage zu den unabdingbaren Fertigkeiten eines Cowboys bei der Rancharbeit. Selbst im Zeitalter der geländegängigen Pick-Ups müssen viele Arbeiten in unwegsamem Gelände weiterhin mit dem Pferd verrichtet werden.

Gehört das Ziehen eines Gegenstandes in der Trail-Prüfung der Ranch Horse Competition zu den Pflicht-Hindernissen, findet man es ansonsten in der

Regel nur noch bei verbandsfreien Turnieren oder bei Spezial-Trail-Prüfungen. Die Aufgabenstellung verlangt einen auf der Erde liegenden Gegenstand mit einem Rope oder einem Seil zu Pferd an einen anderen Ort zu ziehen. Dabei kann es sich um einen Baumstamm, ein Geäst oder auch einen Sack mit leeren Dosen handeln, je nachdem was der Parcoursbauer sich einfallen lässt.

Selbst wenn das Pferd das Überheben eines Klappersackes von einer Tonne auf die andere duldet, heißt das nicht, dass es furchtlos einen Klappersack oder andere Gegenstände hinter sich her ziehen mag. Da das Pferd in diesem Bereich nichts oder nur wenig sieht, reagiert es entsprechend misstrauisch.

Im Großen und Ganzen verläuft das Training ähnlich wie es beim Ziehen des Klappersacks (→ Sonstige Hindernisse/Klappersack) beschrieben wurde. Ein Helfer, ob zu Fuß oder zu Pferd, ist hierbei am Anfang recht nützlich. Nachdem das Pferd den zu ziehenden Gegenstand ausgiebig begutachten durfte, zieht der Helfer diesen Gegenstand in der Nähe des Pferdes an ihm vorbei, sodass der Reiter beidhändig Reaktionen des Pferdes abfangen und das Pferd den sich bewegenden Gegenstand aus sicherer Entfernung beäugen kann. Hat sich das Pferd daran gewöhnt, dass jemand den Gegenstand in seiner Nähe vorbeizieht, fordert der Reiter das Pferd auf dem Objekt in immer kürzerem Abstand zu folgen. So kann es selbst herausfinden, dass keine Gefahr besteht.

Im nächsten Schritt nimmt der Reiter das Seilende selbst in die Hand. Zieht man den Gegenstand anfangs seitwärts, kann das Pferd ihn besser sehen und einschätzen. Das gleiche gilt fürs Rückwärtsrichten, bei dem das Objekt sich vor dem Pferd befindet. Sobald das Pferd scheut und droht durchzugehen, lässt man das Seil fallen und beruhigt das Tier, um nach einer kurzen „Denkpause" mit der Übung fortzufahren.

In der letzten Phase zieht der Reiter den Gegenstand hinter sich her. Das Pferd kann sich anfangs verfolgt fühlen, wird jedoch bald lernen, dass auch in dieser Position keine Gefahr besteht.

Es ist sinnvoll anfangs Gegenstände zu verwenden, die relativ wenig Geräusche verursachen. Das Pferd sollte dazu mit der Berührung durch ein Rope oder ein anderes Seil vertraut gemacht werden, denn beim Ziehen von Gegenständen wird das Pferd häufig an der Hinterhand oder Vorderhand damit berührt, je nach Zugrichtung.

Je nach Pattern wird das Seil im Parcours mit der Hand gehalten oder einmal um das Horn gewickelt. In letzterem Fall muss das Pferd den Gegenstand selbst ziehen. Daran muss es ebenso wie jedes Kutschpferd, das einen Wagen ziehen soll, gewöhnt werden, vor allem wenn es sich um einen schweren Gegenstand handelt.

Wie weit man beim täglichen Training fortschreitet, hängt maßgeblich vom Typ des Pferdes ab. Es darf keinesfalls überfordert werden, sonst verliert es das Vertrauen, was sich ebenso auf andere Hindernisse auswirken kann.

Hobbeln

Hobbles sind Fußfesseln aus Stricken, Leder oder heute auch aus Kunststoff. In der Regel werden die Hobbles um die beiden Vorderbeine entweder in Röhrbeinhöhe oder unterhalb des Fesselkopfes angelegt, so dass das Pferd nicht mehr in der Lage ist, ein Vorderbein unabhängig vom anderen nach vorne zu führen, also normale Schritte zu machen.

Hobbles werden auch heutzutage in allen Regionen der Erde verwendet, um den Bewegungsradius eines Pferdes oder Esels einzuschränken. Das kann zum Grasen auf uneingezäuntem Areal sein oder um das Tier in der Nähe eines Lagers zu halten. Mit Hobbles, die nur um die Vorderfüße angelegt werden, kann das Pferd sich durchaus von der Stelle bewegen. „Experten" können damit sogar galoppieren, sodass in den entsprechenden Ländern notfalls die Vorderfuß-Hobbles mit den Hinterfüßen verbunden werden. Im Turniersport wird das Hobbeln nur noch selten verlangt, gehört in der Trail-Prüfung der Ranch Horse Competition jedoch zu den Wahl-Hindernissen.

Das Hobbeln wird ebenso eingesetzt, um das Pferd zu lehren, stillzustehen. Der positive Effekt dieser Art von Fesselung ist, dass ein solchermaßen trainiertes Pferd nicht so schnell in Panik gerät, wenn es sich zum Beispiel mit seinen Füssen in Draht oder ähnlichem verfangen hat. Es wird meistens geduldig warten, bis jemand kommt, um es zu befreien.

Bei der Gewöhnung an Hobbles darf nicht vergessen werden, dass das Pferd ein Fluchttier ist und in Panik geraten kann, wenn es feststellt, dass es nicht fliehen kann. Deshalb sollte unbedingt darauf geachtet werden, dass der Boden in der Gewöhnungsphase weich ist, damit sich das Pferd nicht verletzen kann, wenn es durch eine Panikreaktion stürzt.

Bei nervösen Pferden oder solchen, die zu Hektik neigen, sollte man generell überlegen, ob man ein Hobble-Training durchführen möchte. Und wenn ja, ob man das nicht besser zusammen mit einem auf diesem Gebiet erfahrenen Profi in Angriff nimmt.

Pferd verladen

Auf einigen Turnieren wird das Verladen des Pferdes in den Parcours eingebaut. Da das Verlade-Training an sich eine komplexe Angelegenheit ist, die zur Grundausbildung des Pferdes gehört, wird an dieser Stelle nicht darauf eingegangen.

Ob das Pferd gesattelt oder ungesattelt verladen werden soll, gibt in der Regel das Pattern vor oder die jeweiligen Disziplinregeln. Welcher Art der Hänger ist, richtet sich nach dem Veranstalter. Viele Hänger werden über eine Rampe betreten, die man entweder vorwärts über eine zweite Rampe oder nur rückwärts über dieselbe Rampe verlassen kann. In andere Hänger muss das Pferd ohne Rampe einsteigen, das heißt, reinklettern und sich auf dem Hänger umdrehen, um wieder heraussteigen zu können.

Darüber ob man das Pferd in den Hänger „schickt" oder hineinführt, gibt das Pattern Auskunft. Beim Ranchhorse-Trail bevorzugt der Richter das selbständige Einsteigen des Pferdes in den Hänger. Das muss ausreichend geübt werden und ist nur sinnvoll mit Pferden, die sich bereits gut verladen lassen.

Das Training beginnt man auf jeden Fall mit dem ungesattelten Pferd. Erst wenn das Pferd den Hänger so selbstverständlich betritt, wie seine Box, sollte man mit dem gesattelten Pferd trainieren. Das Brückentraining ist eine gute Vorübung für das Verladen, bei dem das Pferd über die Klappe oder Rampe gehen muss. Das Drehen im Hänger kann man in einem Stangenviereck oder auch auf einer ausreichend breiten Brücke an der Hand trainieren. Das gerade rückwärts aus dem Hänger gehen an der Hand zwischen Stangen auf dem Boden.

Mailbox

Die Mailbox, der amerikanische Briefkasten, verursacht meist nicht ganz so große Probleme wie der Slicker oder Fahnen. Das wichtige ist hier, das Pferd in die richtige Position zu bringen, um den Briefkasten zu bedienen. In den meisten Fällen muss man einen Brief herausnehmen, ihn dem Richter durch Hochhalten zeigen, wieder in die Mailbox zurücklegen und diese schließen. Dabei muss das Pferd am losen, auf dem Hals liegenden Zügel ruhig stehen. Es kann sein, dass man sich herunterbeugen muss und die Mailbox beim Öffnen Geräusche versursacht. Ebenso wie am Tor ist hier von Vorteil, wenn man seine Körperteile unabhängig voneinander bewegen kann, so dass sich keine übermäßige einseitige Gewichtsverlagerung ergibt.

Die Phantasie der Parcours-Gestalter
scheint grenzenlos zu sein!

Spezielle Trail-Disziplinen

Neben westernspezifischen Trail-Disziplinen hat diese Art von Hindernis-Parcours nicht nur bei der FN (Deutsche Reiterliche Vereinigung) im Breitensport Einzug gehalten, sondern ist seit jeher fester Bestandteil der Working Equitation.

Der Ursprung der erst seit 2008 auch in Deutschland und Österreich turniermäßig angebotenen **Working Equitation** liegt in den traditionellen Arbeits- und Hirtenreitweisen der südeuropäischen Länder: Spanien, Portugal, Italien und Frankreich. Bereits seit 1996 finden internationale Wettkämpfe zwischen den Ursprungs-Nationen statt. Die Liebhaber dieser Reitweise in Deutschland haben sich im WED (Western Equitation Deutschland e.V.), der Turniere, Kurse und andere Veranstaltungen organisiert, zusammengefunden.

Working Equitation setzt sich aus vier Teilbereichen zusammen, von denen einer der Trail ist. Die vorgeschriebenen Hindernisse entsprechen einigen aus diesem Buch. Wege zwischen den Hindernissen werden ausschließlich im Galopp geritten.

Seit sich die FN vermehrt dem Breitensport geöffnet hat, findet man auch dort Trail-Disziplinen wie die **Gelassenheits-Prüfung** (GHP), den **Präzisions-Parcours** und den **Aktions-Parcours**, deren Hindernisse innerhalb einer Höchstzeit absolviert werden müssen. Die verwendeten Hindernisse sind denen in diesem Buch aufgeführten ähnlich.

Ranchhorse-Trail

Vor einigen Jahren fügte die American Quarter Horse Association, gedrängt von amerikanischen Ranchern, die sich nicht mehr ausreichend repräsentiert fühlten, ihrem Show-Katalog eine weitere Disziplin hinzu: Versatility Ranch Horse Competition. Damit besann man sich auf die ursprünglichen Qualitäten des Quarter Horses und seiner Arbeit als zuverlässiger Partner des Cowboys in allen Situationen. Für diese Disziplin wurden die Regeln von der „Stock Horse of Texas Association" (SHOT) übernommen.

Der Leitgedanke für diese vielfältige Ranchhorse–Prüfung ist das willige Arbeitspferd mit All-Around-Fähigkeiten. Daher beinhaltet die Versatility Ranch Horse Competition fünf Einzelprüfungen: Ranch Riding, Ranch Cutting, Working Ranch Horse, Ranch Conformation und den Ranch Trail.

Der Ranch Trail besteht aus einem Parcours mit drei Pflicht-Hindernissen und mindestens drei Wahl-Hindernissen mit typischen Situationen aus der täglichen Rancharbeit. Ideal ist dafür ein Natur-Trail-Parcours. Ist kein entsprechendes Terrain vorhanden, können die möglichst ursprünglichen Hindernisse in der Halle oder auf dem Reitplatz aufgebaut werden.

Die Pferde sollen im Parcours einen raumgreifenden Schritt, Arbeitstrab und Arbeitsgalopp zeigen und der Zügel ausreichend lose sein, ohne den direkten Kontakt zum Pferdemaul zu verlieren.

In der gesamten Versatility Ranch Horse Competition ist die Verwendung von Hufpolitur nicht erlaubt, ebenso geflochtene Mähnen, geflochtene Schweife oder künstliche Schweifverlängerungen.

Die drei Pflicht-Hindernisse

1. Das Öffnen, Durchreiten und Schließen eines Tores. (→ Tor)
2. Das Ziehen eines Balkens entweder in gerader Linie oder nach einem vorgeschriebenen Pattern, zum Beispiel im Kreis oder in einer Acht. Das Seil wird dabei lose um das Sattelhorn geschlungen, ohne dass es festgebunden ist. (→ Gegenstand ziehen)
3. Auf- und Absteigen. Das Pferd soll ruhig stehen bleiben, während der Reiter ab und aufsteigt. (→ Ground-Tying)

Mögliche Wahl-Hindernisse

Überreiten von Stangen – Im Schritt können die Abstände der einzelnen Stangen beliebig weit sein, ebenso wie die Winkel der Stangen zueinander beliebig variieren können, denn in freier Natur liegen Baumstämme auch nicht geordnet auf dem Boden. Das Pferd muss selbständig darauf achten, dass es nicht anstößt, denn der Reiter hat durch die verschiedenen Abstände und Winkel wenig Einflussmöglichkeit auf die Schrittlänge.

Seitwärts – **oder Rückwärtsrichten** in Hindernissen.

Ground-Tying oder **Hobbeln** während der Reiter eine übliche Ranch-Aufgabe bewältigt. Dazu gehören beispielsweise: das Kopfstück abnehmen und wieder anlegen, die Hufe des Pferdes hochheben, einen Heuballen oder eine Stange bewegen, einen Nagel irgendwo einschlagen usw. (→ Ground-Tying, → Hobbeln)

Durchquerung eines **Wassergrabens** oder eines Hindernisses, welches einen Wassergraben simuliert. (→ Wasser)

Überquerung einer **Brücke** (→ Brücke)

Gesatteltes **Pferd verladen**, so wie es auf Ranches üblich ist. Der Richter bevorzugt Pferde, die alleine in den Hänger steigen und nicht geführt werden müssen. (→ Pferd verladen)

Regenmantel an- und ausziehen. (→ Regenmantel)

Gegenstand, der zur täglichen Arbeit verwendet wird, aufnehmen, **transportieren** und ablegen. (→ Transportieren von Gegenständen)

Post aus der **Mailbox** holen. (→ Mailbox)

Ropen eines künstlichen im Parcours stehenden Rindes. Die Zügel werden dabei mit der zügelführenden Hand gehalten und das Rope mit der anderen geworfen. Der Rest des aufgerollten Ropes wird ebenfalls in der Zügelhand gehalten. Das gut trainierte Ranchhorse wird dabei keine Bewegung machen, geduldig auf Kommandos des Reiters warten und vor allem nicht vor dem Rope scheuen, selbst wenn es damit berührt wird. Scheuen vor dem Rope zieht Penaltys nach sich, das Verfehlen des „Rindes" wird nicht mit Strafpunkten belegt.

Horse and Dog Trail

Bei diesem Trail für eine Pferd/Reiterkombination mit Hund, ein immer beliebter werdender Breitensportwettbewerb, sind auch spezielle Aufgaben für den Hund vorgesehen. Das Pferd wird im Sinne einer Trail-Prüfung, der Hund als gehorsamer Begleiter bewertet. Das harmonische Zusammenwirken von Reiter, Pferd und Hund wird verlangt. Beim Einreiten in den Parcours ist der Hund angeleint. Er wird vor dem ersten Hindernis von der Leine gelassen und am Ende des Parcours wieder angeleint. Der Reiter muss sich am Anfang seines Rittes entscheiden, ob der Hund rechts oder links bei Fuß läuft und diese Seite im gesamten Parcours beibehalten.

Das heißt, nach der Bewältigung eines Hindernisses muss der Hund wieder auf diese Seite zurückkehren. Es gibt sechs Pflicht-Hindernisse, zu denen das An- und Ableinen des Hundes gehört. Beim Tor kann der Hund voraus geschickt oder abgelegt werden. Beim Slalom in Schritt oder Trab und beim Walk-, Trot- oder Lope-Over geht der Hund bei Fuß. Bei der Brücke überquert der Hund diese zuerst oder kommt hinterher. Weitere Hindernisse, bei denen der Hund nicht zwingend den Reiter begleiten muss, sondern in der Regel solange an einem bestimmten Platz im Parcours abgelegt wird, können frei gewählt werden. Kleine Aufgaben für den Hund können darin bestehen, ihn durch ein eigenes kleines Flattertor oder über einen Sprung zu schicken oder durch eine Würstchengasse gehen zu lassen.

Extreme Trail

Wem übliche Trail-Hindernisse zu langweilig sind oder wer eine echte Herausforderung sucht, findet vielleicht Gefallen am Extreme Trail, einem Abenteuerspielplatz für Pferd und Reiter.

Vor gut zehn Jahren baute Mark Bolender, der Pionier des Extreme Trails, auf seiner Ranch im US-Bundesstaat Washington den ersten Extreme Trail Park und gründete damit eine neue Reitdisziplin, den Extreme Mountain Trail. Inzwischen gibt es in den USA etwa 100 Extreme Trail Parks und Championate mit bis zu 600 Teilnehmern. Seit einigen Jahren machen auch in Deutschland Extreme Trails von sich reden. Die German Extreme Trail Association (GETA) wurde gegründet und arbeitet mit drei deutschen Extreme Trail Anlagen zusammen, auf denen entsprechende Kurse angeboten werden. Für den Bau dieser Anlagen gibt es Richtlinien, dennoch ist jeder Parcours individuell geplant und richtet sich nach den vorherrschenden Geländegegebenheiten. Gerade diese Unterschiedlichkeit macht den Reiz des Extreme Trails auf den verschiedenen Anlagen aus, die Hindernisse und Herausforderungen für jede Ausbildungsstufe bieten.

Treppensteigen, Hängebrücken, Mikado aus Baumstämmen mit Geäst, bergauf und bergab auch auf steinigem Untergrund, extrem schmale Stege und viele weitere einem Mountain Trail nachempfundene Hindernisse verlangen Pferd und Reiter viel ab. Dazu sind die Hindernisse so gestaltet, dass sie Wege in verschiedenen Schwierigkeitsgraden anbieten und auch auf unterschiedliche Weise bewältigt werden können.

Balancieren, klettern, wippen, eine echte Herausforderung, bei der anfangs jedes Hindernis mit dem Pferd grundlegend erarbeitet werden muss. Oberstes Gebot ist dem Pferd ausreichend Zeit zu geben, sich mit dem Hindernis auseinanderzusetzen.

Turniere veranstaltet die GETA derzeit noch nicht, da es an genügend Reitern mit dem erforderlichen Leistung-Niveau mangelt. Denn eines möchte man auf jeden Fall vermeiden: diese Art des Trailreitens durch unschöne Bilder oder gar Unfälle in Misskredit zu bringen.

Wer Lust verspürt, sich mit seinem Pferd einem Extreme Trail zu stellen, sollte auf jeden Fall mit den Hindernissen eines üblichen Trails und den entsprechenden Trainings-Methoden dafür bestens vertraut sein.

Glossar

Bit – Oberbegriff für alle Gebisse. Die gebräuchliche Unterteilung ist: Snaffle Bit, Snaffle Bit with Shanks und Bit. In diesem Buch ist damit die einhändig gerittene Westernkandare gemeint.

Bosal – Nasenband der klassischen Hackamore.

Cowsense – Teils angeborene, teils trainierte Fähigkeit eines Pferdes, seine Aktionen auf die eines Rindes abzustimmen.

Doorman – Turnierhelfer am Eingang der Arena. Er ist verantwortlich dafür, dass alle Reiter der nächsten Prüfung startbereit sind.

Exterieur – Äußeres Erscheinungsbild und Körperbau eines Pferdes.

Go-Round – Vorlauf zur Ermittlung der Finalisten.

Hackamore – Eine gebisslose Ausbildungszäumung der traditionellen kalifornischen Reitweise. Sie besteht aus Bosal und Mecate.

Halter – Zuchtschau-Prüfung, bei der das Exterieur des am Halfter vorgestellten Pferdes beurteilt wird.

Hunter under Saddle – Prüfung amerikanischer Zuchtverbände, in der das Pferd in klassischer Ausrüstung vorgestellt wird.

Jog-Serpentine – Slalom im Jog durch Pylonen.

Landing – Das Auffußen in den Stangenzwischenräumen.

Logs – Hindernisstangen.

Mecate – Seil aus dem der Zügel und der Führstrick der Hackamore gebunden werden.

Pattern – Die zu reitende Aufgabe.

Penalty/s – Strafpunkt/e.

Pleasure-Jog – Der langsame in einer Western Pleasure verlangte Jog.

Ringsteward – Assistent des Richters ohne Richtkompetenz.

Romal Reins – Geschlossene kalifornische Zügel, die in einem Romal, einer eingeknoteten, peitschenartigen Verlängerung, enden.

Score – Wertnote oder Punktzahl, die man entweder für ein Hindernis (Manöver-Score) oder den ganzen Ritt erhält.

Score-Sheet – Bewertungs- oder Beurteilungsbogen des Richters.

Showmanship at Halter – Prüfung, in der das Pferd am Halfter vorgestellt wird. Bewertet wird wie der Teilnehmer und sein Pferd eine vorgegebenen Aufgabe bewältigen.

Slack – Durchhängen des Zügels, lockerer Zügel.

Slicker – Regenmantel.

Sliding-Eisen – Spezialbeschlag für Reining-Pferde, die das Gleiten der Hinterhand beim Sliding-Stop unterstützen.

Snaffle Bit – Wassertrense.

Trail-Trot – Die zur Überwindung von Logs erforderliche Trab-Geschwindigkeit.

Western Horsemanship – Reiterprüfung, in der Sitz, Hilfengebung und die Fähigkeit des Reiters, sein Pferd kontrolliert vorzustellen, bewertet werden.

Western Pleasure – Gruppenprüfung, in der das Pferd in allen Gangarten am losen Zügel in langsamen, weichen Tempo vorgestellt wird.

Western Riding – Prüfung mit vielen punktgenauen fliegenden Galoppwechseln.

Kochbücher und mehr aus dem Buffalo Verlag

Die Autorin Ute Tietje, eine begeisterte Fotografin, recherchiert für jedes ihrer Bücher vor Ort. So bereiste sie seit 1991 mehrmals im Jahr den Südwesten der USA und verbrachte einen großen Teil des Jahres 2007 in Kanada. Auf diesen Reisen sammelte sie alte Familienrezepte bei Pow-Wows, Einladungen auf Ranches und anderen persönlichen Begegnungen mit den alten und neuen Einwohnern Nordamerikas. Auch Andalusien und weltweit andere Länder gehören seit 2000 im Hinblick auf die Jugend-Abenteuerserie zu ihren Reisezielen.

Cowboy Cooking – Ute Tietje
Traditionelle Chuck Wagon- und Ranch-Küche
104 Seiten – viele s/w-Fotos – ISBN 978-3-98091410-9
Buffalo Verlag, Verden, 5. Auflage 2012 – 11,90 €

Die jeweilige Tätigkeit eines Cowboys bestimmte in der Regel die Art seiner Mahlzeiten. Auf der Ranch war das Angebot durch frische Lebensmittel üppiger als auf einem monatelangen Trailritt oder als „Lonesome Rider" auf der Suche nach verirrten Rindern.

Texas-BBQ – Ute Tietje
Grillen wie die Rancher und Cowboys
104 Seiten – viele s/w-Fotos – ISBN 978-3-98091418-6
Buffalo Verlag, Verden – 3. Auflage 2012 – 11,90 €

Das BBQ hat in Texas Tradition und wird ganzjährig zu vielen Gelegenheiten mit verschiedenen Grillmethoden zelebriert. Neben dem Hauptgrillgut bietet dieses Kochbuch nicht nur Rezepte für Marinaden und BBQ-Saucen, sondern auch für die beliebten Beilagen und alkohol-freien Getränke, ohne die ein zünftiges Texas-BBQ nicht denkbar ist.

Indian Cooking – Ute Tietje
Indianische Küche des Südwestens und der Plains
104 Seiten – viele s/w-Fotos – ISBN 978-3-98091411-6
Buffalo Verlag, Verden – 5. Auflage 2010 – 11,90 €

Trotz der leidvollen Vertreibungsgeschichte der einzelnen Indianerstämme bei der Eroberung ihres Lebensraumes durch europäische Siedler haben die überlebenden Stämme ihre Kultur nicht nur teilweise bewahrt, sondern pflegen sie heute wieder mit angemessener Würde und Stolz. Zu ihrer Kultur gehören die traditionellen Gerichte ihrer Vorfahren.

Kanadische Küche – Ute Tietje
Essen wie die Trapper, Indianer, Holzfäller und Farmer Ontarios
104 Seiten - viele s/w-Fotos - ISBN 978-3-98091415-4
Buffalo Verlag, Verden - 2. Auflage 2009 - 11,90 €

Traditionsbewusst und stolz auf die geschichtliche Vergangenheit ihres Heimatlandes zeigen sich Ontarios Einwohner, die großen Wert auf eine gute, gesunde und naturnahe Küche legen.

Nordamerika vegetarisch – Ute Tietje

Aus der Küche der Indianer und Pioniere

104 Seiten – viele s/w-Fotos – ISBN 978-3-98091416-1
Buffalo Verlag, Verden 2008 – 11,90 €

Die Ernährung der Indianer war wesentlich abwechslungsreicher, als man vermuten würde; selbst bei den nomadischen Jägerstämmen standen erstaunlich viele vegetarische Gerichte auf der Speisekarte. Die Einwanderer aus der Alten Welt mussten ihre Essgewohnheiten den harten Bedingungen des neuen Kontinents anpassen, so dass recht häufig vegetarische Kost auf dem Plan stand, die sie fantasievoll mit dem, was vorhanden war zubereiteten.

Andalusische Küche – Ute Tietje

Iberische Köstlichkeiten mit maurischem Erbe

104 Seiten – viele s/w-Fotos – ISBN 978-3-98091414-7
Buffalo Verlag, Verden – 2. Auflage 2010 – 11,90 €

Die mediterrane Küche des Südwestens der iberischen Halbinsel, beeinflusst von den Mauren, hat die andalusische Esskultur geprägt. Die Speisen in Andalusien sind – den warmen Temperaturen angemessen – zumeist leicht und gut bekömmlich. Der Einfluss des Orients ist in vielen Gerichten spürbar. Die Mauren kombinierten auf kreative Weise Fleisch und Fisch mit Früchten, Kräutern, Nüssen, aber auch scharfen Gewürzen. So gehören Beigaben von Mandeln, zerstoßenen Nüssen, Pistazien, Pinienkernen, Korinthen, Feigen, Melonen, Orangen und anderen Früchten, ja selbst Schokolade zu Fisch- und Fleischgerichten zu ihrem Erbe.

Ein Buch für gestandene Frauen, die gerne lachen

Carmen in fünf Akten – Ute Tietje

Ein Internetdate mit überraschenden Folgen

208 Seiten – gebunden – ISBN 978-3-98091413-0 – 9,90 €
E-Book - ISBN 978-3-98130095-6 – 8,99 €

Die 55-jährige Anne, eine gebildete, selbständige Frau, lernt in einer Internet-Kontaktbörse den attraktiven Spanier Juan kennen und glaubt den idealen Partner fürs Leben gefunden zu haben.
Carmen meets Don Juan! Schwungvoll und erotisch, gewürzt mit einer gehörigen Portion schwarzen Humors, beschreibt Ute Tietje ein turbulentes Liebesabenteuer in den reifen Jahren, das in die traumhafte Kulisse Andalusiens entführt.
Eine erfrischende Abwechslung zu den unzähligen Büchern, in denen kaum Dreißigjährige den Mann fürs Leben suchen. Hier kann sich auch die gestandene Frau identifizieren und mitfiebern, wie Anne hin und her gerissen zwischen Verliebtheit, Faszination und Neugier versucht, die sich entwickelnde Dreiecksgeschichte mit Humor und Stil zu meistern und ihren unehrlichen Latin Lover schlussendlich gekonnt aufs Glatteis führt.
Ein leichtfüßig und spannend präsentierter Lesespaß, der trotz der Sexgelüste des Antagonisten und Beschreibung der entsprechenden Szenen bei aller Anschaulichkeit nie unter die Gürtellinie abdriftet.

Lexikon Westernreiten – Ute Tietje
Praxiswissen von A – Z

220 Seiten - 270 Farbfotos + 70 Grafiken und Tabellen
ISBN 978-3-9813009-3-2 - Buffalo Verlag, Verden 2010 – 19,90 €

Aktuelles Wissen rund um den Westernreitsport; für Turnier- oder Freizeit-reiter, gleichermaßen interessant. Mit mehr als 1.500 Begriffen von „A" wie Appaloosa bis „Z" wie Zero Score und seinen zahlreichen Querverweisen rund um den Westernreitsport lässt dieses Werk keine Frage offen.

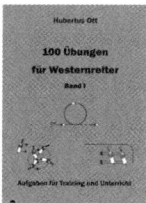

100 Übungen für Westernreiter – Band I
Hubertus Ott

108 Seiten – ca. 100 Graphiken - ISBN 978-3-98091-412-3
Buffalo Verlag, Verden, 3. Auflage 2012 – 16,90 €

Zusätzlich zu grundlegenden Übungen zur Rittigkeit (Übergänge, Bahnfigu-ren, Gymnastizierung usw.) sind auch allgemeine Horsemanship- und Trailaufgaben enthalten.

100 Übungen für Westernreiter – Band II
Hubertus Ott und Philipp Martin Haug

144 Seiten – ca. 150 Graphiken – ISBN 978-3-98091-419-2
Buffalo Verlag, Verden, 3. Auflage 2012 – 16,90 €

Hauptthemen sind Übungen zur Gymnastizierung, Galopparbeit, zu fliegen-den Wechseln, Stopps und Spins.

Die Übungen dieser beiden Bände sind in aufsteigendem Schwierigkeitsgrad geordnet, so dass das Training methodisch organisiert werden kann. Die Manöver sind anschaulich in Skizzen beschrieben und gedanklich leicht umzusetzen, so dass man seine Trainingsarbeit selbst abwechslungsreich gestalten kann.

100 Übungen für Freizeit- und Turnierreiter
Aus der Praxis für die Praxis – Hubertus Ott und Ute Tietje

128 Seiten – ca. 150 Grafiken – ISBN 978-3-98113000-0-1
Buffalo Verlag, Verden, 4. Auflage 2014 – 16,90 €

Nur stetes Training ebnet den Weg zu entspannten, befriedigenden Ausrit-ten und zu guter Leistung im Turniersport. Kreative Übungen erhalten die Aufmerksamkeit des Pferdes und motivieren es zur Mitarbeit. Ziel ist es, durch inspirierende Übungen für individuelles Training ohne Langeweile für Pferd und Reiter Korrektheit und Gelassenheit bei der Aufgabenbewältigung zu erreichen.

www.buffalo-verlag.de

Die neue Jugend-Abenteuerserie

Abenteuer in Texas – Ute Tietje

– Das Geheimnis der Wolf Creek Ranch

268 Seiten – gebunden – ISBN 978-3-98130091-8
Buffalo Verlag, Verden 2012 – Preis: 12,90 €
In Kürze auch als E-Book
Für Jungen und Mädchen ab 11 Jahren

Die Geschwister Maren und Tom aus Hamburg und ihre Cousine Ricky, die mit ihrer Mutter in Brasilien lebt, werden in den Ferien von Onkel Henry auf seine Ranch am Palo Duro Canyon in Texas eingeladen. Die Drei lernen Charly, den Enkel eines Nachbarn, kennen. Tom, der die Begeisterung der Mädchen für Pferde nicht teilt, ist überzeugt, dass ihn auf der Ranch die langweiligsten Ferien seines Lebens erwarten, zumal die technische Anbindung an den Rest der Welt äußerst kläglich ist.

Nicht gerade begeistert stimmt er einem mehrtägigen Reitausflug auf die Berghöhe Devils Tongue, die zur Wolf Creek Ranch gehört, zu. Dort wollen sie zusammen mit dem Indianerjungen Joe und seinem Wolfshund im Tipi übernachten und die darunter liegenden Höhlen erkunden. Doch auf dem Gebiet der Wolf Creek Ranch geht es nicht mehr mit rechten Dingen zu, seit ein Fremder versucht hat, Miss Ruth die Ranch für eine Naturschutz-Organisation abzukaufen. Auch die beiden Cowboys von Onkel Henry werden bei einem mysteriösen Unfall schwer verletzt.

Auf der Devils Tongue bleiben die fünf Freunde nicht lange allein und geraten bei dem Versuch, Miss Ruth zu helfen, in ein gefährliches Abenteuer.

Weitere Abenteuer von Tom, Maren, Ricky und Charly sind in Planung

Geschenke-Shop der Country- und Westernszene seit 2001

In der ersten Western Art Gallery Deutschlands finden Sie Bilder von bekannten Western Art Künstlern aus den USA, deren Originale teilweise in bedeutenden Museen der USA ausgestellt sind. Das kunsthandwerkliche Angebot der Galerie bietet viele Gegenstände mit Westernmotiven, indianischen Motiven, Bisons, Wölfen, Pferden und anderem. Windlichter, Teelichter, Wandhaken, Visitenkartenhalter, kleine Statuen, Glas und Keramik und vieles mehr steht bereit, um Ihr Heim zu verschönern.

Werke von Charles Russell, Frederic Remington, Orren Mixer, Tim Cox, Jody Bergsma, Oscar Berningham, Larry Fanning, Milton Lewis, und vieler anderer, sowie

auch in Deutschland nicht so bekannter indianischer Künstler, sind als Print, oder mit Passepartout versehen oder auch als gerahmtes Bild vorrätig.

Pferde- und Wolfsliebhaber sowie die Freunde des amerikanischen Bisons haben eine reichhaltige Auswahl in den verschiedensten Bildgrößen. Bilder aus dem Leben und der Arbeit der Cowboys, der Geschichte des Landes und insbesondere Bilder aus dem Leben und der Mythologie der Indianer, aber auch die Darstellung landschaftlicher Schönheit. Und „last not least" gehört auch Southwestern Art zum Spektrum der Galerie. Natürlich dürfen Werke von David Stoecklein, Bob Moorhouse, Christopher Marona und anderen bekannten Fotografen nicht fehlen.

Nicht nur der private Liebhaber, sondern auch Besitzer von Saloons, Reiterstuben oder Restaurants mit Westernflair sind begeistert über die Vielfalt des Angebots.

Wir haben fast ständig 300 Prints, Prints im Passepartout fertig für ihren eigenen Rahmen und gerahmte Bilder in Größen von 13 x 18 bis 60 x 80 cm vorrätig. Viele der Bilder und kunsthandwerklichen Objekte sind Einzelstücke.

Wir haben keine festen Geschäftszeiten, da wir viel unterwegs sind, und bitten daher um telefonische oder anderweitige Terminabsprache, wenn Sie uns besuchen möchten, um nach einem speziellen Objekt zu suchen oder die Bilder oder andere Objekte in Natura sehen möchten.

Besuchen Sie unsere Homepage mit dem Online-Shop:

www.butterflysvision.de